FRIEDRICH KAULBACH

EINFÜHRUNG IN DIE METAPHYSIK

1972
WISSENSCHAFTLICHE BUCHGESELLSCHAFT
DARMSTADT

Bestellnummer: 4853
Schrift: Linotype Garamond, 9/11

Satz: Maschinensetzerei Janß, Pfungstadt
Druck und Einband: Wissenschaftliche Buchgesellschaft, Darmstadt
Printed in Germany

ISBN 3-534-04853-9

ELFRIEDE GEWIDMET

INHALTSVERZEICHNIS

EINLEITUNG

Über *die* Metaphysik zu reden und gar eine Einleitung in das mit diesem Namen bezeichnete Gebiet zu geben, bedarf einer Rechtfertigung. Vor allem gilt es, die durch den Titel nahegelegte Vorstellung abzuwehren, als gäbe es *die* Metaphysik in demselben Sinne, in welchem man von *der* Mathematik oder *der* Physik oder *der* Geschichtswissenschaft spricht. Das ist nicht der Fall. Schon ihre Fragestellung wird selbst in Frage gestellt. und muß daher allen Denkenden fragwürdig sein. So kann keine Rede davon sein, als gäbe es einen dogmatisch zu lehrenden, festen und „allgemein anerkannten" Besitz metaphysischer Theorien. Kant hat zu seiner Zeit der Metaphysik vorgeworfen, daß sie sich bis dahin nur als Kampfplatz endloser Streitigkeiten gezeigt habe. Es sei eine Zeit gewesen, in welcher sie die Königin aller Wissenschaften genannt wurde. Wegen der vorzüglichen Wichtigkeit ihres Gegenstandes verdiene sie, so sagt er, allerdings diesen Ehrennamen, wenn man den Willen für die Tat nehme. Jetzt aber bringe es der Modeton der Zeit so mit sich, ihr alle Verachtung zu beweisen, und „die Matrone klagt, verstoßen und verlassen wie Hekuba", daß sie einst durch Herkunft hohe Bedeutung genossen habe, nun aber armselig und ausgestoßen einherirre.[1] Bekanntlich hat sich Kant vorgenommen, diesem Zustand ein Ende zu machen und der Metaphysik durch eine kritische, feste Begründung auf die Beine und zu Ansehen zu verhelfen. An ihr hat er gerügt, daß sie es zu keiner allgemein anerkannten und lehrhaft mitteilbaren Theorie gebracht hat. Recht gesehen, ist die Aufgabe auch in der Gegenwart aktuell, der Metaphysik den Charakter von Wissenschaftlichkeit besonderer Art zu sichern. Hier geht es darum, die metaphysische Frage in überzeugender Weise neu zu stellen und ein sachliches Fundament für metaphysische Aussagen zu gewinnen. Sollte dies nicht glücken oder sich sogar herausstellen, daß solch ein Fundament nicht gefunden werden kann, muß der metaphysische Anspruch als falsch und unberechtigt, die metaphysischen Aussagen müssen als Scheinaussagen entlarvt werden.

[1] Kritik der reinen Vernunft, Vorrede zur Auflage A (A IX).

Rechtfertigung der Metaphysik muß durch den Erweis geschehen, daß sie „Wirklichkeit" für uns hat: daß ihre Fragen und Antworten dem Bewußtsein unserer Zeit einsichtig und notwendig sind. Aussagen der Metaphysik müssen Überzeugungskraft und Gewißheit gewinnen können. Es gehört zur Metaphysik, daß sie nicht nur in unserer Gegenwart, sondern zu allen Zeiten immer wieder ihre Aussagen dadurch rechtfertigt, daß sie sich dem Maßstab eines Sinn- und Gewißheitskriteriums unterwirft. So beansprucht sie, als Wissenschaft aufzutreten. Es wird sich zeigen, daß sie insofern Wissenschaft in einem ausgezeichneten Sinne heißen muß, als sie dasjenige besondere Wissen ist, durch welches das Kriterium jedes Wissens überhaupt gegeben wird: wo sich die Metaphysik richtig versteht, spielt sie selbst die Rolle eines Maßstabs für Wissenschaft. Soll sie „wirklich" sein und als Frage und Antwort den Stand der Gewißheit gewinnen können — der heutige Sprachgebrauch redet von „Glaubhaftigkeit" — dann muß sie die ausgezeichnete Rolle des Maßstabs für alle Wissenschaft überhaupt übernehmen. Sie kann entweder als verantwortliche Wortführerin der Wissenschaftlichkeit überhaupt angenommen und anerkannt werden, oder sie ist nicht wirklich.

Man kann den Eindruck gewinnen, daß metaphysische Untersuchungen unserer Tage nicht mit dem Anspruch auf Glaubwürdigkeit und Wirklichkeit, sondern im Zeichen pietätvoller Anhänglichkeit an die Tradition geschehen. Es bedeutet dagegen keine Einschränkung, sondern eine Liquidierung der Metaphysik, wenn Positivisten und groteskerweise auch Seinsphilosophen wie Heidegger dem metaphysischen Aussagenbereich den Charakter der Wissenschaftlichkeit absprechen. Was die Positivisten angeht, so billigen sie den metaphysischen Sätzen nur die Funktion von Mitteilungen über Gefühlszustände, subjektive, „weltanschauliche" Stellungnahmen zu. Aber indem der Positivist den Maßstab der Wissenschaftlichkeit etwa in der Form seines „Sinnkriteriums" aufzustellen beansprucht und von ihm aus die metaphysischen Aussagen als „Scheinsätze" entlarvt, setzt er sich selbst auf den Thron, von dem er die Metaphysik verjagt hatte.

Radikaler geht Heidegger in der Nachfolge Nietzsches mit der Metaphysik um. Im Gegensatz zu der positivistischen Einschätzung der Metaphysik überträgt er ihr mit Recht nicht nur die Rolle der wissenschaftsbildenden Instanz, sondern sieht unser szientifisch geprägtes Zeitalter durch die Metaphysik in der ganzen Breite seiner Leistungen sowie zugleich seines Entartens und seines Verfalls in Technik, Kunst, Wissenschaft, Politik bestimmt.

Um den Ansatz der hier gebotenen Darstellung zu bezeichnen, sei gesagt, daß in ihr der Versuch gemacht werden soll, die Wirklichkeit der Metaphysik nachzuweisen und sie zu rechtfertigen. Diese Rechtfertigung geschieht dadurch, daß man die Metaphysik wirklich macht, indem man sich selbst in den geschichtlichen Prozeß ihrer Argumentationen einschaltet. Die folgende Darstellung will zu einer Bewegung des Denkens auffordern, die sich als systematische Beschreibung geschichtlicher Gedankentraditionen unter dem Namen Metaphysik versteht. In einem ersten Teil soll die Physiognomie der Frage herausgearbeitet werden, welche die Metaphysik bei großen charakteristischen Wortführern ihres geschichtlichen Anfanges, bei Platon und Aristoteles, gefunden hat. Es sollen Gedankenfiguren beschrieben werden, in welchen das metaphysische Denken auf seine Fragen antwortet. Später soll sichtbar werden, daß immer wieder vorkommende Revolutionen und Überwindungen selbst zur Eigenart metaphysischen Denkens gehören, so daß sich auch solche Denker, die über sie hinaus zu sein glauben, als zu ihrer Geschichte gehörig erweisen. Die Metaphysik soll als eine Geschichte immer wieder unternommener Selbstüberwindungen und selbstkritischer Unternehmungen begriffen werden. Es soll deutlich werden, daß das metaphysische Denken am Werke ist, in immer neuen Anläufen Standpunkte zu gewinnen und zu behaupten, von denen aus sie den Maßstab für Wissenschaft, durch den sie sich selbst rechtfertigt, zu gewinnen vermag. Diese Einführung will in den Dialog des metaphysischen Denkens hineinführen und die Explikation des „systematischen" Gehaltes metaphysischer Fragen auf dem Wege der Geschichte des Gedankens vollziehen. So soll die Metamorphose der in den ersten Kapiteln beschriebenen Denkfiguren in weiteren Abschnitten im Umkreis der Perspektiven- und Standproblematik, der Dialektik von Wesen und Gesetz, der Seinsauffassung der praktischen Vernunft, ihre Darstellung finden. Unter der genannten Voraussetzung der Einheit von System und geschichtlicher Entfaltung steht auch die Debatte über Methode und System in der Metaphysik sowie die im letzten Kapiel behandelte Metaphysikkritik. Im theoretischen Bereich (vor allem Kap. 4) und analog im Bereich der Praxis (Kap. 5) wird der Weg beschrieben, der in der heutigen Situation das „Wesen" mit dem „Gesetz", Praxis mit Theorie, Denken als Geschehen und denkendes Vor-stellen des „Gegenstandes" verbinden kann. —

Von Anfang an wird das metaphysische Denken durch die Frage nach dem wahrhaft und ursprünglich Seienden in Atem gehalten. Diese

Frage schließt diejenige nach dem maßgebenden „Wissen" ein. Und diese ihrerseits führt zur Frage nach dem Weg und der Entwicklung, die das Denken durchzumachen hat, um seinen „Gegenstand", die Gründe des Seienden und das eigentliche Sein in den Blick zu bekommen. Diese drei großen Motive metaphysischen Denkens: die Erkenntnis der Prinzipien (Gründe) des Seienden, der Maßstab des Wissens und der Weg, den das metaphysische Denken gehen muß, um zu seiner „Bildung" zu gelangen, mögen die Themen sein, in deren Zeichen zunächst die Platonische Metaphysik skizziert werden soll.

Besonderer Dank für unschätzbare Hilfe durch Kritik, Beratung und Ermutigung sei ausgesprochen Herrn Prof. Dr. W. Beierwaltes, außerdem den Herren U. Bargenda, Dr. J. Blühdorn, N. Herold, R. Kuhlen, Dr. H. G. Meier.

Erstes Kapitel

METAPHYSISCHE GRUNDFIGUREN BEI PLATON

1. Die Frage nach der 'Sache selbst' als Frage nach dem original Seienden

Der Name Metaphysik findet sich bekanntlich weder bei Platon noch bei Aristoteles. Er kam erst auf, als man sich in Verlegenheit befand, diejenigen Schriften des Aristoteles, in welchen er die Fragen seiner ersten Philosophie entwickelt, in das philosophische System einzubauen, welches man nach dem Vorgang des Akademikers Xenokrates in: Physik, Ethik, Logik einteilte.[1] Da Aristoteles selbst seine erste Philosophie in einem Atem mit der Physik genannt hat, indem er sie zugleich von dieser Disziplin unterschied, lag es nahe, sie hinter ihr rangieren zu lassen, und ihr den Namen: Meta-Physik zu geben.[2]

Die Fragen und Antworten Platons waren metaphysisch und lagen in einer Richtung, in welcher Aristoteles in Auseinandersetzung mit ihm weitergegangen ist. Platon fragte als Sokrates-Schüler nach dem Logos der Sachen, mit denen wir es zu tun haben. Anders gesagt: er wollte ein Wissen von den „Sachen selbst" gewinnen, die sich uns zunächst in uneigentlicher Weise maskiert und verkleidet zeigen. Durch eine geeignet gewählte philosophische Methode soll der Begriff von der Sache selbst herausgearbeitet werden, welche hinter ihrer uns durch die Sinne sichtbaren, sie aber verdeckenden, Verkleidung steckt. So schließt die philosophische Anfangsfrage Platons eine Kritik an der gewöhnlichen und alltäglichen Auffassungsweise der Dinge ein: während sich diese mit dem Schein abspeisen läßt, den die „Sachen" erwecken, ist es die Aufgabe des philosophischen Denkens, nicht dabei stehenzubleiben, sondern die eigentlichen Dinge, die Sachen selbst zu begreifen. Sie sind original seiend und stellen sich als wahrhaft seiend

[1] Auch der frühe Aristoteles hat in Topica A 14, 105 b 19—21 die akademische Systemeinteilung übernommen.

[2] Vgl. H. Reiner, Die Entstehung und ursprüngliche Bedeutung des Namens Metaphysik, Zeitschrift für philos. Forschung, VIII (1954), S. 210 ff. Kritisch äußert sich dazu: I. Düring, Aristoteles (1966) S. 287 u. 592; desgl.: S. Moser, Metaphysik einst und jetzt, Berlin 1958, S. 13.

dar. So ergibt sich für Platon der Unterschied zwischen zwei Perspektiven, in denen die Sachen sich darstellen: sie zeigen sich dem an der Sinnlichkeit orientierten Denken als Er-scheinung im bloßen Wider-Schein, während sie sich dem eigentlichen Denken, das sich der Philosoph zu eigen machen muß, so zeigen, wie sie selbst und an sich sind: diese Unterscheidung charakterisiert Platon demgemäß auch durch die Gegenüberstellung zwischen Abbild und Urbild, Kopie und Original. Die Rolle des Er-scheinenden ist zwiespältig: einerseits handelt es sich „nur" um Erscheinung, nicht um die Sache selbst, andererseits scheint in ihr die Sache wider, wie sich im Spiegel das Bild eines Gesichts zeigt. In den Erscheinungen und durch sie hindurch kommt etwas zur Erscheinung, sie stellen abbildlich und spiegelbildlich ein Original dar. Dieses Original, die Sache selbst, nennt Plato „eidos"; es handelt sich um dasjenige originale Wesen der Sache, welches sich dem richtig gelenkten, philosophischen Blick darstellt. Die „Idee" (eidos) unterscheidet sich von seiner Erscheinung in analoger Weise, wie sich z. B. das Gesicht eines Menschen zu seinem Spiegelbild auf der Wasseroberfläche oder die Gestalt dieses Menschen zu dem Schatten verhält, den sie wirft.

Es gelte, so erklärt Platon, zwei Ansichten des Seins zu unterscheiden: die eine präsentiert sich dem körperlichen Auge, während die andere dem Denken „sichtbar" ist. Letztere gibt die eine, beständige, sich selbst darstellende Sache zu erkennen.[3] Im Bereich des Sichtbaren finden sich die Abbilder der urbildlichen Figuren, die den Bereich des Denkbaren bevölkern. Ein besonderes, in den Sand gezeichnetes oder auf Papier aufgetragenes Dreieck ist jedesmal ein Abbild *des* Dreiecks selbst, bzw. des Originaldreiecks, welches nichts mit materieller Natur zu tun hat. Das Dreieck selbst, bzw. die Idee des Dreiecks, ist zwar in jedem materiell verwirklichten Dreieck gegenwärtig, existiert aber durchaus unabhängig von dieser Verbindung mit dem Körperlichen. Aber daß in einer körperlichen Figur ein Hinweis auf die in ihr gegenwärtige „Idee" geschehen kann, verdankt sie dem Umstand, daß sie an dieser Idee „teilhat". Der „Teilhabe" einer z. B. auf Papier hingezeichneten materiellen Figur an dem Dreieck selbst, bzw. an der Originalgestalt Dreieck, ist es zu verdanken, daß man dieser Zeichnung den Namen Dreieck zu geben vermag. Keiner, der in der Geometrie unerfahren ist, soll hier eintreten, so sei als Leitspruch über der Aka-

[3] Vgl. z. B. Politeia 510.

demie gestanden.[4] Die Geometrie soll die Erfahrung vom Unterschied zwischen der *einen* Figur als dem Original und ihren vielen Ab-bildern in der Erscheinung und zugleich von der Zugehörigkeit des Abbildes zum Urbild vermitteln. Diese Wissenschaft bedient sich materieller Zeichnungen von Figuren, um die reinen, mathematischen Gestalten durch sichtbare Zeichen zu vertreten. Aber wenn sich der Mathematiker der körperlichen und mit den körperlichen Augen sichtbaren Figuren bedient, um Verhältnisse im Bereich der Originale anzudeuten, so geht gleichwohl die eigentliche Intention des mathematischen Denkens nicht auf das Abbild (eikon), sondern auf *das* Dreieck, *den* Kreis, *die* Gerade selbst. Das Zeichen ist nur Wegweiser, der auf das Original, die Sache selbst, hinführt. *Die* Sache selbst ist als unmittelbare, nicht durch körperliches Abbild vermitteltes Eidos, ungeworden und unvergänglich. Sie wird nicht wie das gezeichnete Dreieck zu einer bestimmten Zeit hergestellt, um zu einer anderen Zeit wieder zu vergehen. Daher teilt sie auch nicht das Schicksal der körperlichen Dinge, die jetzt so und dann zu einer anderen Zeit wieder anders aussehen, also sich nicht gleichbleiben. Vielmehr ist die Sache selbst mit sich jederzeit identisch: kann allerdings als diese Identität nur vom Denken, nicht von den Sinnen (aisthesis) erfaßt werden. Daher sind die Aussagen, welche die Sache selbst, das Original, nicht aber sein Abbild zur Sprache bringen, ganz sicher, fest und haltbar, sie sind „wahr". Wenn die Seele ohne den Umweg über das Körperliche selbst-ständig auf die sich ihr zeigende Sache hinsieht, dann geht sie den Weg zum Unvermischt-Reinen, Immer-Seienden, Unsterblichen und mit sich Identischen. Ihre eigene Verfassung wird gleich derjenigen des eidetischen Gegenstandes. Sie wird selbständig: erkennt selbst und durch sich selbst. Ebenso bleibt sie sich bei ihren Aussagen identisch, statt hierhin und dorthin zu schwanken, wie es im Denken und Reden der Sophisten geradezu zum Prinzip gemacht wird. Die selbständigen Sachen freilich sind nur durch reines, mit körperlichem Auffassen nicht vermischtes Denken zu begreifen und zu „sehen".

Der Mathematiker sieht durch die von ihm gezeichneten geometrischen Figuren hindurch zur eigentlichen Figur selbst, zu ihrem Eidos: dieses Sehen geschieht nicht mit dem körperlichen Auge, sondern durch „Dianoia", welches ein Hindurchdenken durch die körperlichen Figu-

[4] Über die Problematik des Spruches vgl. H. D. Saffrey in: Rev. Et. Grecques, LXXXI (1968), S. 67 ff.

ren bedeutet. Daher der wiederholte Appell des Sokrates in den Platonischen Dialogen, der Partner solle „hinsehen“ auf Sachen und sachliche Beziehungen, womit ein Anspruch an das Denken, nicht an das optische Sehen gegeben ist. Wie sich noch herausstellen wird, spielt dabei eine maßgebende Rolle die richtige Perspektive, die nur derjenige gewinnt, welcher gelernt hat, den rechten Stand des Denkens einzunehmen und zu behaupten. Platon ist in der Denkepoche der klassischen Ideenlehre seiner mittleren Zeit von Parmenides bestimmt.[5] Das eigentliche Sein gilt ihm als dasjenige der Sache selbst, die streng mit sich identisch ist und sich vom „Werden“ abhebt. Das „Sein“ der Sache bewährt sich gemäß ihrem Charakter als Idee: sie erweist sich als unveränderlich, standhaft, als das „Gute“; zugleich spricht sie von sich aus in dieser Eigenschaft das richtig hinsehende Denken an. Zur wahren Erkenntnis gehört die Harmonie zwischen dem angemessenen Stand des Denkens und dem Anspruch der Idee an das Denken.

Was in der logischen Tradition als das Prinzip des zu vermeidenden Widerspruchs begegnet, wird bei Platon im „Sein der Sache“ selbst begründet. So erklärt Platon, daß die Sache selbst das ihr Entgegengesetzte nicht in sich aufnehmen kann (Phaidon 104 b), sondern dieses von sich abstößt. Die Idee des Warmen stößt diejenige des Kalten von sich ab und umgekehrt. Darauf wird ein Argument für die Unsterblichkeit der Seele gegründet. Wenn z. B. die Idee der Seele das Leben ist, so schließt die Seele den Tod aus ihrem Bereich aus.

Zusammenfassend ist zu sagen, daß sich die Sache selbst kraft ihres Urbildcharakters als unvergänglich, ungeworden, Eines, als mit sich selbst identisch und selbständig erweist: im Gegensatz zu ihren Abbildern, die von ihr abhängig sind. Demgemäß hat der Demiurg den sichtbaren Kosmos nach dem Vorbild der unsichtbaren Idee hergestellt, wobei er den Stoff, aus dem er sie aufbaute und zusammenstellte, in der Weise einer vorläufigen, rohen Ordnung vorfand. So stellt auch der Mensch bei seinen technischen Unternehmungen die Dinge nach dem Vorbild der Ideen her.

Ein Wort ist auch zu derjenigen Charakterisierung der Idee durch Platon zu sagen, in welcher er sie als „Ursache“ (aitia) anspricht. Als die Sachen selbst sind Ideen die Ur-Sachen: sie sind allgemein schuld

[5] Parmenides (Diels) B fr. 8.; Platon übernimmt zwar nicht den Parmenideischen Seinsbegriff, setzt aber für sein „Sein“ die von Parmenides genannten Seinsprädikate ein.

daran, daß es eine erscheinende, sichtbare Welt gibt: jede einzelne Idee trägt Schuld und Verantwortung für das Dasein körperlicher Sachen, die auf Grund der Teilhabe an ihr nach ihr benannt werden. Bezeichnet jemand eine Erscheinung als „schön", so kann Sokrates als der Wortführer der platonischen Ideenlehre für dieses Schönsein keine andere Ur-Sache gelten lassen, als diejenige, daß hier „das Schöne selbst" gegenwärtig ist. Er wird alle anderen, sehr gelehrten Auskünfte über vermeintliche Ursachen, welche vielleicht auf die gefällige Farbe oder die Gestalt dieser Sache deuten, zurückweisen, und ganz „einfach", ohne jede Gelehrsamkeit und künstliches Herbeiholen fremder Erklärungen sagen, daß die schönen Dinge nur aus dem „Grunde" schön genannt zu werden verdienen, weil sie an der Schönheit selbst Anteil haben.[6] Wenn jemand von einem Menschen sagen würde, er sei größer als ein anderer und würde für diese Erscheinung etwa dessen Kopf als Ursache angeben, der demgemäß auch die Ursache sein müßte dafür, daß der andere kleiner ist, so könnte diese Auskunft nicht angenommen werden, denn der Kopf wäre nach dieser Argumentation Ursache für einander entgegengesetzte Zustände: für das Kleinersein des Einen und das Größersein des Anderen. Vielmehr müßte beharrlich versichert werden, daß die Aussage des Größerseins bzw. Kleinerseins auf keine andere Ursache hinweist, als auf „die Größe" selbst, die daran schuld sei, daß der eine größer als der andere und dieser kleiner als jener ist. Unter *der* Größe wird hier nicht das Größer-sein des einen gegenüber dem anderen, sondern die quantitative Vergleichbarkeit überhaupt verstanden. Als wahre Ursache könne nichts von dem angegeben werden, was selbst der erscheinenden Körperwelt angehört und daher seinerseits wiederum verursacht ist.

2. Metaphysik als Wissenschaftslehre

Im platonischen Ansatz kommt auch eine andere Aufgabe metaphysischen Denkens zum Zuge. Sie wird durch die wissenschaftstheoretische Rolle der Metaphysik gegeben: d. h. die Metaphysik begreift sich selbst als Wissen, welches seinen eigenen Wissenschaftscharakter und demgemäß auch denjenigen der anderen Wissenschaften bestimmt. Anders gesagt: Es geht darum, die Kriterien und Maßstäbe für Wis-

[6] Vgl. Phaidon 100 c—e.

senschaftlichkeit überhaupt zu erkennen und sich selbst an diesem Maßstab zu messen. Dabei wird Metaphysik zur Wortführerin und Sachwalterin auch der anderen Wissenschaften, von denen jede in ihrer spezifischen Weise dem einmal erkannten Wissenschaftsmaßstab entspricht. Diese Situation des wissenschaftstheoretischen Fragens der Metaphysik schließt auch ein, daß sich die Metaphysik selbst von den anderen Wissenschaften zu unterscheiden und ihre besondere wissenschaftliche Aufgabe, die sie gegenüber den Wissenschaften für sich allein hat, zu präzisieren vermag.[7] Wenn die metaphysische Vernunft einen maßstäblichen Anspruch erhebt, dann wirft sie sich auch zur Kritik auf: Sie setzt, um es mit Kant zu sagen, einen Gerichtshof der Vernunft ein, welcher zwischen wahr und unwahr, zwischen Wissen und Nichtwissen unterscheidet. Dieser kritische Zug wird schon bei frühen Denkern wie Parmenides und Heraklit sichtbar: Parmenides macht sich den wahren Weg des Wissens bewußt und vermeidet den unwahren Weg, den die Menge geht. Heraklit richtet entsprechend seine Kritik gegen die „Vielwissenden", worunter er vermutlich diejenigen versteht, welche die Vielheit von ihnen gemachter einzelner Feststellungen nicht in die Einheit des alles umfassenden Logos des Werdens zurückzunehmen vermögen.

Platon setzt durch den Begriff der „Sache selbst" bzw. des eigentlichen Seins der „Idee" auch einen Maßstab für jegliches Wissen. Das Wissen unterscheidet sich von allem Nichtwissen, der bloßen „Meinung" (doxa), dadurch, daß es methodisch den Blick auf die Sache selbst zu gewinnen sucht, statt ihn sich durch Aufhalten bei den Erscheinungen trüben zu lassen. Wie die Sache selbst in unveränderlicher Identität

[7] Unter dem Namen Wissenschaftslehre wird hier eine spezifisch-philosophische Unternehmung verstanden. Sie unterscheidet sich von der allgemein im heutigen Sinne vielleicht unter dem Einfluß des englischen Namens "Philosophy of Science" geläufigen Bedeutung dieses Namens. Wissenschaftslehre im heutigen Sinne ist antimetaphysisch, insofern sie auf dem Boden der einzelnen Wissenschaft, insbesondere der Erfahrungswissenschaft steht und die Frage nach dem eigentlichen Sein und nach dem „Wesen" der Sache ausklammert. Die neuzeitliche fraglos akzeptierte Wissenschaftskonzeption der Naturwissenschaft wird als Maßstab für Wissenschaftlichkeit aufgestellt. Wissenschaftslehre spielt heute die Rolle der Instanz des Selbstverstehens der Einzelwissenschaft, um diese bei ihrer Selbstverwirklichung zu führen. Wissenschaftslehre im philosophischen Sinne dagegen stützt sich auf eine autonome Theorie vom Bezug zwischen Denken und Sein.

dasteht, so wird auch das Wissen von ihr in festen und überzeugten Aussagen seinen Ausdruck finden, statt unsicher hin und her zu schwanken, wie es die Art der bloßen Meinung ist. Das Wissen kann seinen „Grund" durch einen Verweis auf die von ihm direkt gesehene Sache selbst gewinnen. Dadurch ist zugleich die Aufgabe gegeben, den „Weg", die Methode des metaphysischen Denkens festzulegen, welcher es folgen muß, um die Perspektive auf die Sache selbst zu gewinnen. Das wissenschaftstheoretische Programm der Metaphysik schließt also auch die Erkenntnis der philosophischen Methode ein, die zu demjenigen Stand des Denkens führt, der es erlaubt, richtig zu sehen und zu denken. Der „gerade", richtige Begriff (orthos logos) ist der Name für die direkte Sichtverbindung zur Sache hin. Das Sein der Sache selbst, die Methode als Gewinnung der richtigen, den Blick auf die Sache öffnenden Perspektive und schließlich auch die Beschreibung des Denk-Weges durch verschiedene Gewißheitsstufen hindurch, welche das Denken passiert, gehören zur metaphysischen Wissenschaftslehre. Dieser Zusammenhang kommt bei Platon vor allem in Überlegungen zum Ausdruck, in welchen er die Teilung und Be-grenzung innerhalb einer Linie als Leitfaden des philosophischen Begreifens wählt.[8] Daß Platon hier die Sprache der Teilung eines zunächst Ganzen wählt und die Teile wiederum aufteilt, bis am Ende vier verschiedene Abschnitte herauskommen, hat selbst seinen metaphysischen Grund. Im Vorhergehenden hat sich gezeigt, daß es die Aufgabe des philosophischen Denkens ist zu unterscheiden, d. h. zu teilen und eine Grenze zwischen dem Einen und dem Anderen zu setzen: z. B. zwischen der Sache selbst und ihrer Erscheinung, zwischen Urbild und Abbild, Ur-Sache und Hervorgebrachtem. Auch die Bestimmung der Sache selbst als eines mit sich identischen, das Andere von sich abstoßenden und es ausschließenden Etwas macht von dem Grundverfahren des Teilens und Begrenzens Gebrauch. Das Ganze einer Linie soll in zwei Abschnitte geteilt werden. Von den zwei ungleichen Teilen, welche Ergebnis der Linienteilung sind, soll der eine dem Sichtbaren, der andere dem Denkbaren entsprechen. Nun denke man sich jeden der so ge-

[8] Man spricht hier vom „Liniengleichnis" und kann sich auf Platon (Politeia 509 d—511 e) berufen. Gleichwohl mag davor gewarnt werden, hierin ein bloßes Gleichnis zu sehen, statt zu verstehen, daß Platon in dem „Bild" einen Seinsbereich beansprucht, der selbst in die vom „Gleichnis" angesprochenen Seinsebenen gehört.

wonnenen Teile der Linie wieder analog demselben Verhältnis geteilt, welches zwischen dem Sichtbaren und dem vom Denken erfaßbaren Seienden, dem Sicheren und dem Unsicheren, Unbeständigen besteht. So ergeben sich im ganzen vier Teile, welche vier Stufen einer Skala bedeuten, die von einem Maß größter Unsicherheit und Wahrheitsferne durch Zwischen-Stufen hindurch zu der Stufe der Wahrheit, Sicherheit und des Wissens führt, welches zugleich auch ein Wissen um die eigenen Maßstäbe des Wissens bedeutet. In Analogie zu Vorbild und Abbild ergibt sich auf der Seite, die zunächst dem Abschnitt des Sichtbaren entsprach, eine Zweiheit von Teilen, von denen der eine den Stellenwert des Abbildes, der andere den des Urbildes vertritt. Der erstere Abschnitt gibt die Stelle an, auf der solch schwache Abbilder wie Schatten, Spiegelbilder auf Wasseroberflächen und glatten, glasierten Gegenständen Platz finden. Der andere Abschnitt des Bereiches der Sichtbarkeit stellt die Vielheit der erscheinenden Gestalten dar, von denen solche Spiegelbilder und Schatten existieren. Platon denkt bei solchen Körpern in erster Linie an dasjenige, was von Natur aus, also selbst geworden und nicht durch Technik hergestellt ist: an die Lebewesen, die uns umgeben, und all das, was gewachsen ist.[9] Wie steht es mit der Unterteilung des anderen Linienabschnitts, um den es, wie Platon noch einmal einprägt, demjenigen zu tun ist, der einen scharfen Unterschied (dihairesis) zwischen der Wahrheit und dem, was die Wahrheit nicht erreicht, dem „Erkennbaren", Wißbaren und dem bloß „Meinbaren" macht? Da begegnet auf derjenigen Seite, die hier dem „Abbildlichen" entspricht, ein Bereich, der zwischen dem bloß Sichtbaren und dem in Reinheit Denkbaren, dem Meinen und dem Denken der reinen Wissenschaft zwischeninnesteht.[10]

Es handelt sich um die Erkenntnisstufe der Mathematiker, also der Geometer und Arithmetiker. Ihre Situation bedingt es, daß ihr Denken „gezwungen" wird, auf den Bereich des Sichtbaren einzugehen und aus ihm Gestalten zu entleihen, die es bewußt als symbolische Abbilder gebraucht. Der „Zwang" schließt für jede Einzelwissenschaft, z. B. die Mathematik, ein, daß das Denken von Abbildlichem als von etwas

[9] Politeia 510 a 5 f.

[10] Unter „Meinen" (doxazein) versteht Platon das unsichere, schwankende und stets sich selbst widersprechende Denken und Sagen, wie es z. B. auch im Bereich der Wahrnehmung stattfindet. Daher der Zusammenhang zwischen „Meinen" und Wahrnehmen der körperlichen Erscheinung.

Zugrundegelegtem ausgeht (Hypothese) und von da aus nicht zum ersten Anfang, dem „eigentlich" Zugrundeliegenden, der absoluten Hypothese zurück-geht, sondern zu seinem von ihm gesetzten Erkenntniszweck weitergeht. Die Geometer und alle diejenigen, die sich in gleicher einzelwissenschaftlicher Lage befinden, legen, jeder gemäß seinem Erkenntnisziel und seiner Methode, dergleichen wie Dreiecke, Kreise usw. zugrunde, indem sie auf Papier mit Bleistift oder im Sande operieren und hier sichtbare Zeichen beschreiben. Sie gehen so vor, als ob sie wüßten, was ihrem Verfahren in Wahrheit zugrundeliegt und geben den dabei gewonnenen Sätzen die Rolle von Hypothesen, ohne sich selbst oder anderen gegenüber ein Wort darüber zu verlieren, was das Wesen ihres eigenen Tuns und ihres Gegenstandes ist. Sie fragen z. B. nach „Sätzen" über das Dreieck, aber nicht danach, worin Sein und Wesen des Dreiecks bestehen. Von den aus der Sache selbst und ihrer Erscheinung gemischten Grund-Lagen gehen sie als Anfang aus und folgern daraus das Übrige, was sie selbst als Ziel gesetzt haben, bis sie zu diesem gelangen. Vom philosophischen Standpunkt aus zeigt sich, daß sie sich der sichtbaren Gestalten bedienen und über sie reden und denken, in Wahrheit aber nicht sie, sondern diejenigen Sachen in Gedanken haben, denen diese erscheinenden Gestalten ähnlich sind: z. B. gilt ihr Denken dem „Viereck selbst" oder der „Diagonale selbst", aber nicht der Figur, die irgendwie materiell dargestellt ist. Was auf der Seite der Sichtbarkeit als Wahrnehmung der Schatten und Spiegelbilder im Wasser auftritt, das entspricht auf der Seite der Denkbarkeit dem mathematischen Vorgehen und dem Verfahren des Gebrauchs sichtbarer Gestalten für die Bezeichnung der Sachen selbst. Die Mathematiker suchen jenes zu „sehen", was nicht anders gesehen werden dürfte als durch denkende Überlegung (dianoia).

Zuletzt ist derjenige der vier Teile ins Auge zu fassen, welcher das reine Wissen (episteme), die Erkenntnis des Seins selbst, bzw. der Sachen selbst betrifft. Er bedeutet den Standpunkt desjenigen Denkens, von dem aus die bisherigen Aussagen auch über Meinung und Wissen und über das Verfahren der Mathematiker gemacht werden können. Demgemäß handelt es sich hierbei um Erkenntnis des Maßstabs, an dem das philosophische Denken sich selbst und auch die übrige Wissenschaft zu messen hat. Im Hinblick auf diesen letzten, dem reinen Wissen zugeordneten Abschnitt ist zu sagen, daß er der Perspektive entspricht, welche die Sache selbst ohne Vermittlung der Bilder direkt in den Blick bringt. Der Weg des hier gemeinten Denkens führt nicht zu einem vom Erkennenden selbst gewählten Ziel hin, sondern zu dem ersten Anfang zurück, der jedem Denken als Grundlage des Seienden selbst vorausgeht. Der Anfang wird nicht als Zielsetzung des Erkennenden gewählt, sondern ist von sich aus seiender Anfang: daher gewinnt ihn das Denken auf einem Wege (Methode), welcher von „Hypothesen“ ausgehend, zu ihm, dem ersten Anfang hinführt. Er wird selbst nicht *als* Anfang hypothetisch bloß gesetzt (anhypotheton). Er wird auch nicht als Ziel des Erkennens gewählt und gesetzt, sondern liegt allem Erkennen zugrunde. Er ist keine beliebig zu verändernde Hypothese und wird von der Philosophie in dieser Rolle selbst wiederum erkannt.[11]

Daher sagt Platon, daß in diesem Falle das „reine Denken selbst“ im Stande des metaphysischen Auseinandersetzens (dialegesthai) begrifflich am Werke ist, indem es die Relativität der Hypothesen der Einzelwissenschaft erkennt, sie also nicht als erste Grundlage mißdeutet.[12]

Das Wissen geht in der Weise zu seinem Ziele voran, daß es sich keiner sichtbaren Bilder bedient, sondern direkt die reinen Sachen selbst (Ideen), wie sie sich selbst zeigen, ins Auge faßt, daß es von „Idee“ zu „Idee“ weitergeht und schließlich auch bei Ideen endet. Das Wissen charakterisiert Platon in diesem Zusammenhange als Einsicht, welche im Bereich der dialektischen Auseinandersetzung der seienden Dinge selbst und des reinen Denkens heimisch ist. Es ist das Wissen der reinen metaphysischen Vernunft (nus). Demgemäß ist es vom Wissen der Einzelwissenschaft (dianoia) zu unterscheiden. Vom philosophischen Wissen aus wird sichtbar, daß die Einzelwissenschaften dem „Zwang“ unterliegen, das, was sie als Hypothesen zugrundegelegt haben, zu ihrem Anfang zu machen und erst durch Vermittlung der Bilder auf dasjenige hinzublicken, um dessentwillen sie ihre Untersuchungen anstellen. Das metaphysische Denken macht die Mittelstellung deutlich, welche das einzelwissenschaftliche Denken zwischen der Meinung und dem echten Wissen besitzt. Ihm wird auch einsichtig, daß verschiedenen Standpunkten und Perspektiven, welche die Seele erreicht, Stufen des Seins entsprechen, die jeweils in einer dem Stande gemäßen Perspektive sichtbar werden.

Von der Metaphysik aus gesehen zeigt sich, wie die Einzelwissen-

[11] Vgl. 510 b 7—9.
[12] 511 b 3—5.

schaften dem Zwang und der Notwendigkeit unterliegen, weil sie nicht die ersten, eigenen Voraussetzungen reflektieren. In der Metaphysik wird der Anfang als Anfang und die relative Hypothese als solche genommen und erkannt. Sie verdient es, als „frei“ bezeichnet zu werden. So wird sichtbar, daß die bei der Teilung gewonnenen Abschnitte nicht als nur nebeneinanderliegend und höchstens aufeinander bezogen aufgefaßt werden dürfen: vielmehr ist der oberste Abschnitt — derjenige der dialektischen Erkenntnis — von der Art, daß er auf die anderen übergreift und sie zur Einheit einer einzigen Vernunfttätigkeit und einer Vernunftgeschichte zusammenfaßt. Will sich das diese Einteilung leistende dialektische Denken selbst unterbringen, dann muß es sich in den letztgenannten, vierten Abschnitt versetzen, von dem aus auch das Nachdenken über das Ganze und seine Gliederung geschehen kann.

Auch im Phaidon beruft sich Platon durch den Wortführer Sokrates auf die „Logoi“[13], wenn er diejenige philosophische Instanz des Denkens in Anspruch nimmt, die nicht das einzelne Viele, sondern das gemeinsame Allgemeine ausspricht. Dieses ist erste, unbedingte Grundlage alles einzelnen Seienden: die Idee, bzw. Sache an sich selbst. Der „Logos“ spielt ebenso wie die „Hypothese“ eine Doppelrolle, insofern beide auf der Seite des Sprechens und Denkens zu stehen kommen und Rede bzw. Gedanken sind. Zugleich stehen sie auf der Seite des „Gedachten“. Hypothese ist einerseits Denken des Zugrundeliegenden, andererseits aber das Zugrundeliegende selbst. Vom Phaidon aus wird deutlich, daß die „Hypothese“ einerseits relativ als einzelwissenschaftliche Annahme aufzufassen ist, von der ausgegangen wird, andererseits aber als stichhaltigste und leistungsfähigste Grundlage des weiteren Denkfortschritts fungiert und zuletzt einen absoluten Anspruch des Begründens erhebt. In diesem Falle gewinnt das, was selbst von keiner Hypothese mehr abhängig ist, die Rolle der ersten und absoluten Hypothese selbst.[14]

[13] 99 e 5, 100 a 1.

[14] Vgl. Hans Wagner, Platons Phaidon und der Beginn der Metaphysik als Wissenschaft, aus „Kritik und Metaphysik“, H. Heimsoeth zum 80. Geburtstag, Berlin 1966, S. 363 ff. Im Anschluß an die Hypothesis-Theorie des Phaidon wird aus platonischen Voraussetzungen heraus ein Unterschied zwischen zwei Formen von Hypothesen verdeutlicht. Wagner weist auf die Situation hin, daß in 105 b 5 nicht die sonst im Phaidon entwickelte Auffassung begegnet, derzufolge die Hypothese als der in jedem Einzelfall als der

Von dem Zusammenhang im Phaidon aus, in welchem vom Wesen der Hypothese gesprochen wird, führt ein direkter Weg zu der Grund-These, daß die Ideenlehre selbst erste und allgemeinste Hypothese sei. Von hier aus kann man eine Verbindung mit der erwähnten Stelle[15] in der Politeia herstellen, in welcher der Hypothese nur eine Rolle im Bereich der Einzelwissenschaften zugebilligt, aber der Dialektik dasjenige zugeordnet wird, was jenseits aller Hypothese ist. Das hypothetische Verfahren charakterisiert Sokrates als der Gewährsmann Platons im Phaidon so, daß er jedesmal denjenigen Logos, der die größte Tragfähigkeit besitzt, zugrundelegt und Behauptungen daran prüft. Stimmen sie mit ihm überein, dann haben sie die Probe der Wahrheit bestanden, mag es sich um Aussagen über Gründe oder über anderes

stichhaltigste sich bewährende Logos aufgefaßt wird. Vielmehr wird Hypothese hier als allgemeine und für alle einzelnen Fälle maßgebende in den Ansatz gebracht. Diese allgemeine Hypothese werde in einem Grundurteil ausgesprochen, welches die „Realität" der Ideen überhaupt behauptet. An die Realitätsthese schließe sich sofort die These der Teilhabe an: es wird auf die Stelle hingewiesen, in der Platon von der Gegenwart der Idee im Ding und der Gemeinsamkeit des Dinges mit der Idee spricht. Im Zusammenhang mit der Unsterblichkeitslehre des Phaidon gewinnt nach Wagner die hypothetische Methode eine besondere Bedeutung. Unter Hinweis auf 91 e 2 bis 95 a 3, wo der Gesprächspartner des Sokrates, Simmias, die These entwickelt, daß die Seele eine Harmonie des Leibes sei, wird das Funktionieren der hypothetischen Methode aufgezeigt. Es wird gezeigt, daß hier die Ideenlehre als „fundamentale Hypothese" fungiert. Als Beweisstück für die Präexistenz der Seele wird von Sokrates benutzt, daß die „besondere" Hypothese des Erkenntnisbegriffes (Mathesis und Wiedererinnerung) anerkannt worden war. Die Harmonie-These stimmt mit dieser begründeten Hypothese nicht überein und muß daher als falsch angesehen werden. In einem weiteren Argumentationsschritt wird erklärt, daß, wenn Harmonie als Grund der Seele und als ihr Wesen angesprochen würde, auch die nicht in Harmonie existierende Seele dennoch Harmonie sein müßte: das aber führe zu einem Widersinn. Hier zeigt sich, daß die Annahme eines ersten Grundes im Bereiche des Erscheinenden, wie es in der Harmoniethese des Simmias geschieht, unmöglich ist, so daß diese Hypothese nicht annehmbar ist. Die Hypothesismethode werde von Anfang an als universal leistungsfähig gedacht (Wagner S. 381). Im Phaidon werde anhand des Unsterblichkeitsbeweises der Seele postuliert, daß ein spezielles metaphysisches Problem lediglich in die Metaphysik der Ideen einbezogen werden müsse, um innerhalb dieser dann entschieden zu werden.

[15] Politeia 511 b 3—5.

Seiendes handeln: im Gegenfalle aber müssen sie als unwahr angesehen werden.[16] Setzt man voraus, daß die erste Hypothese, an der alles Übrige geprüft wird, diejenige der Ideenlehre ist, dann erweist sie sich auch als Maßstab für alle einzelnen in der Einzelwissenschaft auftretenden und begegnenden „Hypothesen". Sie kann als übergreifender Grund, der sich selbst und alles Andere einsichtig macht, angesehen werden. Darin zeigt sich selbst eine in jeder metaphysischen Fragestellung immer wiederkehrende Situation: daß in der metaphysischen Sprache etwas angesprochen wird, was einerseits sich selbst zu tragen und zu rechtfertigen hat, andererseits aber auch das „Andere", von ihm Abhängige begründet, rechtfertigt, ihm Sein, Namen, Einheit verleiht. Diese Bedeutung mag es auch haben, wenn Platon vom „Logos selbst" spricht, der im Falle der Dialektik allein imstande ist, „die Sache selbst" zu ergreifen. Der „Logos selbst" ist die Instanz, welche sich selbst und zugleich auch alle anderen Formen und Weisen des Denkens — auch diejenige des sinnlichen Wahrnehmens — rechtfertigt und trägt. Dieses metaphysische Prinzip wird an bedeutenden Punkten seiner Tradition in verschiedener Weise sichtbar, mag es durch die spinozistische Formel, daß die Wahrheit das Kriterium ihrer selbst und des Falschen sei, oder durch die idealistische These der Kant-Nachfolger von der Identität der Identität und Nichtidentität zur Sprache kommen.

Das die Teilung der Linie in vier Abschnitte leistende Verfahren gehört zu einer Grundfigur metaphysischen Denkens, auf die näher eingegangen werden soll. Sie besteht im Verfahren der Teilung, die zugleich Setzen von Grenzen ist. In der Erörterung der vorsokratischen Philosophen zum Verhältnis zwischen Vielheit und Einheit und insbesondere in dem Beweisversuch des Parmenides-Schülers Zenon, daß es keine Bewegung gebe, spielt das Prinzip Teilung ebenso eine maßgebende Rolle wie auch in dem Vorschlag des Demokrit, jedes Ding als ein Ganzes aus Teilen aufzufassen. Bei diesem Teilungsverfahren gewinnt man Elemente, welche selbst nicht mehr geteilt werden können: Resultat dieses Verfahrens ist das Atom.

Bei der Teilung kommt es auf die Handhabung der „Grenze" und auf Begrenzung an. Bei aller sonstigen Verschiedenheit schließt auch die dialektische Methode das Begrenzen ein. Dieses Verfahren, an welches Platon im Zeichen der „Dihairese" denkt, führt insofern eine Be-

[16] Phaidon 100 a 3 ff.

grenzung durch, als z. B. ein allgemeiner Begriff als Klasse von Gegenständen in zwei Unterklassen (A und Non-A) geteilt wird, jede von diesen beiden nach demselben Prinzip der Zweiteilung wiederum geteilt und die gewonnenen Teile im analogen Verhältnis weitergeteilt werden. Wird diese Teilung im Sinne der Ideenlehre aus Platons klassischer mittlerer Zeit verstanden, so daß durch sie feste Grenzen zwischen starren Ideengehalten gezogen werden, dann entsteht eine analoge Lage, wie sie bei Zenon im Falle seiner Opposition gegen den Bewegungsbegriff begegnet war. Die Teilung hat dann den metaphysischen Sinn, Grenzen zwischen festen, bleibenden Inhalten zu setzen, die voneinander getrennt werden. Das führt insbesondere dazu, daß Platon die Bewegung auf die Seite des Un-Begrifflichen, Alogischen, also des sinnlich Unbestimmten setzen muß, da die Bewegung aus dem Ideenbereich ausgewiesen wird. Soll Bewegung denkbar sein, so darf ein Seiendes von seinem Nichtseienden nicht in der Weise einer festen, absolut fixierten Trennung abgeschieden werden, sondern müßte auch sein Nichtsein, wie Platon in der späten Phase seines Denkens selbst erklärt, in sich enthalten. Wie Heraklit schon betont hatte, müßte das Kalte auch das Warme, das Feste das Flüssige, das Große das Kleine in sich enthalten können, soll ein Werden, eine Bewegung und eine Veränderung begreifbar sein. Soll Bewegung unter die Ideen aufgenommen werden und eine Aussage über Bewegtes Wissen sein können, dann muß die „Teilung" einen anderen metaphysischen Sinn haben als denjenigen, den sie noch in der frühen Ideenlehre im Einklang mit Parmenides und Zenon hatte: in ihr muß das in der Dialektik schon angesprochene Prinzip des Übergreifens des Einen über sein Gegenteil, der Einheit, die sich selbst und das Andere einigt, heimisch sein. In den späten Dialogen, in denen Platon das Prinzip der Bewegung mit demjenigen der Ideen zu versöhnen sucht, zieht er aus seinen dialektischen Ansätzen die Konsequenz: daß jede Idee eine Einheit ist, die nicht nur das Sein der Dinge begründet, in denen sie zur Erscheinung kommt, sondern eine „Gemeinschaft" (koinonia) mit anderen Ideen eingeht, die negativ zu ihr stehen. Damit wird das im Phaidon ausgesprochene Prinzip, daß jede Idee ihr Gegenteil von sich abstößt und aus sich ausschließt, modifiziert. In jeder Idee ist sie selbst und auch zugleich ihr Gegenteil gegenwärtig: nur unter dieser Voraussetzung gibt es einen Begriff des Übergangs von einem Sein zu einem Nichtsein, also der Bewegung und der Veränderung. In solchen Formeln wie z. B. derjenigen des Timaios, derzufolge das schönste

Band aller Bänder dasjenige sei, welches sich selbst und auch das von ihm Verschiedene einigt, wird der übergreifende Sinn, den unter dieser Voraussetzung die „Idee" erhält, deutlich. Es ist von dem Nicht-seienden im Seienden die Rede. Zu diesen Formeln gehört auch die bekannte Wendung im Dialog Sophistes von der „Gemeinschaft der Ideen". Sie bringt die konkrete Verflechtung aller Ideen mit allen andern Ideen zur Sprache.

In dem metaphysischen Verfahren der Teilung hat auch das Prinzip der Proportion (logos), welches in der Linienüberlegung maßgebend ist, seine Wurzel. Wie die Ideen zu den mathematischen Zeichen, so verhalten sich die Körper zu ihren Schatten (ana-logos). Das metaphysische Prinzip der Analogie eröffnet in diesem Zusammenhang seine Tradition. Dem Prinzip der Proportion entspricht es, wenn bei der Teilung der Linie, die den Aufbau des Seins ebenso wie der Erkenntnisstufen darzustellen hat, vier Teile resultieren. Auch die mathematische Proportion hat die Form: a : b wie c : d.

Damit aber der metaphysische Gedanke im Sinne des Übergreifens der Einheit der Idee in ihr eigenes Gegenteil deutlich werde, muß als Ergänzung zum „Quaternar" das Prinzip des dialektischen „Ternars" hinzutreten, demzufolge eine These und ihre Antithese die Synthese hervorbringt.

3. Die metaphysische „Bildung" (paideia)

Bisher wurden zwei Zentren der metaphysischen Fragestellung erörtert: sie betrafen das Sein der Sachen selbst und die Theorie des Wissens. Dabei war von dem „Weg" die Rede, den das Denken zu gehen habe, um schließlich den rechten Stand des Wissens zu gewinnen. Daß dieser Weg ein Weg der „Bildung" ist, den die Seele geht, um am Ende imstande zu sein, die wahren Dinge sehen zu können, ist eine charakteristische These der platonischen Metaphysik; in ihr wird zugleich die Tradition eines metaphysischen Gedankens eröffnet, auf deren Linie in der weiteren Geschichte des philosophischen Denkens die Idee der inneren Erfahrung und geschichtlichen Entwicklung der Seele (Augustin), des itinerarium in deum (Bonaventura) oder auch der „Erfahrung des Bewußtseins" (Hegel) liegen. Bei Platon wird diese Seite des metaphysischen Denkens im Bereich des Höhlengleichnisses zur Sprache gebracht. Zu dessen metaphorischen Implikaten gehören

Kategorien wie: Stand des Denkens, Perspektive und Bewegung zu überlegenen Standpunkten hin. Im folgenden mag die von Platon im Höhlengleichnis dargestellte Situation am Leitfaden dieser Kategorien skizziert werden.

Sieh mit deinem geistigen Auge auf Menschen hin, so läßt Platon seinen Sokrates reden, die sich in einer unterirdischen höhlenartigen Behausung aufhalten. Sie hat einen gegen das Sonnenlicht gekehrten Zugang längs der ganzen Höhle. Die Menschen sitzen mit dem Gesicht gegen die dem Eingang der Höhle gegenüberliegende Wand und sind von Kindheit an an Hals und Schenkeln gefesselt, so daß sie ihren Blickkreis nicht verändern können, sondern immer nur in die eine Richtung hinsehen müssen. In ihrem Rücken brennt noch innerhalb der Höhle und über ihren Köpfen ein Feuer. Zwischen diesem und den Gefesselten führt quer durch die Höhle ein Weg, der mit einem Mäuerchen von der Art umsäumt wird, wie es sich zwischen den Zuschauern und den auf der Bühne ihre Kunststücke vorführenden Schaustellern befindet. Sieh nun, so fährt Sokrates in seiner Aufforderung an das innere Sehen fort, wie Menschen allerlei Gerät, steinerne und hölzerne Bilder und sonstige Kunstprodukte so die Mauer entlang tragen, daß sie über diese hinwegragen. Die einen von ihnen reden, die anderen schweigen. Die auf ihre Sitze Gefesselten aber sehen nur die von dem erwähnten Feuer am Eingang der Höhle verursachten Schatten, welche die Vorübergehenden und ihre Geräte auf die Wand werfen, denn sie können sich nicht „frei" bewegen und auch nicht frei sehen und denken, sondern sind der Notwendigkeit eines Zwanges unterworfen. Wären sie fähig, miteinander zu reden, dann würden sie den vorüberziehenden Schatten Namen geben, und wenn das Echo ihnen Laute und Worte zubringen würde, die von den an der Mauer Vorübergehenden herkommen, dann würden sie glauben, daß die Schatten gesprochen hätten. Die Lage dieser Wesen wäre, daß sie nichts anderes für „wahr" halten würden, als die Schatten, die sie sehen können. Schau nun weiter hin, fordert Sokrates auf, wie eines dieser Wesen von seinen Fesseln und zugleich seiner Unfähigkeit zur Einsicht befreit wird: was würde geschehen, wenn ihm solches durch Natur begegnen würde? Zunächst würde alles, was mit ihm vorgeht, zwangsweise geschehen müssen: das Aufstehen, das Sich-Herumdrehen, das Sich-in-Gang-setzen und das Blicken gegen das Licht. Das alles würde außerdem zunächst Schmerzen verursachen. Wenn einer zu ihm dann noch sagen würde, daß er zuvor Trugbilder gesehen habe, sich aber jetzt näher dem Sein befinde und Richtigeres sehe, da er ja gegen das „in höherem Grade Seiende" gewendet sei: und wenn jemand auf die vorübergehenden Gestalten hinzeigend ihn zwingen würde, auf die Frage, was es damit auf sich habe, zu antworten, gewiß würde er in Verlegenheit sein und glauben, daß das ehemals Gesehene wahrer sei als das, was jetzt in sein Blickfeld kommt und worauf hingezeigt wird. Würde nun jemand dieses auf dem Wege befindliche Wesen gewaltsam weiter aus der Höhle herausziehen und es zwingen, den Aufgang gegen die Höhlenöffnung weiterzugehen, dann wäre das Auge zunächst unfähig, diejenigen Sachen zu sehen, die jetzt auf der neuen Stufe als „wahr" angesprochen werden müßten. Zuerst würde sich der betreffende wiederum an das Abbildliche halten: an die Schatten, danach an die Spiegelbilder auf der Wasseroberfläche und den glatten Gegenständen, dann würde sein Auge, der neuen Perspektive sich anpassend, zunächst nachts die Sterne sehen und das Licht des Mondes, und ganz zuletzt könnte es sich der Sonne selbst zuwenden: auf dieser letzten Stufe sähe er nicht die Sonne nur im Spiegelbild, sondern sie selbst unmittelbar und an ihrem ihr eigenen Ort. Dann würde er sie als Maßstab erkennen für das Geschehen auf der Erde (z. B. für die Zeiteinteilung) und einsehen, daß sie der Grund aller Dinge ist, weil sie für das Wachstum und Gedeihen notwendig ist. Von dem neuen Stande aus würde er dann die Lage derer überblicken können, mit denen er sich vorher in der gemeinsamen Lage des Gefesseltseins in der Höhle befand. Er würde andere Wertschätzungen und Maßstäbe haben als die, welche sich noch in der Höhle befinden, würde die Zwänge durchschauen, denen diese unterworfen sind und daher von seinem überlegenen Stand aus die Irrtümer entlarven können, denen sie unterliegen. Er würde es freilich erleben müssen, daß er, wenn er zu ihnen zurückkehren würde und mit ihnen in seiner neuen Sprache sprechen würde, verhöhnt, verlacht oder zuletzt gar getötet würde, wenn man seiner habhaft werden könnte.

Das Charakteristische dieses Gedankengangs für das metaphysische Denken mag in folgendem gesehen werden:

1. Die Rede ist von einem „Gang" des Denkens zu einem Stande hin, von dem aus sich das Wahre zeigen kann. Auf diesem Wege bildet sich ein „Wissen" aus, das sich freilich nicht nur in einer Ebene des Denkens von gewissen Prämissen zu Folgerungen hin bewegt, wie es in der Mathematik der Fall ist, vielmehr nimmt dieses Denken eine weitere Dimension der räumlichen Tiefe in Anspruch. Es ist nicht beweisbar, sondern verlangt, um Anerkennung zu erreichen, von jedem einen

Mitvollzug der gedanklichen Bewegung, der den Blick auf die Wahrheit aufschließen will.

2. Demgemäß vollzieht sich dieses Wissen im Bereich einer wissenschaftlichen „Bildung". Die auf dem Wege befindliche Seele verwandelt sich, sie gewinnt nicht nur neue Vor-stellungen. Damit hängt zusammen, daß der Denkende, neuzeitlich gesprochen, ein *Interesse* an dem „Guten" befriedigt, zu welchem er auf diesem Wege gelangt.

3. Durch Gewinnung des neuen Standes und der zu ihm gehörigen Ent-deckung der Wahrheit geschieht zugleich eine Entlarvung der Irrtümer, die sich vom früheren Sehen aus ergeben *mußten.* Derjenige, der den überlegenen Stand des Denkens gewonnen hat, ist jetzt im Besitz der Maßstäbe der Wahrheit und vermag zugleich auch auf die Bedingungen hinzublicken, denen sein eigenes Denken unterworfen war, als es sich noch auf dem Wege befand. So erkennt der Wissende den Zwang, unter dem sich Irrtum und Scheinwissen auf den Stationen ausbilden *mußten,* von denen aus noch nicht die wahre Perspektive auf das Seiende gewonnen war.

Bedeutsam ist, daß Platon in der letzten Phase dieses Weges, in der es möglich ist, den Blick der Sonne zuzuwenden, ein Prinzip zur Sprache bringt, welches seinerseits den zentralen Einheitspunkt auch aller Ideen ausmacht. Es ist das „Gute selbst", repräsentiert durch das Licht der Sonne. Insofern eine Idee als solche unbedingt beständig und dauerhaft ist, hat sie Anteil am „Guten". Das Gute ist in allen Ideen direkt gegenwärtig, durch die Ideen hindurch auch in den Erscheinungen, welche Abbilder der Ideen sind. Damit ist in die Metaphysik ein Prinzip eingebracht, das von einer zentralen Stellung aus die Gesamtheit alles Seienden einigt, so daß zwischen dem Prinzip des Eins und demjenigen des Seienden ein unmittelbarer Zusammenhang hergestellt ist. Aristoteles wird diesen Gedanken weiter fortsetzen.

Zweites Kapitel

DER METAPHYSISCHE ANSATZ DES ARISTOTELES

1. Das Wissen von den ersten Gründen des Seienden als Seienden

Es wird hier nicht darauf ankommen, die individuelle Denkgeschichte eines Metaphysikers darzustellen. Ebensowenig ist es darum zu tun, die Geschichte der metaphysischen Vernunft als solche zu verfolgen. Vielmehr sollen typische Figuren des Fragens und Antwortens beschrieben werden, die der metaphysischen Vernunft eigentümlich sind. Ein Name wie der des Aristoteles hat in diesem Zusammenhang die Funktion, den geschichtlichen Ort zu bezeichnen, an welchem sich eine bestimmte Figur metaphysischen Denkens nach innerer Notwendigkeit ereignet.

Aristoteles nimmt die Frage nach den Prinzipien (archai) des Seienden unter neuen Voraussetzungen auf. Da diese im Ganzen eines Begründungszusammenhanges stehen, konzentriert sich die Frage auf die „ersten" Archai des Seienden. Von Platon her (Phaidon) bietet sich die Interpretation der Archai als erster „Gründe" (aitiai) an, d. h. als derjenigen Instanzen, die „schuld" daran sind, daß das Seiende seiend ist.[1]

Metaphysisches Fragen und Antworten vollzieht sich auch im Bereiche dieses Denkens im Zeichen dreier verschiedener Aspekte: einerseits ist vom Seienden und seinen ersten Gründen, andererseits von den Maßstäben des Wissens von diesen Gründen die Rede. In letzterer Hinsicht erweist sich Metaphysik zugleich als Wissenschaftslehre, in welcher es auch um die Erörterung des Verhältnisses von Metaphysik und Einzelwissenschaft geht. Schließlich kommt auch das „Interesse" des metaphysisch Fragenden und die Seinsverfassung des metaphysischen Denkers ins Spiel, die bei Platon ihren Ort in der Lehre von der „Paideia" gefunden hat.

[1] Phaidon, zit. bei Aristoteles, Metaphysik 1080 a (im folgenden zit. als Met.). Zur Prinzipienforschung bei Aristoteles vgl. auch Wolfgang Wieland, Die aristotelische Physik, Göttingen 1962 und E. Tugendhat, TI KATA TINOS, Freiburg 1958.

Das „theoretische" Denken ist dasjenige der „Wissenschaft". Es unterscheidet sich von dem Denken im praktischen Verhalten dadurch, daß es nach den Gründen fragt, während letzteres nur das erfahrene Einzelne feststellt. Derjenige, dem es in erster Linie um die Praxis zu tun ist, antwortet auf die auf „Wissen" bedachte Frage nach dem „Warum", daß es „halt so sei". Der Theoretiker ist im Felde dieser Frage heimisch: er wird Gründe für die fragliche Tatsache anzugeben suchen. Aristoteles gebraucht den Namen „Philosophie" synonym mit „Wissenschaft". In der Skala der Wissenschaften nimmt die Metaphysik insofern eine ausgezeichnete Stelle ein, als sie es auf die „ersten" Gründe abgesehen hat: sie fragt nach den ersten Gründen alles Seienden überhaupt (arche, aitia). Da ihr Gegenstand, die ersten Gründe, am Anfang rangiert, so ist die Stellung dieser Wissenschaft ihrerseits diejenige einer „ersten Wissenschaft" (prote philosophia).

Die Wissenschaft darf sich nicht bei der Vorstellung einer Ursachenkette beruhigen, die ins Endlose verläuft und aus dem Endlosen herkommt. Es gibt für sie einen Anfang und ein Ende, ein Werden aus etwas und zu etwas. Jeder Vorgang im Bereich des Seienden kann als ein Mittleres aufgefaßt werden, zu dem es eine Herkunft und eine künftige Endgrenze gibt.[2] Ein Fortschritt ins Endlose ist nicht möglich, da alles Seiende als solches „bestimmtes", also begrenztes Seiendes ist. Die Metaphysik hat es darauf abgesehen, die ersten Ursachen alles Seienden, welche sich vielleicht auch als Endziel des Seinsprozesses herausstellen, zu erkennen. Da der Weg, den Aristoteles bei seiner Formulierung der Frage nach dem Sein geht, für die seitherige Metaphysik maßgebend war, sei er hier genauer gekennzeichnet.

Die ersten Gründe betreffen alles Seiende, so daß nichts Seiendes vorkommt, was ihnen nicht unterworfen wäre. Sie sind „allgemein". Die Metaphysik übertrifft demgemäß die übrigen Wissenschaften auch an Allgemeinheitscharakter. Die „erste Wissenschaft" verbreitet sich über alles, nicht nur wie die Einzelwissenschaften (Physik, Mathematik) über ein bestimmtes Genus und eine bloß spezielle „Natur". Erste Wissenschaft ist zugleich diejenige, die auf das Ganze bzw. Allgemeine geht: denn das Allgemeine ist das Erste.[3]

Aber die Fragestellung der Metaphysik bedarf noch einer weiteren Präzisierung. Man könnte nämlich annehmen, daß auch eine Einzel-

[2] Met. 994 a.

[3] Met. 1026 a 24—32.

wissenschaft zu ihren ersten Gründen zurückgeht und dabei einen höchst allgemeinen Charakter gewinnt. Aristoteles spricht selbst von einer „allgemeinen Mathematik", welche sowohl Astronomie wie Geometrie umfasse. Es kommt also darauf an, dasjenige „Etwas" anzugeben, von dem die ersten Gründe gesucht werden. Der Metaphysik kommt es auf die Begründung „alles" Seienden an, wobei dieses „alles" nicht in dem Sinne einer Zusammenfassung aller vorhandenen Dinge aufzufassen ist. Während eine einzelne Wissenschaft, wie etwa die Mathematik, die Dinge in Hinsicht auf ihre Berechenbarkeit betrachtet, geht es der Metaphysik darum, das Seiende ganz allgemein *als* Seiendes, im Hinblick auf seinen Seinscharakter, ins Auge zu fassen. Sie wird also z. B. die Antwort auf die Frage geben müssen, was es überhaupt heißt, eine seiende Sache zu sein. Als Wissenschaft ist es ihr darum zu tun, die ersten Gründe der seienden Sachen nicht im Hinblick auf ihr Aussehen, ihre Eigenschaften, ihr Verhalten, sondern im Hinblick auf ihr Seiend-Sein überhaupt zu betrachten. „Es gibt eine Wissenschaft, welche das Seiende als solches (das Seiende selbst [d. Verf.]) und das diesem Seienden von ihm selbst her Zukommende untersucht. Diese Wissenschaft ist mit keiner Einzelwissenschaft identisch: denn keine der übrigen Wissenschaften handelt allgemein von dem Seienden als solchen, sondern sie grenzen sich einen Teil des Seienden aus und untersuchen die für ihn zutreffenden Bestimmungen wie z. B. die ‚mathematischen Wissenschaften'." [4] Diese Wissenschaft erhielt später den Namen Metaphysik, sie fragt nach den ersten Gründen des Seienden als solchen. Nicht auf alles vorhandene Seiende ist es abgesehen, sondern auf die Charaktere, die ein Seiendes zeigt, wenn man es als Seiendes überhaupt betrachtet. In dieser Perspektive zeigt sich dasjenige Etwas, welches als *das* Seiende überhaupt, als Seiendes im Allgemeinen oder Seiendes als Solches anzusprechen ist. Von diesem „Etwas" stehen die ersten Gründe in Frage. Von ihnen leitet alles Seiende seinen Seinscharakter her, so daß sie als „Sein" des Seienden bezeichnet werden können.[5]

[4] Met. 1003 a 21—27.

[5] Wenn die Ontologie seit Aristoteles den Unterschied zwischen dem Sein und dem Seienden auch nicht im Sinne Heideggers macht („ontologische Differenz"), so ist es doch bedenklich zu behaupten, Aristoteles habe ihn überhaupt nicht beachtet und nur das „Seiende als Seiendes" ins Auge gefaßt, statt auch das „Sein als Sein" zu bedenken. Der damit geäußerte Vorwurf bedenkt nicht, daß es Aristoteles nicht nur auf das Seiende als solches, sondern

Die Eigentümlichkeit der metaphysischen Fragestellung resultiert auch aus folgendem Gedankengang des Buches Epsilon der Metaphysik: Die Einzelwissenschaften handeln über einen von ihnen gewählten Aspekt, ein einzelnes „gewisses Seiendes" und eine gewisse Gattung. Ihre Fragestellung ziele nicht auf das Seiende selbst ab.[6] Bei ihnen sei keine Rede vom „Was-sein", vom Seienden als solchen.[7] Anders gesagt: das Seiende als Solches ist als „Etwas", als ein „Wesen" aufzufassen, an welchem modellhaft die Gründe und Prinzipien zu erkennen und deutlich zu machen sind, von denen die einzelnen Wissenschaften bei ihren Aussagen im Zeichen ihrer gewählten Erkenntnisziele Gebrauch machen. Dieses Wesen: Seiendes als Solches enthält in allgemeiner und prinzipieller Weise Gründe, welche auch an jedem einzelnen Gegenstand, von dem ‚begründend' ausgesagt wird, feststellbar sind. Als Grundmodell für jedes einzelne, bestimmte Seiende ist es selbständig begreifbar. Es ist „selbständig" gegenüber den einzelnen Sachen, an denen es gegenwärtig ist.

Zur Untersuchung des Seienden selbst gehört zuerst, daß an ihm vier Ursachen festzustellen sind, die insgesamt zum Seienden als Seienden gehören. Sie mögen am Beispiel des Hauses deutlich werden.[8] Es kommt 1. das „Zugrundeliegende" als Ursache in Frage: es ist der Stoff. Im Falle des Hauses besteht er etwa aus Steinen und Erde. Als Gegenstück des Stoffes kommt 2. die Form, die Gestalt hinzu, die dem Baumaterial gegeben wird. Sie verleiht dem Haus sein Aussehen. Form hat sprachlichen Charakter: das Haus teilt sich dem Beschauer als diese Formgestalt mit. Diese Ursache, das Eidos, ist zugleich auch verantwortlich für die Vereinigung der Teile zu einem Ganzen: Haus genannt. Aus dieser Einung ergibt sich der Begriff des Hauses, durch welchen dieser Gegenstand beschrieben und von andersgestalteten Sachen abgegrenzt wird. Daraus folgt, daß diese Ursache auch zum Was-sein, zum Wesen gehört. Die sichtbare Gestalt, Eidos, stellt sich dem Denkenden begrifflich dar und teilt sich ihm als „Begriff" und als Einheit mit, die als solche angesprochen wird. Darauf macht Aristoteles aufmerksam, wenn er erklärt, daß die von der Form her gegebene

auf dessen „erste Gründe" abgesehen hat, die man das „Sein" des Seienden als solches nennen kann.

[6] Met. 1025 b 9.

[7] Met. 1025 b 10.

[8] Met. 996 b 6 ff.

Ursache das wesentliche „Was-sein" sei, denn das Bauen werde auf das begriffliche Prinzip des Einigens zurückgeführt, welches im Wesen am Werke ist. Demgemäß ist die Rolle des Wesens in der Skala der Kategorien dadurch ausgezeichnet, daß es Prinzip des Aussagens auch der anderen Kategorien ist. Während die anderen Kategorien die Weisen sind, in denen „über" das Wesen etwas ausgesagt wird, wird das Wesen selbst nicht von einem anderen ausgesagt. Es ist ein „letzter Begriff", der den Ursachencharakter der Sache, von der Aussagen gemacht werden, zur Sprache bringt. Das Wesen ist der erste Grund, der Antwort gibt auf die Frage, warum Prädikate zu ihrem Subjekt gehören; es ist insofern in besonderer Weise Ursache und Prinzip.[9] Wie Form und Stoff, so stehen sich auch die anderen zwei Ursachenarten: bewegende Ursache einerseits und Endursache andererseits polar gegenüber. Die bewegende Ursache 3. setzt das Werden eines Wesens in Gang: ihre Stelle ist am Anfang des Geschehens. Im Falle des Hauses spielen Technik und Durchführung des Häuserbauens die Rolle der das Werden des Hauses in Gang setzenden Ursache. Das Werden des erbauten Hauses als fertigen Werkes dagegen ist der Abschluß, das Ende des Prozesses der Erbauung des Hauses. Schließlich ist 4. der End-Zweck Haus Ursache insofern, als ohne die Absicht auf das mit der Erbauung des Hauses verbundene „Weswegen" und ohne den Vorblick auf die Erfüllung mit ihm verbundener Zwecke der ganze Prozeß des Häuserbauens nicht in Gang gekommen wäre.

Die Ursachenlehre kann als das zentrale Stück der Aristotelischen Metaphysik angesehen werden, weil sie die Theorie vom Wesen und damit auch diejenige von der Substanz und den übrigen Kategorien ebenso wie die Theorie der Bewegung und des aus Energeia und Dynamis (Akt und Potenz) bestehenden Ganzen einschließt. Diese Themen geben auch die Leitfäden an, nach denen sich die Bedeutungen des Wortes „Seiend" differenzieren, von dem Aristoteles immer wieder sagt, daß es in vielfacher Weise ausgesagt werde. Von diesen durch die Ursachenlehre intonierten Themen mögen Energeia und Dynamis betrachtet werden.

[9] Met. 983 a 24 ff. Vgl. mein Buch: Der philosophische Begriff der Bewegung, Köln—Graz 1965.

2. Dynamis und Energeia

Diesem Paar aufeinander bezogener Prinzipien entspricht beim Beispiel des Hauses das polare Paar: Stoff und Form. Der kundige Handwerker, etwa der Erbauer eines Hauses, wählt seinen Stoff nach solchen Eigenschaften aus, die versprechen, die in der Form repräsentierten Forderungen in optimaler Weise zu erfüllen. Daher sind die Eigenschaften des Stoffes als „Möglichkeiten“ anzusehen, welche durch Eingehen des Stoffes in eine Formung zu Wirklichkeiten werden. Der Künstler wird in gewissen Fällen Erz, in anderen Fällen Ton wählen, je nach der erwarteten Wirkung des zu verwirklichenden Werkes. So ist der Stoff als Dynamis auf die künftige Verwirklichung durch eine „energische“ Form angelegt: im Stoff liegt ein Streben nach Verwirklichung durch Formung, Dynamis und Energeia erweisen sich so als polare Faktoren eines zustandegekommenen Ganzen. Die dabei vollzogene Unterscheidung macht sich aber insofern sogleich wieder rückgängig, als sie auf das Ganze des sich herstellenden Werkes zurückweist, an welchem Dynamis und Energeia nur jeweils zwei verschiedene Momente sind. Dynamis und Energeia sind vom Ganzen einer Bewegung eines sich verwirklichenden Werkes her zu unterscheiden und zugleich zusammenzubringen. Es handelt sich dabei um eine Unterscheidung, die voraussetzt, daß die „Sache“ als Verwirklichungsvollzug begriffen wird. Der Anfang eines Werdeprozesses erweist sich als Situation, in der Stoff und Form, Dynamis und Energeia noch getrennt sind. Das Material, welches z. B. der Künstler zur Herstellung seines Werkes gebraucht, zeigt unbestimmt viele Möglichkeiten. Die Anlagen, die etwa ein Mensch von der Natur bekommen hat, können je nach Ausbildung und Schicksal die oder jene Wirklichkeitsform in der Geschichte des betreffenden annehmen. Aus der unbestimmten Zahl der Möglichkeiten wird durch die formende Verwirklichung eine einzige ausgewählt und in die Wirklichkeit überführt. Bei dieser Wahl werden die nicht zur Wirklichkeit kommenden Möglichkeiten verabschiedet.

Die Funktion der Form besteht darin, der in der Vielheit der Möglichkeiten sich zeigenden Unbestimmtheit eine Bestimmung durch Entscheidung für eine einzige Wirklichkeit zu geben. Bestimmung ist zugleich Begrenzung, Einfassung der Sache, so daß sie zwischen Anfang und Ende existiert, sie ist Gestaltung bzw. Formung. Wenn von Unbegrenztheit, bzw. von Unbestimmtheit der Möglichkeiten die Rede ist, dann ist damit nicht gemeint, daß der Stoff zu allem fähig wäre und überhaupt keine inneren Eigenschaften besitzen würde. Dynamis ist nicht nur als indifferentes und passives Stillhalten gegenüber Formungskräften zu begreifen, vielmehr muß der Begriff der Dynamis in einem positiven Sinne genommen werden: in dem Sinne der Anlagen, die zwar endlos an Zahl sind, aber doch in eine bestimmte Richtung künftiger Verwirklichung hinweisen.

Nimmt sich bei Ingangkommen einer Verwirklichung die ein-wirkende Energeia formend der Dynamis an, so wird eine Auswahl einer einzigen sich verwirklichenden Möglichkeit aus der Vielzahl anfangs bestehender Möglichkeiten getroffen. Verwirklichung ist immer zugleich Bestimmung, und diese ist Begrenzung. Der Vollzug der Verwirklichung ist selbst durch Anfang und Ende begrenzt, insofern sich die am Anfang zugrundeliegende Dynamis auf das Ziel ihrer künftigen Verwirklichung hin ausstreckt. Diese Verwirklichung kommt durch die „Energeia" in Gang, die insofern zugleich auch „Entelecheia" ist, als sie den Verwirklichungsprozeß zu einem Ende, einem „Telos" hinführt. Das Ende bzw. das „Telos" des Vollzugs der Erbauung des Hauses ist das fertige Haus. Unbestimmt und unbegrenzt würde die Dynamis bleiben, wenn sie nicht in das Ganze des Verwirklichungsgeschehens eingehen würde. Die Entelechie vollzieht an ihr Bestimmung und Eingrenzung.

Wegen seiner Eigenschaft des Unbegrenztseins, die der Stoff mitbringt, ist er zugleich auch Ursache für die Einmaligkeit und Einzigkeit, also die Individualität einer Sache. Das Individuelle kann nicht ausgesagt, nicht „definiert" werden. Nimmt sich die Form der Materie an, so faßt sie einen Kreis von Bestimmungen zusammen, die das notwendige Wesen der Sache ausmachen. Die „Form" ist das Wort, welches über den Stoff (hyle) eine bestimmte Entscheidung trifft und aus ihm dieses bestimmte Wesen macht. Das Wesen ist selbst sprachlich, hat zugleich den Charakter des Begriffes, welcher die Sache definiert, d. h. ihr „Was"-sein aussagt. Daher eignet ihr ein Grad von Allgemeinheit. Das Individuelle, Einmalige und Einzelne z. B. des Hauses wird durch diejenigen Eigentümlichkeiten geleistet, die noch an der Materie, an den Steinen usw. hängen, ohne durch die Form notwendig bestimmt und in Wesen und Wesenskreis mit eingegrenzt worden zu sein. Denn der unbestimmte, unausgegrenzte Charakter der Materie, der die Vielheit ihrer ursprünglichen Möglichkeiten betrifft, wird auch noch mit in die Wesensbestimmung und Verwirklichung übernommen. Die Materie führt gleichsam ihr Eigenleben auch dann weiter, wenn sie durch Formung in Wesensnotwendigkeit eingegangen ist. So zersetzen sich vielleicht die Steine eines Hauses oder die Farben eines Bildes nach Prinzipien, die in das Wesen des Hauses oder des Bildes nicht einbegriffen sind. Gerade dieser unbestimmte Überschuß über Formbestimmtheit und notwendige Wesenseinheit macht den einmaligen, individuellen Charakter einer Sache aus. Zu dieser Einmaligkeit gehört das, was nicht notwendig so ist, wie es ist, was auch anders sein könnte, also zufällig ist. Es sind die vom Eigenleben der Materie her zur Wesensbestimmung hinzukommenden und von der Unbestimmtheit der Materie her übernommenen Eigenschaften eines Wesens: sie bilden den Inbegriff des Zu-Fallenden, Hinzugekommenen (symbebekos, lat. accidens). Das Accidens begegnet „an" einem Wesen und kann in Wahrheit von ihm ausgesagt werden, ohne daß diese Aussage notwendig wäre. So kann zwar die Eigenschaft, weiß zu sein, zu den einen individuellen Menschen beschreibenden Eigenschaften gehören: gleichwohl ist sie im Hinblick auf sein Menschsein zufällig und nur „hinzugekommen". Ebenso ist es vielleicht zwar ein wirkliches, aber akzidentelles und nicht notwendiges Ergebnis, wenn z. B. jemand beim Graben eines Loches für eine Pflanze einen Schatz findet.[10] Ebenso war es für jemanden ein Zufall, nach Ägina zu kommen, wenn er nicht beabsichtigterweise diesen Ort zu seinem Reiseziel wählte, sondern nur dorthin kam, weil er vom Sturme verschlagen oder von Räubern gefangengenommen und gewaltsam dorthin entführt worden war. In diesem Falle übernimmt die für ein praktisches Vorhaben gewählte Zielsetzung die Rolle, die im theoretischen Denken der die notwendigen Wesenseigentümlichkeiten zusammenfassende Begriff spielt. Die Stoffursache, welche bei jeder Verwirklichung ins Spiel kommt, führt „unbestimmte" Eigenschaften mit sich, welche das Mitspielen des Zufalls begründen und nicht von der bestimmenden und der notwendigen Wesensform eingefangen werden. Gelänge es der Form, jede unbestimmte Möglichkeit des in die Wirklichkeit eingegangenen Stoffes restlos in Bestimmung zu überführen und mit Notwendigkeit zu durchdringen, dann wäre aller Zufall auf dieser Welt getilgt. Die Überlegungen zu Notwendigkeit, Zufall, Möglichkeit, Wirklichkeit wurzeln bei Aristoteles nicht in der Logik, sondern in der Metaphysik: es handelt sich primär um Modalitäten des Seins, nicht

[10] Met. 1025 a 16.

des logischen Geltens. Bemerkenswert wird die neuzeitliche Wendung sein, die insbesondere bei Kant dadurch zum Ausdruck kommt, daß diese Modalitäten von der Frage nach dem Sein und dem Wesen abgegrenzt und ganz dem Charakter der Stellung zugewiesen werden, welche das Subjekt gegenüber den Gegenständen einnimmt.

3. Notwendigkeit, Allgemeinheit, Individualität

Wo Bestimmung und Notwendigkeit durch ein formendes Tun und Machen zustande kommen, da gibt es eine Methode: hier ist Lernen und verläßliche Fertigkeit des Machens möglich. Aber im Bereich des Akzidentellen herrscht der Zufall, hier stellt sich die Wirklichkeit ungerufen und unbeabsichtigt ein. Es gibt hier keine „Techne“ [11] und kein Lernen. Auch das Zu-fällige hat eine Ursache: seine Quelle ist der Stoff, in welchem auch andere Möglichkeiten als diejenigen enthalten sind, welche durch Form verwirklicht werden. Der Stoff ist daher auch die Ursache für das Entstehen und Vergehen. Was ebenso sein kann wie auch nicht sein kann, ist zufällig. Nicht alles existiert mit Notwendigkeit: daher ist es nicht für immer geworden oder für immer existierend. Für das meiste sogar gilt, daß es sich nur in der Regel als so beschaffen erweist, wie es wirklich beschaffen ist. Vom Zu-fälligen gibt es keine Wissenschaft, weil sich jede Wissenschaft mit der Form, d. h. mit dem Ständigen, Dauernden, Notwendigen an der Sache befaßt: sie ist an das Wesen verwiesen.[12] Sie hat zu ihrem Gegenstande dasjenige, was immer stattfindet. Da das Zufällige unbestimmt, d. h. grenzenlos ist, kann man es nicht zum Gegenstand des Lernens und Lehrens machen.

Im Raum der Unbestimmtheit ist auch dasjenige heimisch, was Aristoteles als „Erfahrung“ bezeichnet. Sie beschäftige sich nicht mit dem Notwendigen, aber mit demjenigen, was in der Regel und in den meisten Fällen stattfindet. Was aber aus dieser Regel herausfällt, wird man überhaupt nicht beschreiben können. Da das Was-sein den Charakter der notwendigen Wesensbestimmtheit hat und gegen alles Zufällige abgegrenzt ist, ist auch die Möglichkeit gegeben, zwischen dem essentiellen Sein, dem Was-sein und dem Daß-sein, der Existenz, zu

[11] Met. 1027 a 6 f.; 1064 b 15—1065 b 4.

[12] Met. 1065 a 3 ff.

unterscheiden, die zufällige Züge trägt. Das Was-sein (Wesen) gibt jeder Sache ihre innere Notwendigkeit, die ohne Rücksicht auf zufällige Beimengungen und unwesentliche Prädikate ausgesagt wird. Die Wortverbindung: „der gebildete Sokrates“ weist auf ein Wesen hin, für welches das Prädikat: ‚gebildet‘ notwendige Bestimmung ist. Aber daß dieser Sokrates jetzt im Augenblick sitzt oder steht, ob er sich wohl oder schlecht befindet, gehört in den Bereich von zuständlichen Aussagen, die um den Wesenskern gleichsam als hinzukommende Prädikate gelagert sind.[13]

In dieser Theorie der Wesensbestimmung durch die Form (eidos) ist es Aristoteles darum zu tun, eine Einigung vieler Bestimmungen zu begründen, die zusammen ein Wesen ergeben derart, daß das Wesensprinzip die die einzelnen Wesensprädikate einigend durchdringende und umfassende Klammer ausmacht. Die Wortverbindung: ‚der gebildete Sokrates‘ weist auf ein Wesen, und nur auf *ein* Wesen hin. Das Wesen Sokrates durchdringt und einigt solche Adjektive wie gebildet, besonnen sein usw. als zentrales Prinzip. Sokrates ist demgemäß nicht Komplex von Ideen wie derjenigen der Gebildetheit, Besonnenheit usw. Dies ist im Gegensatz zu Platon gedacht, dessen Gedanken von der Verbindung der Ideen (Sophistes) von Aristoteles als Atomismus der Ideen denunziert werden. Aristoteles rügt an diesem atomistischen Modell die Unfähigkeit, das Zustandekommen einer individuellen Wesenseinheit und der Durchdringung des Stoffes durch die Form zu begründen. Er unterscheidet zwischen dem Wesen und den vom Wesen als der Hauptkategorie aussagbaren Kategorien zweiten Ranges wie z. B. Qualität, Quantität, Relation, Ort, Zeit, Lage, Aktivität, Passivität. Für ihn ist die Frage maßgebend, welche Art von Einheit durch die Zusammensetzung vieler kategorialer Prädikate entsteht. Einerseits sind Kategorien einzelne elementare Inhalte, geradezu eine Art von „Was-heiten“, andererseits aber ist das eigentliche Was nur diejenige Instanz, welche als Wesenseinheit die vielen kategorialen Prädikate einigend zusammenfaßt und durchdringt. So komme das Was-sein in erster Linie und absolut der einigend durchdringenden Wesenheit zu.[14] Es gibt Eigenschaftsprädikate, von denen jedes für sich eine Art von „Was“ ausdrückt. Aber das erste, eigentliche Was-sein gehört zu dem Wesen, welches diese Prädikate zu einer ganzen, einzigen Sache

[13] Met. 1029 b 13 f.

[14] Met. 1030 a 27 ff.

zusammenbindet. Dieser Gedanke eröffnet eine Tradition, für die in der neuzeitlichen Philosophie etwa der Leibnizsche Satz, daß im Subjekt die Prädikate inbegriffen sind, repräsentativ ist.

Von hier aus wird sichtbar, daß es einen Einbruch in die Metaphysik bedeutet, wenn das Wesen in der neuzeitlichen naturwissenschaftlichen Wissenskonzeption aufgelöst und der Wissenschaft im Zeichen des Erfahrungsprinzips die Aufgabe gestellt wird, einzelne Eigenschaften des Gegenstandes zu beobachten und sie unabhängig von der einigenden, vernotwendigenden, metaphysisch „bestimmenden" Energeia des Wesens festzuhalten und wieder zu verbinden.

Gegen Platon macht Aristoteles geltend, daß das Wesen nicht wie die „Idee" eine von der Existenz, in die auch der Stoff eingeht, getrennte Instanz sei, sondern daß wesentliche Form und Eins-scin als Verwirklichung eines einigen, ganzen Gegenstandes zusammengehören. Würde man Eines-sein und Form (eidos) nicht identisch setzen, dann würde ein unendlicher Regreß unvermeidbar sein. Dieser hinwiederum würde Unbestimmtheit und Unbegrenztheit und daher auch Unerkennbarkeit bedeuten.[15]

Die Auseinandersetzung mit dem in der Neuzeit epochemachenden Ansatz, in welchem das die Einheit und Notwendigkeit verbürgende Wesen ausgeklammert wird, nimmt Aristoteles in seiner Polemik gegen die Sophisten und Kyniker vorweg. Es ist ihm darum zu tun, von seiner Wesenskonzeption her die Unfähigkeit dieses Ansatzes zu zeigen, mit dem Unbegrenzten, Unbestimmten, Zu-fälligen und Unendlichen im Sinne des Endlosen fertig zu werden. Im Buch Gamma der Metaphysik polemisiert er gegen Protagoras und die relativierenden Philosophen, die das „Unbestimmte" behaupten und vom Nicht-Seienden sprechen, während sie glauben, vom Seienden zu reden. Wenn man wie Protagoras kein bestimmtes, begrenztes Wesen zugesteht, dann könne man von einem Wesen, welches man Mensch nennt, ebenso sagen, es sei Schiff bzw. Nicht-Mensch. Wäre der Mensch aber zugleich Mensch und nicht Mensch, dann könnte man ihn andererseits auch wiederum weder Mensch noch Nicht-Mensch nennen. Alles würde eins sein: Mensch, Gott, Schiff, samt den Verneinungen. Alle würden die Wahrheit sagen und zugleich im Irrtum sein. Außerdem sei kein Streit möglich, denn derjenige, der nach diesem Prinzip der

[15] Met. 1032 a 1 ff.

Unbestimmtheit und Unbegrenztheit verfährt, sagt gar nichts.[16] Von seiten der Urteilslehre, der Logik, her gesagt, bedeutet das: wenn die Bejahung wahr ist, die Verneinung aber falsch, so ist es nicht möglich, dasselbe zugleich mit dem Anspruch auf Wahrheit zu bejahen und zu verneinen. Daraus resultiert die logische Bedeutung des berühmten Prinzips, welches als Satz des Widerspruchs bzw. des zu vermeidenden Widerspruchs (Leibniz) in die Philosophie eingegangen ist. Auch dieses Prinzip hat bei Aristoteles eine metaphysische Wurzel: es gehört in den Bereich der Überlegungen über das Seiende, über Bestimmung und Unbestimmtheit, Wesen und Nichtwesen, Notwendigkeit und Zufall.

Selbst wenn man dieses Prinzip bestreiten wollte, müßte man faktisch nach ihm verfahren. Niemand ist in Wirklichkeit der Ansicht, daß es zu bezweifeln oder gar ungültig sei: denn auch diejenigen sophistischen Philosophen, die im Zeichen der These der Unbestimmtheit dieses Prinzip leugnen, unterscheiden zwischen nützlich und schädlich, zwischen gut und böse und „stürzen sich nicht gleich frühmorgens in einen Brunnen oder einen Abgrund, sondern nehmen sich offensichtlich in Acht."[17] Denjenigen sophistischen Philosophen, die das „Werden" als Übergang vom Sein zum Nichtsein und vom Nichtsein zum Sein für die Begründung ihrer Ablehnung des Prinzips vom Widerspruch heranziehen, sei zu erwidern, daß sie in gewissem Sinne recht haben, in anderem Sinne aber unrecht. Denn das Seiende werde „in verschiedenen Bedeutungen" gebraucht, so daß im einen Sinne etwas aus Nichtseiendem werden kann, im anderen Sinne aber nicht. Die Lösung dieser Aporie unternimmt Aristoteles von seiner Energeia-Dynamis-Lehre her: wenn Werden als Formung eines Stoffes begriffen wird, wird dadurch vermieden, daß man Seiendes mit Nichtseiendem vermischt. Werden ist nicht, wie die Herakliteer und nach ihnen die Sophisten behaupten, Bestimmungslosigkeit, sondern Bestimmung von noch Unbestimmtem. Bestimmung bedeutet die Bestätigung des Prinzips vom zu vermeidenden Widerspruch: sie ist der Ausschluß desjenigen Seienden, welches mit den Bestimmungen des Wesens unvereinbar ist.

In diesem Zusammenhange sind auch zwei verschiedene Bedeutungen des Namens: „allgemein" zu unterscheiden. Einerseits kann er einen Mangel an Bestimmtheit und Differenziertheit der Sache bedeuten,

[16] Met. 1007 b 18—1008 a 34.

[17] Met. 1008 b 15 ff.

dann bezieht er sich auf das Stoffliche an der Sache. Beispielsweise wäre der Name: „blau“ dann allgemein im Sinne dieser Unbestimmtheit, wenn man damit eine von allen Einzelwesen abstrahierte Eigenschaft bezeichnen wollte. Instanz der Begrenzung aber ist die Energeia, durch welche eine Bestimmung dieser individuellen Blume als blauer gegeben wird. Im Bereich der Energeia ist die andere Bedeutung dieses Wortes allgemein heimisch, in welcher es um eine Wesensbestimmung jeweils des ‚dieses hier‘ geht, wobei die der Bestimmung unterliegende Sache als Sonderfall eines Definierten, also begrifflich Umgrenzten umfaßt wird, also „aus dem Allgemeinen“ herausdifferenziert wird. Gegenstand des Wissens ist das Allgemeine im letzteren Sinne der Bestimmtheit und Abgrenzung. Die Wahrnehmung hat nur einen Bezug zum Allgemeinen im unbestimmten Sinne. Wenn man hier die Beziehung zum Bestimmten, Allgemeinen einräumt, dann kann sie nur als zufällig verstanden werden, insofern sie z. B. als sinnliches Sehen die Farbe im Allgemeinen sieht, weil eben diese gesehene Farbe auch Farbe überhaupt ist.[18] Demgemäß besteht die Definition in der Angabe der allgemeinen Gattung, aus der der definierte Gegenstand durch weitere Angabe der „spezifischen Differenz“ bestimmt wird.

Problematisch bleibt im aristotelischen Ansatz die schon angedeutete Stellung des Individuellen. Von ihm sagt Aristoteles, daß es nicht definierbar und auch nicht wißbar sei. Darauf mag die Aufmerksamkeit gelenkt werden, weil sich die Vermittlung des Allgemeinen und des Individuellen als allgemeine und immer wieder neu zu stellende Aufgabe der Metaphysik erweist. Bei Aristoteles ist diese Vermittlung insofern nicht geglückt, als die den Gegenstand hervorbringenden Faktoren: Energeia und Dynamis nicht als so einander durchdringend begriffen werden, daß auch der individuelle Gegenstand als Resultat ihres Zusammenwirkens begreifbar ist. Das eigentlich Individuelle an einem Gegenstand wird zwar als existierend anerkannt, aber aus der Wesensbestimmung dieses Gegenstandes ausgeklammert. Es muß als unausrottbarer Charakter der Unbestimmtheit und Zufälligkeit des Stoffes bei seiner Verbindung mit der Form in Kauf genommen werden.

Aristoteles betont immer wieder, daß das metaphysische Denken von der „Sache“ selbst gezwungen wird, das Seiende in vielfacher Hinsicht zu verstehen, also die platonische Schwarzweiß-Malerei auf-

[18] Met. 1087 a 19 ff.

zugeben, derzufolge nur die Idee als seiend, die Materie aber als nichtseiend bezeichnet wird. So ist z. B. die stoffliche Möglichkeit im Hinblick auf das, was aus ihr werden kann, in ihrer Weise seiend: als in anderer Weise seiend ist die Verwirklichung zu betrachten, die durch den Hinzutritt der Energeia zustande kommt. Das Sein wird vom Wesen ebenso ausgesagt, wie es von jeder anderen Kategorie, z. B. der Quantität oder der Qualität, in Anspruch genommen wird. Das Notwendige ist seiend, wie auch in seiner Weise das Zufällige Seiendes ist. Seiend-sein gehört zu allem, was irgendwie Gegenstand der Aussage und des Denkens ist, wie z. B. verschiedenste Gegenstände und Verfahren als medizinisch bezeichnet werden, die zur Heilkunst gehören. Gleichwohl aber stellt sich dann die Frage nach der Hierarchie der seienden Dinge, insbesondere nach dem ersten Seienden. So ist sicher, daß z. B. dem Was-Sein, dem Wesen, in einem höheren Maße der Charakter des Seiend-Seins zugesprochen werden muß als den Kategorien von der Art des 'Wie-groß', 'Wie-Beschaffenseins', 'Wie-Bezogenseins' usw. Da das Seiende in vieler Bedeutung genannt wird, muß bedacht werden, daß von allen diesen Bedeutungen diejenige des Was-Seins die erste sei: sie sei es, die der Wesenheit zugehört.[19]

Das Allgemeine im Sinne des „Genus“ drückt die Her-kunft des Wesens aus der verwirklichenden, alle einzelnen Eigenschaften hervorbringenden Form der wesentlichen Sache aus: es hat nicht primär die logische Bedeutung der abstrakten Klasse, die durch Weglassung der Besonderheit gewonnen worden ist. Von hier aus gesehen bleibt dem allgemeinen Zuge des sich in die besondere Sache ausformenden Wesens der Charakter des Entstehens, des Werdens und der Bewegung erhalten. Die wesentliche Sache ist zugleich immer ihre Geschichte vom ersten Anfang ihres Werdens bis zu ihrer Vollendung. Das Wesen drückt insofern das „Gute“ der Sache aus, als es diese ihre Vollendung (telos) einschließt. Wesen bezeichnet zugleich das Telos der Sache: erreicht ein Mensch sein wesentliches Telos, dann wird seine Verfassung als gut bezeichnet werden müssen.

Hatte bei Platon das Gute die Bedeutung des Dauerhaften, Ewigbeständigen und Unbewegten, so gehört bei Aristoteles zu seinem Begriff der Einschlag des Werdens: das Gute an der Sache ist ihr zusammenhängender Entstehungsvollzug vom Anfang bis zum Endpunkt ihrer Vollendung hin. Die Abgrenzung des Wesens ist zugleich

[19] Met. 1028 a 10 ff.

zeitlicher Natur: sie bezeichnet die Konturen der Geschichte des Wesens von seinem Entstehen bis zu seiner Vollendung. Das 'Was-sein' zeigt sich in erster Linie als seiend, weil es allen einzelnen kategorialen Bestimmungen zugrundeliegt und als solches etwas für sich Abgegrenztes, Selbständiges ist. Es hat die Natur des „Zugrundeliegenden", über welches Aussagen gemacht werden, das aber selbst nicht Inhalt einer Aussage über anderes ist. Jede kategoriale Aussage muß sich auf ein wesentliches, substantielles Was-sein beziehen. Das 'Wie-groß' und 'Wie-beschaffen' muß sich auf ein Was beziehen, von dem es ausgesagt wird.[20] Das erste Seiende und das schlechthin und einfach Seiende ist das Wesen: es ist dasjenige, was selbständig und ohne weiteren Bezug auf ihm Zugrundeliegendes existiert. Aristoteles erklärt, daß dieses erste Seiende im Sinne des Begriffes und zugleich gemäß der Zeit verstanden werde.[21] Von den vom Wesen verschiedenen Kategorien ist keine für sich selbständig und abgrenzbar. Die Wesenheit ist die einzige Selbständigkeit, da es notwendig ist, daß in jeder der Kategorien die Wesenheit gegenwärtig ist. Wir glauben, dann am ehesten eine Sache erkannt zu haben, wenn wir wissen, was sie ist: was z. B. der Mensch, das Feuer ist. Die Erkenntnis dieses Was-seins gehört in einem höheren Grade zum Wissen, als diejenige des Wie-seins, des Wie-groß-seins, des Wo-seins und des Wann-seins. Im folgenden ist es darum zu tun, unter dieser Voraussetzung den Begriff des Wesens noch deutlicher zu fassen.

4. Das Wesen, das Eins-sein und das Seiende: die Steresis

Die Frage, die vor alters so gut wie jetzt und immer aufgeworfen worden und Gegenstand der Untersuchung und des Zweifels sei, diejenige, was das Seiende sei, will zugleich wissen, was die Wesenheit ist.[22] Derjenige, der eine Definition des Wesens gibt, macht von dessen Selbständigkeit und Umgrenzbarkeit Gebrauch, welche zugleich Bestimmtheit ist. Durch diese umgrenzende Bestimmtheit wird das Viele,

[20] Met. 1028 a 22 ff.

[21] Met. 1028 a 32 f.

[22] Met. 1028 b 2 ff. — Grundlegend zum Seinsbegriff des Aristoteles: Aubenque, P., Le problème de l'être chez Aristote, Paris 1962; ferner Owens, J., The doctrine of being in the Aristotelian Metaphysics, 2nd ed. revised, Toronto 1963.

welches an der Sache gefunden werden kann, zu einem einzigen Wesen zusammengebunden. Ist von einem *Wesen* die Rede, so wird zugleich auch immer von einem *einigen* Wesen gesprochen.

Das Problem ist, wie das 'Eins' in Vielem begriffen werden kann. Daher ist auch die Frage nach dem Ganzen und seinen Teilen zentral, weil es zuletzt darauf ankommt, das Ganze als über-greifende Einheit zu erweisen. Die Form durchdringt bis zu einem gewissen Grade den Stoff: die Form des Kreises z. B. bestimmt den Stoff, aus dem der hölzerne Kreis eines Rades gemacht wird, in um so höherem Grade, je weniger zu-fällige, die Reinheit der Kreisform störende und ihr entgegenarbeitende Bestimmungen der Materie noch zur Geltung kommen. Es ist wichtig zu fragen, welche Teile z. B. „dem Eidos zugehören und welche nicht ihm, sondern dem mit dem Stoff Vereinigten" zugehörig sind.[23] Es ist aber nicht möglich, alles wie die Platoniker und Pythagoreer „auf die Form zurückzuführen und die Materie zu isolieren". Die Selbständigkeit der Form darf nicht als perfekte Isolation gegenüber der Materie interpretiert werden: sonst würde man die Zusammenarbeit von Form und Stoff nicht begreifen können. Nicht die irgendwie beschaffene Hand ist als bloße der Form gegenüber indifferente Materie Teil des Menschen, sondern die, „welche ihr Werk vollbringen kann, also die lebendige: die nicht lebendige aber ist nicht Teil".[24] Das heißt: die Hand ist nicht nur, wie etwa Platon zu erklären geneigt ist, eine an der Idee 'Hand' teilhabende „Materie", sondern Inbegriff organischer Funktionen. Als lebendige, Form und Stoff vereinigende Hand ist sie durch die diese Funktionen in Bewegung setzende Form bestimmt. Sie ist nicht nur Teil-eidos einer umfassenden ganzen Idee, ebensowenig ein materielles Teilstück eines gewissen Körpers: vielmehr ist sie als Inbegriff spezifischer Hand-funktionen Teil umfassender Lebensfunktionen des Leibes.

Wenn das wesentliche „Was", die Wesenheit, als umgrenzbar erklärt wird, so bedeutet die Grenze, die dabei im Spiele ist, nicht Isolation zwischen Form und Materie. Vielmehr ist die die begrenzende Bestimmung leistende Form zugleich auch Instanz der Durchdringung des Stoffes mit dem Prinzip der Allgemeinheit. Dadurch freilich wird die Voraussetzung für eine Unterscheidung zwischen zwei verschiedenen Wesensbegriffen gegeben: der eine bezeichnet den in den Stoff ein-

[23] Met. 1036 a 26 f.

[24] Met. 1036 b 30 ff.

gegangenen Begriff, der andere den Begriff und das Was-sein ganz für sich allein. Das die Bestimmung und die Selbständigkeit der Sache begründende Eidos ist Grund des Zusammenfassens vieler Bestimmungen zur sachlichen Einheit. Das Eine werde in derselben Weise ausgesagt wie das Seiende und die Wesenheit.[25] Die Eins-heit des Wesens hat nicht den Charakter eines Haufens, sondern eines Ganzen von der Art etwa der Silbe. Dieses Ganze enthält noch eine zusätzliche Bestimmung zu derjenigen, welche durch die Aneinandersetzung der Elemente zustandekäme. Die Silbe ist nicht gleichbedeutend mit einer Aneinanderreihung von Buchstaben: weil sie etwas Selbständiges für sich ist. Diese Selbständigkeit und Ganzheit sei „Ursache" davon, daß man eine Buchstabenverbindung als „Silbe" anspricht.[26] Die „Verbindung", welche auf der Seite der Form steht und von ihr geleistet wird, ist nichts von den stofflichen Elementen Getrenntes, welche durch sie zum Ganzen vereinigt werden. Sie ist vielmehr eine einigende Bewegung, durch welche die stofflichen Elemente in ein Ganzes eingebracht werden. Die Herstellung des „Ganzen" wird nicht durch ein bloßes „und" geleistet, sondern durch die Bewegung des Eingehens der vereinigten Elemente, z. B. der einzelnen Buchstaben in das wesentliche Ganze der Silbe. So sei der Mensch nicht etwa Tier „und" Zweifüßigkeit, sondern „wenn die Zweifüßigkeit der Stoff ist, so muß auch neben diesem etwas vorhanden sein, was weder Element ist noch aus Elementen besteht, sondern die Wesenheit (usia) ist".[27] Wenn dieses Ganze die Ursache des Seins und der Wesenheit sei, so könne man es wohl „die Wesenheit selbst" nennen.

Die Frage nach dem Seienden ist mit derjenigen nach dem Eins gekoppelt. So wird die Frage gestellt, ob das Seiende und das Eins Wesenheiten der seienden Dinge oder nur Prädikate sind.[28] Sind sie keine Wesenheiten, dann sei die Frage unausbleiblich, was denn ihr Wesen sei, „was" also das Seiende und „was" dasjenige sei, welches dem Prädikat eins und dem Prädikat seiend als Substanz zugrundeliegt. Nun müssen neben den Einzeldingen noch ein Allgemeines, eine Eins-heit und eine Seiend-heit existieren. Diese müssen zur Wesenheit einer Sache gehören, denn es liege ihnen kein anderes Substrat zugrunde, von dem sie ausgesagt würden. Eins-sein und Seiend-sein

[25] Met. 1040 b 16 f.
[26] Met. 1041 b 11 ff.
[27] Met. 1043 b 10 ff.
[28] Met. 1001 a 4 ff.

müßten als Selbständigkeiten, als Subjekt der Aussage anerkannt werden. Dann aber wieder entsteht die Frage, wie denn „mehr als das Eins" sein kann, wie also die Vielheit zu begreifen ist. Sie müßte von „Eins" verschieden sein und könnte daher nicht als existent anerkannt werden. Die Lösung dieser „Aporie" ergibt sich durch die Überlegung, daß das Eins-sein eine besondere Bestimmung des Seiend-seins ist, insofern es dem Seienden die Bedeutung eines Bestimmten, Umgrenzten, Wesentlichen gibt. Diese Bestimmung und formende Verwesentlichung geschieht durch die Energeia, in der die Vielheit von Prädikaten durch das einigend-durchdringende Band des Wesens zusammengehalten wird. Jede Aussage über ein Wesen meine immer ein *Eins*, *ein* Wesen. Behaupte man, ein Wort wie etwa 'Mensch' bezeichne unendlich Vieles, so wäre eine Rede überhaupt nicht möglich. Wenn das unendlich Viele nicht durch eine einzige energische Kraft zusammengehalten würde, so würde nichts existieren und auch nichts genannt werden können. Man könne überhaupt nichts denken, wenn man nicht *eines* denkt.[29] Es sei dasselbe, von *einem* Menschen, einem *seienden* Menschen, und dem *Wesen* eines Menschen zu reden.[30]

Die Frage nach dem Wesen einer Sache, welches zugleich das in dieser Sache wirkende einigende Band der vielen Bestimmungen ist, die ihr angehören, wird durch die Thematik: Energeia und Dynamis beantwortet. Das Prinzip des Stoffes gibt dabei die Vielheit her, während die Einheit von der Form geleistet wird. Aber da sich der Stoff in dauerndem Wandel befindet, ist es fraglich, wie die Form in ihm Einheit zu bewirken vermag. Was gar keinen Stoff hat, das ist „geradewegs und unmittelbar ein Eines und ein Seiendes". Beispiel dafür ist das Denken des Denkens: Gott. Bei dem wesentlichen „Was" sei es so beschaffen, daß das Seiende und das Eins an ihm zu seiner wesentlichen Bestimmung gehört, also nicht als zu diesem Wesen hinzukommend auszusagen wäre. Seiendes und Eins existieren nicht neben den Einzelnen, sondern sind Prinzipien, die das Einzelne zur Existenz bringen.[31] Das geht wiederum gegen Platon und seine Theorie der Teilhabe. Im Gegenzug gegen diese Theorie wird das Wesen im Sinne der einzelnen Sachen als Ganzes verstanden, welches durch die von der Form geleistete, den Stoff einigende Bewegung hergestellt wird. Die Form ist

[29] Met. 1006 b 10.
[30] Met. 1003 b 26 ff.
[31] Met. 1045 b 5 ff.

ein über den Stoff übergreifendes Prinzip: und der Stoff seinerseits hat ein Streben danach, von der Form bestimmt zu werden. Dadurch entsteht eine Bewegung des Übergreifens von seiten jeweils der beiden Momente Stoff und Form gegeneinander, so daß von einem Ganzen zu sprechen wäre, an dem erst nachträglich die Momente Stoff und Form zu unterscheiden sind. Von diesem Ganzen her muß gesagt werden, daß Stoff und Form eigentlich dasselbe seien, nur das eine dem Vermögen, das andere der Wirklichkeit nach.[32]

In den Zusammenhang, der zwischen die Begriffe des Eins, des Wesens und des Seienden gehört, wird auch der Begriff des „Grundes" aufgenommen. Das Wesen selbst wird kraft seiner einigenden Natur als „Grund" begriffen, der selbst nicht mehr begründet werden kann, aber anderes begründet. Das Wesen könne sich selbst nicht „begründen", weil man nicht fragt, weshalb etwas es selbst ist.[33] Das Selbständige, Einige ist unbegründbar, absolut. Die Selbständigkeit ist tätiger Charakter der Einigung. Der Prototyp einer 'Warum-Frage' würde etwa sein, warum der Mensch Tier ist. Durch sie wird von vornherein zwischen Mensch und Tier ein Unterschied gemacht, indem die Zugehörigkeit des einen zum anderen erfragt wird. Andererseits aber ist die Frage zugleich auch auf die Einheit beider, auf das Tiersein des Menschen hin angelegt und setzt die einigend-übergreifende Formung der Art: Mensch durch die Genus-Form Tier voraus. So hat die Warum-Frage als Frage nach dem Grund einer Sache wiederum ihren Grund in der vereinigenden, bestimmenden Tätigkeit der wesentlichen Form der Sache.

Im Zeichen des Zusammenhanges zwischen der begrenzenden Bewegung der Wesensform und der Leistung des Einigens wird aufs neue der Begriff der Definition bzw. des Begriffs zu diskutieren sein. Durch die einigende Leistung der wesentlichen Form wird auch dasjenige Allgemeine hergestellt, welches Gegenstand von Beweisdefinitionen und Wissen ist. Wenn schon der Name Definition auf die Leistung des Umgrenzens hindeutet, dann ist zugleich auch diejenige des Einigens vieler Bestimmungen zu einem Ganzen angesprochen, dessen Eigenschaften nicht nur zu-fällig, sondern notwendig vereinigt sind. Ein Individuelles als solches kann nicht definiert werden, weil an ihm eine Unbestimmtheit und Zufälligkeit geblieben ist. „Wenn z. B. jemand

[32] Met. 1045 b 17 ff.

[33] Met. 1041 a 11 ff.

Dich definieren wollte, so wird er von einem mageren oder weißen lebenden Wesen, oder sonst etwas reden, was sich auch an einem anderen fände."[34] Es sind im Vorhergehenden Namen wie z. B. derjenige der „Durchdringung", des „Übergreifens" der Form über den Stoff und des Stoffes über die Form begegnet, durch welche eine Antwort auf eine typische metaphysische Fragefigur, die immer wieder auftreten wird, gegeben werden will. Die Situation ist im Bereich des aristotelischen Frageansatzes die, daß nach dem Begriff des „Ganzen" gefragt wird. Er wirft der platonischen Ideenlehre vor, den Weg zu diesem Ganzen durch die radikale Scheidung zwischen Idee und Erscheinung verbaut zu haben. Er selbst will den Begriff dieses Ganzen durch den einigenden Bewegungsvollzug der Form, der den Stoff bestimmt, begründen. Aber ihm selbst ist es nicht gelungen, die Individualität positiv mit dem „Wesen" zu vermitteln und als einmalige Bestimmtheit zu begreifen.

Die Antwort auf die Frage nach dem Ganzen wird auf dem Weg der Trennung gewonnen, so daß gerade das Ganze verlorenzugehen droht. Daher muß die Unterscheidung z. B. zwischen Form und Stoff so begriffen werden, daß in ihrem Begriff zugleich die Selbstaufhebung der Trennung beider angelegt ist. Die Form, so wurde gesagt, greife auf den Stoff über, sie gehe in den Stoff ein und durchdringe ihn ebenso, wie vom Stoff gesagt wurde, daß er ein „Streben" nach bestimmender Form hat. Solche Namen, wie sie in der metaphysischen Sprache von den voneinander geschiedenen Teilmomenten des Ganzen ausgesagt werden, werden in der weiteren Entwicklung des metaphysischen Denkens immer wieder begegnen. Sie deuten darauf hin, daß die unterschiedenen Momente nicht statisch voneinander getrennt sind, sondern in einer Bewegung des Einigens und der gegenseitigen Er-gänzung begriffen sind. Daher muß jedes dieser Prinzipien vielmehr als Bewegung denn als starres Ding begriffen werden.

Im Sinne dieser Grundfigur metaphysischen Denkens setzt sich Aristoteles mit der Ideenlehre Platons auseinander. In seiner Polemik kehrt in mannigfacher Variation das Hauptthema wieder, daß in dieser Theorie zwar sehr richtig zwischen den Ursachen, den Prinzipien und demjenigen unterschieden werde, welches von ihnen her bestimmt ist, daß aber am Ende die Prinzipien selbst wie seiende Dinge begriffen werden. So geht dann doch der Unterschied wieder verloren. Unter

[34] Met. 1040 a 12 ff.

diesem Aspekt ist auch der Vorwurf gegen die Platoniker zu verstehen, daß sie den Begriff der Trennung und Trennbarkeit des Grundes vom Begründeten falsch auffassen, indem sie ihre Ideen-Gründe zu Dingen machen, die sie „neben" den durch sie begründeten körperlichen Dingen annehmen. Dadurch wird die Grenze zwischen Grund und Begründetem unüberschreitbar und unaufhebbar, das eine ist vom anderen geschieden. Die so zu Dingen neben anderen Dingen deklarierten Ideen können auf diese Weise die von ihnen erwartete Rolle des Prinzipseins und des Einigens nicht erfüllen. Die Ideentheoretiker können nicht angeben, welches die unvergänglichen Wesenheiten neben den einzelnen Dingen und neben den sinnlichen Erscheinungen sind. Die Platoniker haben die Ideen durch ein gedankliches Idealisierungsverfahren aus den uns bekannten sinnlichen Dingen gewonnen und daher die Frage nach dem Seienden als solchen durch eine Verdoppelung der Erscheinungen zu beantworten versucht. Sie seien daher so vorgegangen wie die Alten, die im Banne des Göttermythos ihre Götter durch Erhöhung menschlicher Verhältnisse gewonnen haben. Die Ideentheoretiker haben zu jeder Sache eine ihr entsprechende sie vervollkommnende Idee hinzuersonnen und glaubten, die Welt nur nach dieser Verdoppelung begreifen zu können. Sie begegneten Pferden: so nahmen sie noch ein außer diesen Erscheinungen existierendes Ding: Pferd an sich bzw. Idee Pferd an. So erdachten sie die Idee Mensch, die Idee Fisch, Baum usw.[35] Das ergebe eine Situation, die sogar den Gedanken einer dritten „Sache" herausfordere, etwa des „dritten" Menschen, der als Zwischenglied zwischen der Idee Mensch und den einzelnen Menschen fungiere: wie Platon die mathematischen Gegenstände zwischen Idee und Erscheinung als „drittes" Mittleres eingesetzt hat.[36] Dagegen wendet Aristoteles ein, daß es außerhalb dessen, was dem Einzelnen angehört, nichts Selbständiges, Allgemeines geben könne: sondern daß das allgemeine Prinzip immer die Funktion habe, das Einzelne einigend zu bestimmen und ihm in dauernder Tätigkeit seinen Seinscharakter zu verleihen.

Wenn daher Seiendes in vielen Bedeutungen ausgesagt wird, dann heißt das auch von hier aus gesehen, daß es, obwohl es ein einzelner Name ist, doch keine einzelne Sache bezeichnet: aber auch nicht eine allgemeine Sache, die neben den besonderen existieren würde. Vielmehr

[35] Met. 1040 b 25 ff.

[36] Besonders aufschlußreich ist die Stelle Met. 1059 b 6 ff.

bedeute es ein umgreifendes Prinzip, wie etwa der Name Arzneikunst alle möglichen Erscheinungen, wie z. B. das Stellen der Diagnose durch den Arzt, Therapie, Operation usw. umgreift. Weil sich aber Aristoteles der Aufgabe des metaphysischen Denkens ständig bewußt ist, die in Unterscheidung und zugleich Aufhebung dieser Unterscheidung besteht, so ist es ihm unmöglich, seine Prinzipien in eindeutiger, exakter Weise zu formulieren. Ihr Begriff muß ihrem Bewegungscharakter ständig angepaßt werden: so ist das Wesen als Was-sein einerseits als die von der Form her sich vollziehende einigende Bestimmung der Sache aufzufassen, die nur das „Allgemeine" der Dinge enthält, andererseits auch wiederum als die Bewegung, welche das individuelle „dieses hier" zustandebringt und durch welches sich die Form in den Stoff hineinbildet. So wird das Wesen einerseits immer wieder als das Definierbare, Selbständige und sich gegen alles Zufällige an der Sache Abgrenzende und Umgrenzende angesprochen: andererseits wird ihm die Funktion des immer tiefer in den Stoff sich hineinarbeitenden Bestimmens und der Durchdringung des Stoffes mit Einheit übertragen. Das die Materie bestimmend formende Prinzip des Wesens hat den Charakter der Bewegung. Es ist eine sich selbst einigende Einheit und vermag auch das Stoffliche, welches es durchdringt, zu einigen. Die aus dieser Einigungsbewegung resultierende konkrete Wesenheit gibt „in gewissem Sinne einen Begriff" ab, in anderem Sinne auch wieder nicht. Insofern sie mit dem Stoff verbunden ist, kann es keinen vollständigen Begriff von ihr geben, weil sich an diesem Unbestimmtheit findet. Als stoffliches Etwas kann die Sache sein und auch nicht sein, während der Begriff ein bestimmtes und notwendig Seiendes meint. Andererseits aber gibt es einen Begriff, insofern die „erste Wesenheit", das Bestimmende, auch im Einzelding wirksam ist. Beim Lebewesen kommt in dieser Hinsicht der Begriff der Seele in Frage.

Seele und Leben stehen in der Reihe derjenigen Prinzipien an vorderster Stelle, welche repräsentativ für die Bewegung des „Durchdringens" sind.[37] Aus diesem Zusammenhang her fällt noch einmal neues Licht auf die schon zitierte Stelle von der Hand des Menschen. Die Hand ist nicht beliebiges körperliches Aufbaustück des menschlichen Organismus, sondern von der Seele des Ganzen durchdrungen: insofern ist sie die ihr vom Leben des Organismus her übertragene Funktion. Ihre Gestalt ist der Ausdruck ihrer Energeia, ihrer Wirk-

[37] Met. 1037 a 5 ff.

samkeit. Die Durchdringung des Materiellen an der Hand durch Energeia ist um so vollkommener, je weniger zufällige und dem organischen Zweck unangemessene Bewegungsfiguren die Hand zeigt.

Die durch seelische Energeia zustandegebrachte Einigung pflanzt sich im Organismus immer aufs neue fort: Seele ist Prinzip der Bewegung. Bewegung kann Ortsveränderung, Wachstum und Abnahme, qualitative Veränderung sein. Insbesondere im Falle des Wachstums wird deutlich, wie sich die einigende und organisierende Form der Seele des bei der Ernährung aufgenommenen Stoffes annimmt und ihn dem einigen Ganzen des aufnehmenden Organismus einverleibt. Die Bewegung des Einigens zur Ganzheit kommt auch im Bereich der Techne in Gang. Das technische Denken muß, um zu seinem Ziele zu kommen, die Gestalt des Werdens vom Anfang der Formlosigkeit an über die Bearbeitung des Stoffes hinweg bis zur Verwirklichung der gewählten Gestalt überblicken. In Gedanken müssen Sein und Nicht-Sein als zwei verschiedene Stadien des technischen Arbeitsprozesses verbunden werden. Wissenschaft als technisches Denken muß zur Form auch die Steresis der Form, also ihr Nichtsein, hinzudenken: insofern Bewegung ein Übergang von Sein in Nichtsein und Nichtsein in Sein ist. Dieser Übergang ist als Durchdringung des Stoffes durch die einigende Form zu begreifen. Das bei dieser Bewegung ins Spiel kommende Moment der Steresis wird von Aristoteles gelegentlich als eigentümliche „Ursache" bzw. „Prinzip" neben Begriff bzw. Eidos und Stoff genannt. Insbesondere bei Bewegung im Sinne von Veränderung ist dasjenige, was sich verändert, von dem zu unterscheiden, wodurch es sich verändert, so wie auch die bewegende Ursache von dem Ziel bzw. dem Endzweck der Veränderung verschieden ist. Dabei bleibt sich das Eidos selbst gleich, es kann sich nie widersprechen. Aber der Zustand des Durchdrungenseins des Stoffes durch die Form (eidos) verändert sich in seinen Gegensatz. Aus *der* Wärme wird nicht *die* Kälte, aber aus dem warmen Zustand wird der kalte und umgekehrt. Der ganze Prozeß der Veränderung aber ist ein einziger kontinuierlicher Vollzug, der durch das Eidos dessen, was im Entstehen ist, zusammengehalten wird. Dasjenige, was im Entstehen begriffen ist, will sich bis zu seiner Vollendung hin entwickeln. Das Voll-endete ist immer das verwirklichte Gute. Der Begriff einer Sache umgrenzt deren Werden vom Anfang bis zu ihrer Voll-endung. Daher ist die Heilkunst der Begriff der Gesundheit.[38]

[38] Met. 1070 a 29 f.

Insofern die Heilkunst selbst Wirklichkeit in der Gestalt des heilenden Arztes bzw. der heilenden Natur ist, ist sie eine die Gesundheit verwirklichende Form, die selbst eine Wirklichkeit der Bewegung ist. Die Gesundheit ist durch eine immer schon in Bewegung befindliche, bewegende Ursache in Gang gesetzt worden. „Denn die Heilkunst ist gewissermaßen die Gesundheit, die Baukunst ist Formbestimmung des Hauses, und der Mensch erzeugt den Menschen.“ [39]

Widersetzt sich im Zuge der technischen Verwirklichung der Stoff der formenden Hand, dann gelingt es dem Eidos nicht, das bestimmende Wort zu sprechen und den Zu-fall auszuschalten. In diesem Falle bleibt im Stoff ein Stück Eigensinn (automaton), durch den die in der Entelechie angelegte Werdensgestalt durchkreuzt wird.

5. Metaphysik als Theologie

Das Werden ist selbst schon volle Wirklichkeit: es ist nicht, wie in der platonischen Ideenlehre, ein Werden zum Sein hin. Die Wirklichkeit des Werdens vermag Aristoteles dadurch zu rechtfertigen, daß er es als gestaltete Bewegung begreift, die Anfang, Verlauf und Ziel hat. Da sie aber durch etwas in Gang gesetzt wurde, was seinerseits schon in Bewegung war (bewegende Ursache), so stellt sich die Frage nach derjenigen Ursache, welche am Anfang aller Bewegung steht. Denn es ist ausgeschlossen, daß die Reihe der bewegenden Ursachen ins Endlose und Unbestimmte ver-läuft, da jede Bewegung, auch diejenige der „Welt“, einen Anfang und ein Ziel haben muß. Die Frage nach der ersten bewegenden Ursache zielt zugleich auf dasjenige Wesen ab, welches alles andere bewegt, selbst aber nicht bewegt wird: sie öffnet den Blick auf den „unbewegten Beweger“. Dieser ist in erster Linie Gegenstand der Metaphysik, die nach dem „Ersten“ fragt und daher als erste Wissenschaft bezeichnet worden ist. Er steht an der Spitze einer Hierarchie von bewegenden Ursachen, zu deren oberer Region auch z. B. die Gestirn-Wesen gehören. Diesen Wesen ist eine räumliche Bewegung eigentümlich, deren Verlauf die Handschrift der Vollkommenheit und des Guten verrät: es ist die Bewegung in der Form des Kreises. An dieser Stelle wird die metaphysische Bedeutung des in der Geschichte der Philosophie immer wieder als Zeichen für Voll-

[39] Met. 1070 b 33 f.

kommenheit zur Geltung gebrachten Kreises deutlich. Die Kreisbewegung gilt bei Aristoteles als vollkommener als die durch das Mitspielen der Materie in gerader Linie sich vollziehende Bewegung, etwa die Fallbewegung des Steines, der, nachdem er durch Gewalt aus seinem natürlichen Orte entfernt worden ist, immer wieder darauf zurückstrebt. Die Vollkommenheit der Kreisbewegung resultiert daraus, daß in ihr Anfang und Ziel zusammenfallen, während bei der geradlinigen Bewegung beide verschieden sind, so daß hier das Ziel nur eine relative Grenze bedeutet, über die hinaus Bewegung immer weiter ins Endlose denkbar ist. Bestimmtheit, endgültige Begrenztheit, Rückkehr der Bewegungsfigur in sich selbst, daraus resultierende Autarkie und Selbstgenügsamkeit, sowie Selbstzweckhaftigkeit und Bezogenheit auf sich sind Charaktere der „Vollkommenheit" des „Guten" im Sinne des In-sich-zu-Endekommens.

Das Göttliche ist als erste bewegende Ursache Grund aller Seinsgestaltung und aller seienden Vorgänge. Es ist erster Grund, erstes Seiendes und zugleich erstes Denken: dasjenige Denken, welches keines Gegenstandes außerhalb seiner bedarf, sondern sich selbst zum Gegenstand hat: das Denken des Denkens. Auf diese Weise wird die Metaphysik als Wissenschaft vom Seienden als Seiendes, bzw. von den ersten Gründen des Seienden als solchen, zugleich Theologie.

Diejenige Stelle in der Hierarchie der seienden Wesen, die durch die ersten Gründe des Seienden als solchen besetzt wird, ist Gott. Die Frage nach dem „Ersten" ist eine Frage metaphysischer Theologie. Das erste Wesen ist ein Selbständiges, selbst Unbewegliches, in sich Vollendetes, Begrenztes und notwendig Bestimmtes, aus dem jeder materielle Einschlag und der durch ihn mitgebrachte Zufall getilgt ist: es ist reine Energeia. Es kann nicht Gegenstand der Physik sein, da diese vom Beweglichen handelt.[40] Dann ist die Frage, ob es der Wissenschaft der Mathematik zugeordnet ist, da einige zur Mathematik gehörende Gegenstände unbeweglich sind. Aber dem steht entgegen, daß die Mathematik niemals von „Wesen", also von selbständigen Verwirklichungen handelt, sondern nur von solchen Strukturen, die sich „an" den Wesenheiten finden und von der mathematischen Wissenschaft auf Grund eines Abstraktionsverfahrens gesondert untersucht werden. Der Mathematik ist nicht die Kategorie des „Wesens", bzw. der Substanz,

[40] Gleichwohl führt das Denken der Physik „zuletzt" bzw. „zuerst" auf den „ersten Beweger" (8. Buch der Physik, vgl. auch Anm. 51 S. 61).

sondern die der Quantität und Relation zugeordnet.[41] So bietet sich für Aristoteles eine Einteilung der theoretischen Wissenschaft in Physik, Mathematik, metaphysische Theologie an. In dieser Einteilung spiegelt sich eine Wertordnung, die zugleich eine Kritik der Bewertung der Zahl und der geometrischen Figur beim späten Platon einschließt. Während Platon die Zahl als Idee angesetzt habe, erklärt Aristoteles, dem Zahlensystem nur die Rolle struktureller Analogie zum System der Wesenheiten zubilligen zu können. So bezeichne z. B. die Zahl „Eins" nicht die Wesenheit „Eins-sein", sondern sei als Zahl Maß einer Vielheit. Die Zahl bezeichne eine gemessene Vielheit und eine Vielheit nach Maßen. Werden Pferde gezählt, so sei Pferd, und wenn es um Menschen geht, so sei der Mensch das Maß.[42] So muß das Gezählte als maß-gebende Substanz zugrundeliegen. Was aber das Relative angeht, welches neben der Quantität als die andere Hauptkategorie des mathematischen Denkens auftritt, so habe man an ihm die abstrakteste von allen Kategorien vor sich. Sie ist weder Dynamis noch Energeia. Während Quantität, Qualität, Wesen jeweils Stichworte für je eine Bewegungsart sind, ist die Relation nicht fähig, eine eigentümliche Form der Bewegung zu begründen.[43] Dem mathematisch Seienden die Rolle von Wesen, Energeia und einigender Kraft sowie bewegender Ursache zubilligen, hieße die Rangordnung des Seienden verkehren und dasjenige an die Stelle von Wesenheit zu setzen, was diese voraussetzt und später als sie ist.[44]

Aristoteles wirft den Ideentheoretikern die Vernachlässigung einer Frage vor, die als Hauptfrage in der Metaphysik des mathematischen Denkens bis zum heutigen Tage angesehen werden muß.[45] Es ist die Frage, wie es zu begründen sei, daß sich in den sinnlichen Dingen mathematische Bestimmungen finden. Das ist deshalb bemerkenswert und fragwürdig, weil alles Stoffliche unbestimmt und bewegt ist. Die Antwort lautet, daß sich die Energeia, welche dem Stoff Bestimmung und Wesenscharakter verleiht, zu dieser Verwesentlichung der Einheitsmaße, Proportionen, der Begrenzung bedient und somit in die körperliche Wesenheit Muster einschreibt, die das mathematische Den-

[41] Met. 1026 a 6 ff., außerdem gehört der ganze Zusammenhang der Bücher M und N hierher.

[42] Met. 1088 a f.

[43] Met. 1088 a 29 ff.

[44] Met. 1088 b.

[45] Met. 1088 b.

ken abstrahierend für sich, abgelöst von ihrer Wesensgrundlage betrachtet. Daher sind Zahl, reine Figur, Grenze, Punkt keine Wirklichkeiten, sondern bloße Strukturen, welche sich an wirklichen Wesen finden.[46]

Die zuletzt angedeutete Abgrenzung der Metaphysik gegenüber der Mathematik und Physik gehört einer Überlegung an, die selbst metaphysischer Natur ist. Durch sie wird eine gedankliche Richtung angezeigt, die in die wissenschaftstheoretische Überlegung der Metaphysik hinüberleitet. Es geht hier darum, daß Metaphysik für sich und für die anderen Wissenschaften einen Maßstab des Wissens als solchen aufstellt.

6. Wissenschaftstheoretisches in der Aristotelischen Metaphysik

Der Vorzug der Mathematik, mit unbewegten und ewigen Gegenständen umzugehen, hat auch eine Kehrseite: in dieser Wissenschaft kann keine Rede von Bewegung oder Ursache der Bewegung sein. Bewegung gehört in den Bereich des Wirklichen und zugleich des Wesens: Zahlen, Punkte, Grenzen und reine geometrische Figuren haben mit Bewegung nichts zu tun, da sie nur die Muster betreffen, in denen und nach denen das Wesen existiert. Solche Überlegungen kommen bei Aristoteles in einer Auseinandersetzung mit den Paradoxien Zenons zur Sprache, durch welche dieser Denker die Unmöglichkeit von Bewegung darzutun versucht hatte. Zenon habe, darauf läuft die Überlegung hinaus, den Fehler gemacht, daß er Bewegungsstrecke und Bewegungszeit als aus angeblich wirklichen Punkten zusammengesetzt begreifen wollte. Dadurch geriet er in die Schwierigkeit, daß der bewegte Pfeil z. B. in jedem Augenblick seines Bewegungsverlaufes auf einen räumlichen und zeitlichen Punkt festgelegt werden mußte. Zenon

[46] Die Aristotelische Kritik an Platons metaphysischer Einschätzung der Mathematik ist zugleich Ausdruck für einen Unterschied in der Auffassung von Bildung und allgemeiner geistiger Verfassung des Menschen. Während Platon eine Front gegen die Bildungstheorie des Isokrates aufgerichtet hatte (Phaidros), indem er die Bildung an der Mathematik, nicht an der Rhetorik orientiert wissen wollte, zeigt Aristoteles einen isokratischen Einschlag (vgl. E. Hoffmann, Platonismus und christl. Philosophie, Zürich und Stuttgart 1960, S. 86). Daher seine Würdigung der Rhetorik auch als eine den Menschen bildende Kraft.

hatte argumentiert, daß wegen der unendlichen Teilbarkeit jeder kleinsten Strecke in Punkte der bewegte Gegenstand, um zu einem noch so nahe vor ihm liegenden Zielpunkt zu gelangen, jedesmal unendlich viele Punke zu passieren hätte; daher könne er in einer endlichen Zeit niemals dieses Ziel erreichen. Zu dieser Paradoxie ist es nach Aristoteles deshalb gekommen, weil Zenon die Punkte nicht als bloß mögliche Grenzen, sondern als echte wesentliche Teile der Strecke, bzw. der Zeitdauer aufgefaßt habe. Er habe nicht bedacht, daß Punkte bloß mögliche Grenzen sind, die man an wirklichen Strecken nach Belieben anzubringen vermag und deren sich der Mathematiker bedienen kann, um Rechnungen an physischen Gegebenheiten durchzuführen. Zenon hat die Paradoxie dadurch verschuldet, daß er die mathematischen Punkte als Wirklichkeiten verkannt hat, statt in ihnen bloße Möglichkeiten zu sehen.

Wenn sich Aristoteles mit Denkern seiner Vorzeit und seiner Gegenwart, insbesondere mit Platonikern und Sophisten auseinandersetzt, dann geschieht das im Zeichen eines allgemeinen metaphysischen Prinzips: er sieht in dieser Auseinandersetzung keinen Austrag zwischen Meinungen, sondern die Sache selbst hat einen Logos in sich, der die Denkenden zu einem Fortschreiten auf dem Weg zur Wahrheit hin nötigt.[47] In vorwegnehmender Auseinandersetzung mit neuzeitlich-subjektivistischen Ansätzen, die von sophistischen Denkern der Antike vorbereitet worden sind, erklärt Aristoteles, daß nicht das Wissen, die „Wissenschaft" des Philosophierenden, den Maßstab der Wahrheit abgebe, sondern daß dieser Maßstab in der Sache begründet sei, die zu erkennen ist. Es könne wohl scheinen, daß Wissenschaft ein Maß auch des Wißbaren und das Wißbare das Gemessene sei. Die Wahrheit aber sei, daß jede Wissenschaft je von den wißbaren Gegenständen her, die ihr in den Blick kommen, ihre Maßstäbe bezieht, so daß „im gewissen Sinne die Wissenschaft durch das Wißbare gemessen wird".[48] Die Metaphysik hat es mit den ersten und sichersten Gründen des Seienden als solchen zu tun und wird infolgedessen von denjenigen Maßstäben des Wissens überhaupt her bestimmt, die auch an andere Wissenschaften, etwa Physik und Mathematik, anzulegen sind. Wie das Feuer von allen physischen Erscheinungen am wärmsten und zugleich auch Ursache der Wärme ist, die sich an anderen Dingen findet,

[47] Met. 993 a 25 ff.
[48] Met. 1057 a 9 ff.

so bestimmt die Metaphysik sich selbst und auch die anderen Wissenschaften nach dem Maß der Wissenschaftlichkeit überhaupt.

Die Wissenschaft (Philosophie) ist dadurch von Praxis oder Poiesis verschieden, daß sie nicht nur auf das „Daß-Sein", sondern auf das „Warum-Sein" ausgeht. Der wissenschaftlich gebildete Arzt z. B. baut seine Therapie nicht nur auf überlieferter und eigener Erfahrung auf, sondern auf das Wissen von den Gründen und Ursachen, aus denen mit Notwendigkeit, nicht nur mehrmals, sondern immer, Heilerfolge resultieren. Wissen ist zugleich Wissen von den Gründen und Ursachen.[49] Da die erste Philosophie ein Wissen von den ersten Ursachen gewinnen will, ist sie zugleich die wahrste Wissenschaft, denn die ersten Ursachen von den immer seienden Dingen sind die „wahrsten". Sie sind nicht nur gelegentlich wahr: auch ist nichts anderes Ursache ihres Seins, weil sie selbst Ursache der anderen Dinge sind. Deshalb sind die ersten Ursachen der immer seienden Dinge die „wahrsten". Sie sind der absolute und ausgezeichnete Maßstab alles Wissens. An den immer seienden Dingen wird exemplarisch die Frage behandelt, was das Seiende als solches überhaupt für Eigenschaften habe. Es ist die metaphysische Frage.[50]

Wissenschaft ist als solche immer auf Endliches und in Grenzen Eingeschlossenes bezogen, da keine Ursachenkette Wirklichkeit hätte, die ins End-lose verläuft und von ihm herkommt. Die in Grenzen gefaßte Entwicklung ist zwiefach: betrachtet man die Entwicklung des Mannes aus dem Knaben, so findet keine Umkehr in der Folge der Entstehung statt: die Figur der Entwicklung ist geradlinig. Aber die Figur der Entwicklung, in der das Wasser aus der Luft wird, ist zyklisch: denn auch aus der Luft wird wieder Wasser. In beiden Fällen aber kommt kein end-loser Fortschritt zustande.

Die Metaphysik verfolgt zuerst die Frage nach den Anfängen und Entstehungsverläufen der seienden Dinge als Seiender überhaupt. Zu dieser Fragerichtung gesellt sich eine andere, die zur Theologik hinführt: sie zieht sich an der Reihe der voneinander abhängigen schon gebildeten Wesenheiten hin und zielt auf dasjenige Wesen ab, welches, am Anfang dieser Reihe stehend, als erste bewegende Ursache[51] fun-

[49] Met. 981 a 29 f.

[50] Met. 993 b 27 ff.

[51] Weil der Gott des Buches Lambda der Metaphysik erste bewegende Ursache ist, die demgemäß selbst nicht bewegt wird, darf er mit dem proton kinun des 8. Buches der Physik identisch gesetzt werden.

giert. Die erste Ursache ist ewig: sie kann also nicht im Verlauf der weiteren Entwicklung in ihrer Wirkung abbrechen und untergehen, sondern durchdringt und begleitet die Entwicklung in der Zeit und führt sie jeweils zu ihrem Ende. Wer einen Fortschritt ins Endlose behauptet, hebt das Wesen des „Guten“ auf, denn eine Sache hat ihr „Gutes“ darin, daß sie zu ihrem Ende, dem „Weswegen“ kommt. Auch das Wissen kommt zu seinem „Ende“: es gelangt z. B. zum „Wesen“ als einem Endbegriff, einem solchen, der nicht von anderen ausgesagt werden kann, sondern selbst immer den Aussagen zugrunde liegt. Der Logos ist Erstes und zugleich Allgemeinstes, insofern er alles unter sich enthält.

Es muß notwendig etwas geben, was wird, und ein anderes, woraus es wird. Das erste „Woraus“ muß als unerzeugt angenommen werden, sofern ein Fortschritt und ebenso ein Zurückverfolgen ins Endlose ausgeschlossen ist und nichts aus Nichtseiendem werden kann.[52] Die Frage nach dem Seienden als solchem, welche gleichbedeutend ist mit der Frage, „was“ das Seiend-sein ist, zielt auf die Frage nach dem „Was“-sein des Wesens selbst ab. Seiend-sein und Wesensein werden deshalb identische Bestimmungen, weil das Wesen die Instanz des Abgrenzens und Voll-endens ist. Im Wesen sind die Ursachen aufzudecken, die ein Seiendes zu einem Seienden macht. Wenn das Seiende in vielerlei Weise ausgesagt wird, so ist es doch der Name für eine Einheit zusammengehöriger Leistungen. Jedes Seiende als solches ist ein Eines und Begrenztes. Metaphysik ist selbst *eine* Wissenschaft als Wissenschaft vom Einen, ist erste Wissenschaft als Wissenschaft vom Ersten und allgemeine Wissenschaft als Wissenschaft vom Allgemeinen. Sie untersucht die Prinzipien der „Natur als solcher“, d. h. des Wesens.[53]

Das Seiende werde in vielfachen Bedeutungen ausgesagt, aber doch nur in Beziehung auf *ein* Prinzip. Dieses ist die Wesenheit. „Also gehört . . . auch das Seiende als solches einer einzigen Wissenschaft an. Überall aber geht die Wissenschaft vornehmlich und zunächst auf das Erste, von dem das übrige abhängt, wonach es benannt wird. Ist dies die Wesenheit, so muß der Philosoph die Prinzipien und Ursachen der Wesenheit erkennen.“[54] Das Sein als solches zu erkennen, ist Sache

[52] Met. 999 b 8 f.
[53] Met. 1003 a 21—32.
[54] Met. 1003 b 15—19.

der Metaphysik: daher muß sie das „Wesen“ von Eins-heit und Wesen erkennen: denn dasselbe ist es, *ein* Mensch und seiender Mensch bzw. Mensch als Wesen zu sein.[55]

Ebenso wie die Zahl als Gegenstand der Mathematik eigentümliche Eigenschaften hat, z. B. die der Geradheit und Ungeradheit, der Gleichheit und Ungleichheit, wie der Gegenstand der Physik bewegt und unbewegt, schwerelos und schwer sein kann, so hat auch das Seiende als solches, dessen erste Gründe zu erkennen Aufgabe der Metaphysik ist, eigentümliche Eigenschaften. Die erste Antwort auf die Frage nach dem Seienden als solchen weist auf das Wesen bzw. das Eines-sein hin. Als weitere Themen ergeben sich: was der Gegensatz sei und in wieviel Bedeutungen er vielleicht ausgesagt werde, desgleichen, was Identität sei. Wiederum zeigt sich, daß die Untersuchung des Seienden als solchen *einer* Wissenschaft angehört, da *alles* entweder Gegensatz ist oder aus Gegensätzen besteht, identisch oder nicht identisch ist.[56] Die erste Philosophie geht auf das Erste, das Allgemeine, das Seiende als Seiendes, das Eins als Eines, das Wesentliche des Wesens. So unterscheidet sie sich von Physik und Mathematik, welche jeweils auf bestimmte Eigenschaften des Seienden hinzielen. Die Metaphysik scheidet sich selbst nicht nur von diesen Wissenschaften ab, sondern gibt sich eine ausgezeichnete Stelle als der Wissenschaft, die zugleich den gradweisen Aufbau des übrigen Systems der Wissenschaften erkennt. Die Physik sucht ihr „Was“, d. h. ihr Wesen in solchen Gestalten, in denen Veränderungen und Bewegung vor sich geht. Sie handelt von der in den Stoff versenkten Form, während die Metaphysik von dem Seienden handelt, sofern es als Seiendes überhaupt und allgemein angesprochen werden darf. Dieses Seiende muß in sich das Prinzip der Wesensbegrenzung, der Selbständigkeit und des unbewegten Prinzips für alle Bewegung aufweisen. Während die Physik z. B. das schielende Auge zum Gegenstand hat, ist es für die Metaphysik um den Nachweis zu tun, daß dieses Phänomen auf einem „Wesen“ beruht, welches als das des Schielens im Sinne einer Schiefheit des Sehens zu bestimmen wäre.[57]

Was die Selbstabgrenzung der Metaphysik von der Mathematik angeht, so gibt sie sich gegenüber dieser Wissenschaft folgende Stellung:

[55] Met. 1003 b 28 f.
[56] Met. 1005 a 3 ff.
[57] Met. 1025 b 25 ff.

die Mathematik, so sagt das metaphysische Denken, betrachtet einen bestimmten abgegrenzten Bereich von Gegenständen, insofern sie „unbeweglich“ und von ihrem Wesen, an dem sie sich gleichsam als eingeschriebene Muster finden, abtrennbar sind. Auch dieses Ewige, Unbewegliche, Trennbare muß Gegenstand einer theoretischen Wissenschaft sein, ebenso wie die von der Physik behandelten Sachen. Aber zur Physik können die mathematischen Gegenstände nicht gehören, da in der Mathematik keine Rede von Bewegung und Bewegbarkeit ist.[58] Die Metaphysik als erste Philosophie präzisiert ihre Aufgabe gegenüber Mathematik und Physik dahingehend, daß sie es wie die Mathematik mit beständigen, unbewegten und unvergänglichen Dingen zu tun hat. Aber während der Gegenstand der Mathematik selbst wesenlos ist und des Wesens als Grundlage bedarf, habe es die Metaphysik mit Wesen und Selbständigkeiten, also mit solchen „Gegenständen“ zu tun, die sich zu einer wirklichen Einheit abgrenzen. Der Gegenstand der Metaphysik ist selbst unbewegt, ist aber Grund für Bewegung und Wirkung, so daß sich Metaphysik auch als Grundlagenwissenschaft für die Physik erweist.

Metaphysik als erste Wissenschaft hat es mit dem ersten Wesen, dem Wesen der vielen Wesenheiten, der ersten Ursache und dem ersten Allgemeinen zu tun: sie ist zugleich Theologik.[59] Das System der theoretischen Wissenschaften fächert sich auf in Physik, Mathematik, Theologie.[60] Die erste Wissenschaft verbreitet sich über alles, nicht nur wie die einzelnen Wissenschaften über ein bestimmtes Genus und über eine bloß „einzige Natur“. Gäbe es kein Wesen aller Wesen, kein erstes Wesen, so wäre Physik die erste Wissenschaft. Gibt es aber eine unbewegte erste Wesenheit, dann ist *sie* Gegenstand einer der Physik vorhergehenden Wissenschaft. Die Wissenschaft, die auf das Ganze geht, ist zugleich erste Wissenschaft. Denn das Ganze, Allgemeine ist das Erste. Die erste Philosophie zielt auf Erstes, Allgemeines und Notwendiges ab. Das System der Wissenschaften muß das abgeschlossene System der die Wahrheit ausmachenden Logoi widerspiegeln. Der zusammenfassende Logos, der als erster alles andere unter sich enthält, ist zugleich das Begrenzende und der Anfang aller übrigen Begriffe. Anders

[58] Met. 1026 a 14 f.

[59] Vgl. Met. K 1064, hier wird eine Gleichsetzung von arche kyriotate, on he on und theos bzw. theion vollzogen.

[60] Met. 1026 a 18 ff.

ist es z. B. bei der Linie, an der sich endlose Teilbarkeit findet, wobei man aber die Teilungen nicht zählt, wenn man die Linie als einen einheitlichen ganzen Linienzug entlang verfolgt. Hier ist es nicht möglich, wie in der Hierarchie der Begriffe des Begriffsystems, die ersten einfachen Elemente aufzufinden. Das Grenzenlose besitzt kein selbständiges Sein.[61]

Wird in dem von Platon entworfenen Bilde von der architektonischen Gliederung der Wissenschaften die Mathematik als Vorstufe der Philosophie begriffen, so nimmt sie nach Aristoteles den Rang einer Wissenschaft ein, die der ersten Philosophie nachfolgt und das von ihr betrachtete Wesen voraussetzt. In diesem Zusammenhang muß auch ein Wort über die Rolle des Axioms, des Beweisens und der Hypothesis in der aristotelischen Wissenschaftstheorie gesagt werden. Wo Begründung ins Spiel kommt, da wird für die Wissenschaft verlangt, daß sie beweise. Beweise sind Begründungsketten, die zuletzt zu ersten Sätzen, den Axiomen, hinführen müssen, da sich keine Wissenschaft ins Endlose verlaufen darf. Die Axiome als Ursprung und Anfang des wissenschaftlichen Systems kann man nicht selbst wieder begründen und beweisen. Es ist notwendig, daß der Beweis „aus etwas, über etwas und auf etwas hingeführt werde".[62] Daraus ergibt sich, daß alles, was bewiesen wird, *einem* Ursprung angehöre (Genus), da alle beweisenden Wissenschaften die Axiome anwenden. Dasjenige Axiom, welches alle voraussetzen, ohne darüber eigens zu reden, ist das Prinzip vom zu vermeidenden Widerspruch, dessen Leugnung jede Bestimmung, Begrenzung und daher jede Wissenschaft unmöglich machen würde.

In gewisser Übereinstimmung mit Platon sieht Aristoteles die Rolle der „Hypothese" in der einzelwissenschaftlichen Annahme von Sätzen, hinter welche nicht zurückgefragt wird. Die Einzelwissenschaft fragt nicht nach dem „Was-sein" des Seienden im Allgemeinen. Sie handelt über ein Eingegrenztes, gewisses Seiendes und eine spezielle Gattung. Diese Spezialität des Seienden verfolgt sie einerseits im Bereich der Wahrnehmung, andererseits legt sie auch begrifflich ihren Erkenntniszweck, das von ihr angegebene Was-sein, durch die Wahl von Hypothesen fest. Die Mathematik z. B. wählt Bestimmungen am Wesen wie Zahl, Figur, Relation aus und impliziert in ihren Fragen das dadurch

[61] Met. 994 a.
[62] Met. 997 a 8 f.

bestimmte Erkenntnisziel. Die Einzelwissenschaften beweisen auf diese Weise schlecht und recht, was den von ihnen behandelten „Gattungen an sich " zukommt.

Die physikalische Wissenschaft handelt über ein Genus des Seins, insofern in ihr die Rede von demjenigen Wesen ist, in welchem der Anfang der Bewegung und des Stillstandes in ihm selbst ist: ihr Denken gilt der Natur (physis). Diese legt sie hypothetisch als „Wesen" zugrunde, in welchem viele andere Wesen vorkommen: aber sie geht nicht wie die Metaphysik weiter, um den Grund dieses Wesens selbst, also das Wesen der Wesenheiten zu erkennen.[63] Es sei die Sache auch des Geometers nicht, nach dem Gegenteil, dem Endziel, dem Seienden, dem Einen zu fragen und zur Debatte zu stellen, was „Dasselbe" und was das „Andere" sei, sondern dasjenige zu erkennen, was aus Hypothesen von der Art geometrischer Axiome abgeleitet werden kann.[64] Er leitet aus Axiomen Dreieckssätze ab, ohne über das Wesen des Axioms nachzudenken. Wie für den Handelnden deutlich sein muß, an welchem Punkte er sein Handeln anzusetzen und womit er anzufangen habe, so muß auch die beweisende Wissenschaft von anfänglichen Hypothesen ausgehen.[65] Die ersten Sätze der ersten Philosophie wären dementsprechend solche Hypothesen, die als absolut im Gegensatz zu den relativen Hypothesen der Einzelwissenschaften zu bezeichnen wären. Sie haben demgemäß auch das Sicherste zum Inhalt.

Als metaphysische Methode wird von Aristoteles auch der Durchgang des Denkens durch die Weglosigkeit (aporie) zur Wegorientiertheit (euporie) gefordert. Im Zusammenhang der aporetischen Erörterungen begegnet die sinnbildliche Gedankenfigur des Weges wieder, die im platonischen Höhlengleichnis maßgebend war. Gesucht ist die metaphysische Wahrheit: man muß zu ihr auf einem Wege gelangen. Dieser Weg muß erkundet werden, wobei Irrwege und Weglosigkeiten in Kauf genommen werden müssen. Das philosophische Denken muß geradezu die ausweglosen Situationen aufsuchen, um sie zu meistern und dabei Erfahrungen über sein eigenes Ziel und den einzig richtigen Weg zu diesem Ziel zu gewinnen. Der Denkende ist mit dem Wanderer vergleichbar, der ohne Orientierung und ohne Erfahrenheit der möglichen Irrwege über seine Richtung im unklaren ist und nicht

[63] Met. 1025 b 7 ff.
[64] Met. 1005 a 11 ff.
[65] Met. 1013 a 15 f.

beurteilen kann, ob er schließlich sein Ziel gefunden hat oder nicht. Weg und Ziel werden ihm erst klar werden, wenn er vorher darüber in Verlegenheit und gezwungen war, diese Verlegenheit durch methodische Reflexion zu meistern.

In diesem Zusammenhang hat auch die von Platon her tradierte Überlegung zur metaphysischen „Bildung" ihren Ort. Derjenige, der über den Weg orientiert ist, mußte vorher gedanklicher Verlegenheiten Herr werden und aus Irrwegen herausfinden. Bevor er in einer entschiedenen Richtung auf das klar erkannte Ziel hinsteuern kann, muß er schon zu einem Stande gelangt sein, von dem aus ihm Weg und Ziel deutlich sichtbar sind. Auf diesen Stand ist der auf dem Wege der Erkenntnis Vorangehende durch eine Reflexion über seinen eigenen Weg gelangt, die durch Aporien und Schwierigkeiten herausgefordert war. Aristoteles interpretiert die bis zu ihm hin tradierte Geschichte des metaphysischen Denkens als einen Weg, den er als aporetisch auslegt, um selbst einen euporetischen Stand zu gewinnen, der ihm Klarheit über die Fragestellung, das Ziel der metaphysischen Wissenschaft und den wahren Weg verschafft. Die gewonnene Orientiertheit über den Weg (euporie) sei die Befreiung von den bisherigen Weglosigkeiten. Diese Befreiung setzt die Kenntnis der Fesseln voraus, die bisher den Gedanken gebunden haben. Diese Kenntnis wird durch die Erfahrung der Aporie gewonnen. Daher sei es für das systematische Denken nötig, die Auffassungen derjenigen in Erinnerung zu rufen, die sich zu dem betreffenden Problem geäußert haben. Im Zeichen dieser Aporetik geht Aristoteles Fragestellungen und Antworten der Denker durch, die nach dem Seienden gefragt haben und denen es um die Aufstellung einer ersten Wissenschaft gegangen ist.[66]

Zuletzt wird deutlich, daß die Metaphysik die Vielheit des Vorgefundenen auf ein System von Prinzipien und dieses wieder auf einen einzigen letzten und ersten Grund zurückzuführen als ihre Aufgabe ansieht. Der einzige und letzte Grund ist diejenige Instanz, von der die einigende Kraft auf die Vielheit der Welt ausgeht. Er verbürgt die Möglichkeit für die metaphysische Vernunft, die Welt als All zu begreifen, welches aus einem einzigen Zentrum heraus zusammengehalten wird. Metaphysisches Begreifen versteht sich zugleich als ein die Einheit des Seienden im Ganzen übersehendes Zusammenfassen. Daher

[66] Vgl. hierzu auch die einleitenden Erörterungen des Buches B, Met. 995 a 24 ff.

ist es notwendig, daß das metaphysische Denken denjenigen Stand gewinne, von dem aus es diese einigende Übersicht über das Ganze zu leisten vermag. Dieses Vermögen des metaphysischen Denkens bedarf selbst einer Vorarbeit, einer „Vorbildung" der metaphysischen Vernunft, in welcher es darum geht, erst den Weg zu demjenigen Stande zurückgelegt zu haben, von dem aus die Aufgabe der Zurückführung des Vielen auf das Eine geleistet werden kann. Anders gesagt: das metaphysische Denken muß „Erfahrungen" gemacht haben, um seine ihm gestellte und jeweils von der Geschichte überlieferte Aufgabe leisten zu können. Diese Erfahrungen liegen auf dem Wege der geschichtlichen Entfaltung der Metaphysik. Auf diesem Wege sieht sich das metaphysische Denken jeweils vor neue Situationen gestellt, in deren Zeichen es sich dazu herausgefordert sieht, die überlieferten metaphischen Denkmodelle entweder neu zu interpretieren oder neue Modelle zu ersinnen.

Drittes Kapitel

STAND, PERSPEKTIVE, ORIENTIERUNG ALS METAPHYSISCHE KATEGORIEN

1. Der Weg des Individuums als Geschichte

Das Modell des Weges, des Übergangs von einem Stand zu dem ihm überlegenen und der Gewinnung neuer Maßstäbe hat im platonischen Höhlengleichnis im Mittelpunkt gestanden. Von hier aus hat es eine Tradition im metaphysischen Denken eröffnet. Dieses ist selbst immer zu neuen Standpunkten der Erfahrung vorangegangen und hat sich auf jedem gewonnenen Stande als „Stand" selbst begriffen. So hat ihm Augustin von dem Stande, den er selbst auf dem Boden der Heilserfahrung gewonnen hatte, eine Bedeutung gegeben, die der neuen metaphysischen Konstellation angemessen war. Er hat in seinen Confessiones den geschichtlichen Weg in Erinnerung gebracht, den seine Seele zu ihrem Ziele gegangen ist.[1] Die bildlogischen Kategorien des Standes, der Perspektive, der Orientierung und des Weges gewinnen jetzt die Bedeutung, daß wir, die Denkenden, in der Rolle der Geschöpfe dem Schöpfer der Welt und Natur gegenüberstehen, zu der wir selbst gehören. Nach unserem sündigen Abfall sind wir durch die Heilstat in die göttliche Ordnung wieder aufgenommen worden, haben den Stand der Rechtfertigung gewonnen und werden als freie Kinder des Hauses aufgenommen, wobei der Vermittler zwischen Gott und uns den „Weg" durch sein Sein, seine Tat und Lehre aufzeigt. Jetzt versteht sich die Seele als *dieses* unersetzbare Individuum, das seinen einzigartigen Weg unvertretbar zu Gott geht. Der geschichtliche Charakter ihrer neu verstandenen Paideia wird ihr selbst deutlich: sie überblickt ihre Geschichte in der Erinnerung. Auch ihre Irrwege kann sie vom erreichten Ziel her als sinnvolle Phasen im ganzen Prozeß rechtfertigen. Die metaphysische Seite des Denkens, welches auf diesem

[1] Z. B. Confessiones, 9. Buch, Kap. VIII ff. In diesem Zusammenhang begegnen Wendungen wie: perambulare gradatione (cf. 9. Buch, Kap. X; 7. Buch Kap. XVII), transire (cf. 10. Buch, Kap. VII). Ausgabe: Corpus Scriptorum Ecclesiasticorum Latinorum Sancti Aureli Augustini Confessionum Libri Tredecim (Pius Knöll 1896) repr. 1962.

Wege in Gang kommt, wird z. B. bei Augustinus in der Thematik vom Wesen der Zeit, des Gedächtnisses, der Zahl, des Maßes sichtbar. Die ontologischen Themen, die sich daraus herleiten, finden ihre Motivierung in der „inneren" Konstellation der Seele zu Gott, Gottes zur Natur, der Seele zur Welt. Daß aus der Spannung zwischen unserer menschlichen, endlichen und innerzeitlich-geschichtlichen Position zur absoluten und überzeitlichen Position dessen, der sagt: ich bin, der ich bin, die Notwendigkeit eines Weges resultiert, den wir zu gehen und dessen Umstände wir metaphysisch zu begreifen haben, erhellt aus Augustins Reflexionen zu Exodus 3,14: ich bin, der ich bin.[2] Auf diesem Wege sollen wir zu „jenem unserem Stande"[3] gelangen, für den das „Ist ist", weil dieses allein immer so ist wie es ist. Dazwischen aber liege das Meer dieser Welt, das wir nicht überspringen können, wenn wir auch sehen, daß unser Ziel am anderen Ufer ist. Viele aber sehen nicht einmal, wohin sie gehen sollen.[4] Damit ist eine Tradition der metaphysischen Theorie vom Seienden eröffnet, in welcher nicht nur die ersten Gründe des physisch Seienden als solchen betrachtet werden, sondern zugleich diese metaphysische Frage methodisch im Zeichen der Kategorien des Standes, der Perspektive, der Orientierung des Denkens gestellt wird: auch die Metapher des Spiegels und des Aufstiegs auf den Turm des Denkens (speculum, speculatio) gehören hierher.[5] Das wird besonders bei Nikolaus von Kues deutlich, der am Leitfaden dieser Kategorien philosophiert und damit die Subjektivitätsphilosophie der Neuzeit vorbereitet.

2. Unendliches und Endliches

Die neue Lage des metaphysischen Denkens gegenüber der antiken Situation wird dadurch sichtbar, daß jetzt der Gedanke des Un-end-

[2] Conf. 10. Buch, Kap. IV.

[3] Vgl. hierzu Rudolph Berlinger, Der Name Sein — Prolegomena zu Augustins Exodus-Metaphysik, aus „Wirklichkeit der Mitte", Festg. f. August Vetter, Freiburg/München 1968; ebenso ders. Augustins dialogische Metaphysik, Frankfurt/a. M. 1962.

[4] Johannes-Evangelium Tractatus II, 2 27 ff. (Corpus Christianorum, Series Latina, 36, 12). Unser metaphysisches Denken macht sich auf den Weg, um dorthin zu gelangen, wo es den eigenen An-fang zu sehen vermag.

[5] Conf., 10. Buch, Kap. V. Hier Zitat aus 1 Kor. 13, 12.

lichen maßgebend wird. Das Unendliche wird in der Weise des inneren Überschreitens aller endlichen, geschöpflichen Grenzen zum Ursprung der Welt wirksam: das äußere Bild dieser inneren Unendlichkeit kommt beim Kusaner und bei Giordano Bruno in der Behauptung der Unendlichkeit des Kosmos in den Blick. Da das göttliche Denken die natürliche Welt geschaffen und geordnet hat, ist sie Ausdruck eines sie unendlich an Seinsmacht übertreffenden Grundes, der selbst nicht „natürlich" ist. Sie ist endlich und unendlich zugleich. Ihr „Grund" aber ist das absolute Subjekt, an dessen unendlichem Denken wir vernünftigen Geschöpfe teilnehmen. Für das metaphysische Denken ist es lebenswichtig, den Punkt zu gewinnen, von dem aus als Einheit die Bezüge zur Welt verlaufen, wie vom Zentrum eines Kreises aus die Radien zur Peripherie. Maßgebend für die neue Thematik ist die Frage, wie das Denken des Endlichen von demjenigen des Un-endlichen zu scheiden ist, gleichwohl aber zu ihm in die Stellung des Abbild-Urbildverhältnisses gerückt werden kann. Was dem endlichen Verstand als unübersehbare Vielheit und unvereinbare Mannigfaltigkeit erscheint, soll durch Übergang zu einem überlegenen Stande, der uns in die Nähe göttlichen Denkens bringt, als Einheit in der Vielheit begriffen werden können.[6] Daher wird es vom Kusaner als Aufgabe der Metaphysik begriffen, den metaphysischen Stand zu beschreiben, von dem aus die scheinbare Vielheit als Einheit begriffen werden kann. Es ist charakteristisch für die maßgebende Rolle, welche die Idee des Standes in seinem Denken spielt, daß er die Einheit-Vielheitsproblematik nicht primär im physischen Bereich, sondern in demjenigen des Denkens beheimatet. Er fragt, wie die vielen Standpunkte und Modelle der theologischen Lehrmeinungen „in Wahrheit", also vom rechten Stande des Denkens aus, als diverse Blickpunkte ein und derselben absoluten Wahrheit begriffen werden können. Das Buch 'Idiota de mente' schildert zu Beginn eine Situation, in welcher ein unter seinen Zeitgenossen bedeutender Philosoph auf einer Brücke in Rom zur Zeit eines Konzils stand und staunend die Vorübergehenden betrachtete. Es bewegt ihn der Gedanke, daß diese vielen Menschen, von denen jeder ein Individuum mit seiner besonderen Denkart ist, doch alle durch einen gemeinsamen Glauben verbunden werden, der sie nach Rom zusammengeführt hat. Wenn ich sehe, so sagt er zu seinem Partner, daß aus beinahe allen Zonen der Welt

[6] Vgl. auch Augustins Confessiones, 12. Buch, Kap XIII.

in dichter Schar unzählige Völker vorübergehen, so bewundere ich den einen Glauben aller in solcher Verschiedenheit seiner Formen.

In dieser Situation kommen zwei verschiedene Perspektiven ins Spiel. Jedem der Vorübergehenden eignet eine Perspektive, die sich von derjenigen des anderen unterscheidet. Jedes Individuum ist ein Blickpunkt: keiner kann einen absoluten Vorrang vor dem anderen beanspruchen. Andererseits kommt eine spekulative Bewegung des Überganges über die Grenzen jenes natürlichen, individuellen Standes in Gang, die zur Erkenntnis der Einheit in der Vielheit der Perspektiven führt. Auf diese Weise wird Grund zu dem neuzeitlichen Begriff *der* uns gemeinsamen Vernunft gelegt.

Es gehört zur Eigenart des endlichen Vernunftwesens Mensch, daß er von seiner endlichen Perspektive aus Gott und die Welt anblickt. Jedes Individuum hat sich seiner Perspektive gemäß die Welt und Gott nach einem bestimmten Modell zurechtgelegt. Daher wiederholt der Kusaner den Satz des Protagoras, daß der Mensch das Maß aller Dinge sei. Das hat auch einen wissenschaftstheoretischen Sinn. Der Charakter menschlicher Denkweise sei, daß der endliche menschliche Verstand „vergleiche", wobei nichts anderes als ein „Messen" geschehe. Es wird ein „endlicher" Maßstab angelegt, mit dem ein Gegenstand ausgemessen und somit begriffen wird. Durch diskursives Denken reiht der Verstand Element an Element, geht von einer Position zur nächsten über und begegnet dabei keiner Grenze und keinem absoluten Ende (De docta ignorantia I). Damit ist eine neue Stellung dessen, was im Prinzip erst seit Kant endgültig mit dem Terminus „Subjekt" bzw. „Subjektivität" bezeichnet worden ist, gegenüber Gott und der Welt gefunden. Während in der mittelalterlichen und antiken Weltauffassung von einem absoluten Oben und Unten die Rede war, wobei der obere, über der Sphäre des Mondes befindliche Raum als vollkommener galt denn der untere, sublunare, gibt es jetzt diese räumlichen Richtungen nur noch jeweils von der leiblichen Position des Subjekts aus. Es gibt demgemäß keine absoluten Vollkommenheitsunterschiede mehr. Die Unterscheidungen im Raume sind nur noch durch die subjektive Perspektive belegt, und kein Punkt im Weltraum darf objektiv gesehen vor dem anderen einen Wertunterschied beanspruchen. Alle Punkte im Weltall sind objektiv gleicherweise den Naturgesetzen unterworfen. Im Sinne dieses Gesetzes gibt der Mensch den Weltdingen ihr Maß. Der Mensch ist das messende Wesen gemäß der Eigenart und

„Grenze“ seiner Individualität.[7] Das Jahr, der Monat, die Stunden sind Einheiten, deren sich der Mensch bedient, um die Zeit zu messen. Es ist vom Ruhen in der spezifisch eigenen „Natur“ die Rede, die auch dem menschlichen Intellekt eigentümlich ist, welcher an die Dinge sein eigentümliches Maß anlegt.[8] Das bedeutet kein Bekenntnis zu der antiken und mittelalterlichen These, daß der Mensch über seine Physis und deren Grenzen nicht hinausdenken könne. Müßte er innerhalb dieser Grenzen verbleiben, so wäre es ihm nicht möglich, die Vielheit seiner subjektiven Perspektiven auf eine gemeinsame Vernunft zurückzubringen.

Daß das Hinausgehen über die Grenze wirklich geschieht, wodurch das Individuum über seine Endlichkeit und Isoliertheit zum Absoluten, Einen und Gemeinsamen gelangen kann, das zeigt der andere, bei der erwähnten Unterredung auf der Brücke ins Spiel gebrachte Standpunkt: es ist der spekulative des Philosophen, welcher über die vielen Vorübergehenden und ihre Standpunkte reflektiert. Er hat einen Stand gewonnen, von dem aus er zu erkennen vermag, was hier eigentlich vorgeht: daß die Vielen, von denen jeder seinen Welthorizont behauptet, in Wahrheit durch Eines zusammengehalten werden, ohne davon wissen zu müssen. Seine überlegene Perspektive bringt ihm zum Bewußtsein, was mit den anderen in Wahrheit geschieht: die Wahrheit darüber, daß das vernünftige Individuum seine Perspektive und die ihm angemessenen Grenzen nicht durch ein Verharren innerhalb dieser Grenzen bewährt, sondern über sie hinausgeht, um zur gemeinsamen Vernunft und zur absoluten Einsicht, die zugleich Erkennen des Absoluten ist, zu gelangen. Der Philosoph leistet nicht nur den Überschritt über die Grenze hinaus, sondern ist sich dessen auch bewußt.

3. Grenze und Grenzübergang

Die Situation unserer menschlichen, philosophischen Vernunft fordert eine Bewegung zwischen zwei Polen heraus. Zunächst ist unserem Denken durch seine „Natur“ eine unmittelbare Perspektive zugeord-

[7] Idiota de mente, Buch III, Kap. XV, S. 600 ff. (in: Nikolaus von Kues, Philosophisch-Theologische Schriften, 3 Bde., Hrsg. v. Leo Gabriel, Wien 1964 f., nach dieser Ausgabe wird im folgenden zitiert).

[8] De dato patris luminum, Kap. I (Bd. II), S. 646 ff.

net. Im Zeichen dieser Perspektive vollziehen wir eine Bewegung zum Allgemeinen, das zugleich Welt-ganzes ist. Das Individuum des so Denkenden wird zum „Spiegel" der Welt. In der Metapher des Spiegels ist impliziert, daß dem subjektiven Bewußtsein ein ihm eigentümliches enges und nur ihm allein zugeordnetes Bild vom Sein angehört, über dessen Grenzen es jedoch hinausgeht, um den weiten Horizont des Gemeinsamen, Welthaften zu gewinnen.[9] So geschieht eine gedankliche Bewegung vom Endlichen zum Unendlichen, vom Subjektiven zum Gemeinsamen, von der „Natur" zum „Geist".

Grenze und Bewegung über die Grenze hinaus sind die Charaktere der Perspektive, unter der die endlichen Geister zum Unendlichen, Einen und Ursprünglichen und damit gerade auch zu sich selbst kommen können. Gelegentlich scheint es so, als ob der Kusaner Gott selbst, insofern er alle Perspektiven in sich vereinigt und daher Herr über sie alle ist, als den Bereiter des Weges anspricht, der dem endlichen Intellekt offensteht, um über die durch den Verstand geleisteten Begrenzungen und Einschränkungen hinaus zur Erkenntis des Einen und Unendlichen zu gelangen. „Du aber, Allmächtiger Gott, der Du jedem Geiste unsichtbar bist, kannst Dich jedem auch sichtbar machen in der Art, auf welche Du begriffen werden kannst. . . . Niemand entzieht sich Dir, außer weil er Dich nicht kennt." Die Mannigfaltigkeiten der religiösen Riten und Dogmen und die Einheit des nach allen Perspektiven hin in verschiedener Weise sich zeigenden Weltzentrums werden hier in eine Beziehung gebracht. Grenze, Symbol, Perspektive, Konjectura und verschiedener dogmatischer Glaubensinhalt sind die endlichen Positionen, von denen aus der Über-gang zum Ganzen, zum absoluten All gesucht werden muß.[10] Der Glaubensinhalt ist als dogmatischer Lehrstoff Vermutung: die endliche Existenz bringt es mit sich, daß man das eine Sein und die eine Wahrheit nur in der Weise der „Andersheit" aussprechen kann.[11]

[9] So ist z. B. vom Excessus die Rede, durch dessen Vollzug dasjenige „berührt" wird, was über den endlichen Verstand hinausgeht (De beryllo Kap. V [Bd. III], S. 6). Auch vom ‚ascendere' des Geistes über die Betrachtungen der endlichen Gestalten hinaus zu *einem* Ursprung ist die Rede. Es ist zugleich auch immer ein Über-gang (Complementum theologicum Kap. V [Bd. III], S. 666 ff.).

[10] De pace fidei, Kap. I (Bd. III), S. 706 ff.

[11] De coniecturis, 1. Teil, Kap. 13 (Bd. II), S. 56 ff.

Obwohl das endliche Individuum begrenzt und bestimmt ist, so ist es doch nicht in Gegensatz zum Allgemeinen zu setzen: deshalb nicht, weil es seine Natur ist, über seine natürlichen Grenzen hinauszugehen. Das Individuum ist die Geschichte des Über-gangs von der endlichen Natur zum Allgemeinen, Einen, Ursprünglichen, von der Ausgedehntheit der Figuren zum *einen* punktuellen Zentrum. In diesem Aspekt gewinnt das ästhetische Phänomen Bedeutung, dessen Erfahrung der Kusaner vor dem Selbstporträt des Robert v. d. Weyden im Brüsseler Rathaus gemacht hat. Dieses Porträt hatte die Eigenschaft, jedem Beschauer den Blick direkt zuzukehren, von welchem Blickwinkel er auch auf das Bild schauen mochte. In dieser perspektivischen Erfahrung sah der Kusaner den Schlüssel für die Lösung des Problems vom Verhältnis zwischen dem Vielen und dem Einen, dem Mannigfaltigen und dem Ein-faltigen, der explicatio und der implicatio, der Ausdehnung und dem Punkt. Dabei ist die doppelte Deutung des Überstiegs über die natürlichen subjektiven Grenzen im Auge zu behalten: einerseits ist er Bewegung über das Endliche hinaus zum Unendlichen und andererseits zugleich Übergang vom Bereich der Natur zu demjenigen der geistigen Welt, von der Sphäre der äußeren Objekte zum Inneren der Seele. Daher kommt es dem Kusaner auf die Gewinnung eines Standes an, aus dem einsichtig wird, daß nicht aus den Werken, sondern aus dem Glauben die Erlösung der Seele erfolge.[12]

Gott ist Bewegungszentrum, so wie der Blick des erwähnten Porträts auf jeden gerichtet ist, der sich in einem bestimmten Blickwinkel zu ihm befindet. Das Individuum hat einen perspektivischen Stand Aug in Auge Gott gegenüber. Aber alle individuellen Blickpunkte und Einzelperspektiven müssen durch eine visio intellectualis zusammengenommen werden, welche die Einsicht ermöglicht, daß keine der vielen Perspektiven vor den anderen einen Vorrang habe. Diese Vision ist eine Bewegung über die Grenzen der individuellen endlichen Horizonte hinaus: eine Bewegung, die dem endlichen Individuum eigentümlich ist. Durch sie gewinnt das Denken einen Stand, von dem aus es Kritik an den dogmatischen metaphysischen Modellen zu üben vermag, die es als Ausdruck abstrakter Begrenztheit deutet. „Dein wahres Gesicht ist frei von jeder Einschränkung, ist weder von dieser Größe noch von dieser Beschaffenheit, weder räumlich noch zeitlich, denn es

[12] De pace fidei, Kap. XV (Bd. III), S. 772 ff.

ist selbst die absolute Form, das Gesicht aller Gesichte. Wenn ich aber darauf achte, wie dies Gesicht die Wahrheit und das adäquateste Maß aller Gesichte ist, so gerate ich ins Staunen."[13] Dieses Gesicht, das die Wahrheit aller Gesichte ist, sei nicht so und so groß, habe kein Mehr oder Weniger, noch ist es irgendeinem gleich, weil es absolut und über jede Größe erhaben sei: es gehe über jedes endliche Maß hinaus. Zwischen dem Unendlichen und dem Endlichen gebe es keine Proportion.[14] Wie dem körperlichen Auge alles rot erscheine, wenn es durch ein rotes Glas blickt, so sieht das geistige Auge gemäß der Natur seiner eigenen Begrenztheit Gott als das „Ziel und Objekt" der Betrachtung. Der Mensch könne nicht anders als menschlich urteilen. Aber dieses Urteil ist zugleich auch immer ein Hinausgehen über die Grenzen, die dem endlichen menschlichen Individuum eigentümlich sind: so daß diese Begrenzung des Über-gangs sowohl Endlichkeit wie auch Unendlichkeit, Grenze und Übergang über sie, menschliche und göttliche Existenz miteinander vermittelt.

Mit dem Gedanken des Übergangs, den das denkende Subjekt über seine eigenen natürlichen Grenzen leistet, bereitet der Kusaner der kopernikanischen Wende den Weg.[15] Es ist die Eigentümlichkeit der kopernikanischen Tat, daß sie durch einen freien Übergang über die uns durch die Natur gebotene leibliche Perspektive hinaus einen Stand und eine Verfassung herstellt, von der aus wir zu den von uns frei gewählten Erkenntniszielen zu gelangen und die Begrenztheiten des ehemaligen Standes zu durchschauen vermögen. Gleichwohl ist diese Bewegung über die Grenze hinaus selbst für unsere menschliche Existenz charakteristisch und verwandelt uns nicht in göttliches Denken. Die menschliche Existenz ist diese Bewegung, deren Charakter Endlich-

[13] De visione Dei, Kap. VI (Bd. III), S. 112.

[14] „So begreife ich denn, o Herr, daß Dein Antlitz vor jedem sichtbaren Antlitz vorhergeht, daß es die Wahrheit und das Musterbild aller Antlitze ist. ... Jegliches Gesicht, das in das Deine blickt, sieht daher nichts von sich selbst Verschiedenes, weil es seine eigene Wahrheit sieht" (De visione Dei, a. a. O., S. 112).

[15] Der geschichtliche Einfluß des Kusaners auf Kopernikus ist umstritten: während er z. B. von E. Cassirer behauptet wird, der als Zwischenträger Regiomontan und Peurbach nennt (E. Cassirer, Individuum und Kosmos in der Philosophie der Renaissance, Leipzig-Berlin 1927), wird er von A. Koyré bestritten (vgl. Koyré, Von der geschlossenen Welt zum unendlichen Kosmos, Frankfurt 1969).

keit ist. Beim Kusaner wird die Einheit von endlicher Perspektive und freiem Übergang über ihre Grenzen durch das Bild des lebendigen Spiegels verdeutlicht. Weil der Verstand mit Bildern und Gleichnissen zu tun hat, die der Perspektivennatur des endlichen Denkens entsprechen, wird auch hier ein Gleichnis angeboten: es sei bekannt, daß die Figuren im geraden Spiegel in gleicher Größe erscheinen, im gekrümmten aber verkleinert werden. Der Spiegel der Wahrheit muß gerade, unbegrenzt und vollkommen sein. Dieser Spiegel ist mit dem Original identisch, welches er abspiegelt. Aber die endlichen Geschöpfe seien beschränkte und verschieden gekrümmte Spiegel. Nur die vernünftigen Naturen vermögen es, als lebendige, freie Spiegel sich selbst zu krümmen, zu begradigen und zu reinigen. In den sämtlichen endlichen Spiegelreflexionen strahlt der Spiegelglanz des absoluten und unendlichen Spiegels in modifizierter Weise wider, aber in der geraden Spiegelklarheit des unendlichen Wesens strahlen alle Spiegel so wider wie sie selbst sind. In allen endlichen, also eingegrenzten und gekrümmten Spiegeln erscheinen die Dinge nicht so, wie sie sind, sondern sie nehmen ihr Bild je nach der Eigentümlichkeit des empfangenden Spiegels an. Die Bewegung des Geistes vollziehe sich zwischen der unmittelbaren Feststellung des „Das-Ist" zu der Erkenntnis des „Was-Ist".[16] Das letztere ist als Wesen von der unmittelbaren Tatsache unendlich verschieden: daher hört die Bewegung des Geistes niemals auf. Sie sei beglückend, weil sie auf das Leben des Geistes selbst hingerichtet ist; darum sei sie zugleich Ruhe in sich selbst.[17] Das Wesen ist zuletzt der Geist selbst. Die Bewegung des Geistes erstrebe jene Koinzidenz, in der Ursprung und Ende der Bewegung eines werden. Denn bei der Bewegung des Übersteigens der unmittelbaren

[16] Complementum Theologicum, Kap. II (Bd. III), S. 654 ff.

[17] De filiatione Dei, Kap. III (Bd. II), S. 620 ff. Entsprechend wird auch für Petrarca die Landschaft zum Spiegel, in welchem sich das Ich selbst wiedersieht. Die bloße, äußere Natürlichkeit wird überschritten. Als aufschlußreich für die Deutung der Metapher: Standpunkt, Perspektive usw. und die Auslegung dieser Namen im Sinne freier Überschreitung der natürlichen Standorte mag die Erzählung Petrarcas von der Besteigung des Mont Ventoux gelten. Nachdem Petrarca mit großen Anstrengungen den Berggipfel erreicht hat, ist es nicht das sich ihm zeigende Naturbild, welches seine Bewunderung erregt, sondern sein Blick fällt auf das Buch, welches er ständig bei sich hat. Es sind die Bekenntnisse Augustins. Dabei begegnet er gerade der Stelle, in der davon die Rede ist, daß die Menschen hingehen, hohe Berge

natürlichen Grenzen der Individualität kommt der sich in Bewegung setzende Geist auf sich selbst als Objekt zurück.[18] „Du hast mich auf den Stand geführt, von dem aus ich einzusehen vermag, daß Dein absolutes Gesicht das natürliche Gesicht aller Natur ist, daß es das Gesicht schlechthin ist, welches die absolute Wesenheit aller Dinge ist. ... Du machst ja die Freiheit notwendig, da Du nicht mir angehören kannst, wenn ich nicht mein bin, und weil Du dieses in meine eigene Freiheit gestellt hast, so zwingst Du mich nicht, sondern wartest darauf, daß ich die freie Wahl treffe, mir selbst anzugehören."[19]

4. Punkt und Stand-punkt

Die Kategorien der Perspektivität spielen eine doppelte Rolle. Sie sind einerseits selbst Gegenstand der metaphysischen Reflexion, andererseits aber fungieren sie als Erkenntnisbedingungen metaphysischen Denkens. Die Begriffe der individuellen Grenze, der Bewegung über diese Grenze hinaus, des Standes und seiner Freiheit sowie derjenigen des „Weges" gehören zu den Kategorien der Perspektivität.

Unser Geist (spiritus) finde nirgends Ruhe: nur in seinem Ziel und Ursprung. Er hat als auf Erkenntnis angelegter Geist das Streben, das Unbedingte in seiner eigenen Natur zu erfassen. Es handelt sich um ein Ziel, welches größer und besser sei als jeder Name und jeder Begriff, daher wird ihm auch der Name „das Gute" gegeben. Es kommt darauf an, über die Grenzen der sinnlichen Welt hinauszugehen, um dieses Ziel zu gewinnen. Dabei ist ein Weg zu beschreiten, der, anfangend bei unserer natürlichen Situation, uns mit „Sicherheit zu der Erkenntnis des Guten führt".[20] Allen bisherigen Beschreibungen dieses Weges liegt die fundamentale Voraussetzung zugrunde, daß es sich um dasjenige einzige Gute handle, was alle verschiedenen Religionen Gott

und weite Meere und den Lauf der Gestirne bewundern, sich selbst aber darüber vergessen. Das fordert ihn, Petrarca selbst, dazu heraus, das sich ihm zeigende äußere Landschaftsbild als Ausdruck eines von ihm gewonnenen Standes zu interpretieren. Vgl. E. Cassirer, Individuum und Kosmos in der Philosophie der Renaissance, Leipzig-Berlin 1927, S. 152.

[18] Vgl. Complementum theologicum, Kap. II (Bd. III), S. 651 ff.

[19] De visione Dei, Kap. VII (Bd. III), S. 120.

[20] Cribratio Alchorani, Prologus (Bd. III), S. 804.

nennen. Christus allein als Vermittler zwischen Gottheit und Menschheit habe diesen Weg in voller Deutlichkeit offenbart. Der Weg zum Ziel geht von den unmittelbaren natürlichen Leistungen unseres Denkens aus, von Wahrnehmen und Bildkraft (imaginatio) über das Denken des Verstandes (ratio) zur Intelligenz.[21]

In den Umkreis der metaphysischen Kategorien der Perspektivität gehört auch diejenige des „Punktes". Im Denken des mathematischen Verstandes ist, wie Aristoteles erklärt hatte, der Punkt unselbständig und nur „Bestimmung" an Figuren wie der Strecke, die durch ihn begrenzt oder in Teile zerlegt wird. Aber das metaphysische Denken, welches über die Modelle des Verstandes hinausgeht, bleibt dabei nicht stehen, sondern überschreitet sie, um sich selbst zu suchen und zu finden. Es sieht im Punkt des Mathematikers nur ein Zeichen für einen anderen „Punkt", der die lebendige Einheit des Denkens selbst ist. Dieser „Punkt" ist nicht akzidentelle Bestimmung an einer Substanz, sondern selbst substantielle Eins-heit, Monas. Die Unteilbarkeit des mathematischen Punktes (Grenze) ist ein Ähnlichkeitsbild für die Unteilbarkeit desjenigen Einen, welches nicht nur Grenze, sondern individuelle, reiche Spiegelung der Welt im Ganzen ist. Die Monas ist Entfaltung eines reichen, unendlichen Inhalts. Daher gibt es außer dem mathematischen Punkt im Sinne der Grenze noch einen anderen Punkt, aus dem Linie, Fläche und Körper hervorgehen. Leibniz wird ihn später den „metaphysischen" nennen. Die ausgedehnten Gestalten spiegeln als Einheiten ihren metaphysischen Ursprung, den Punkt, wider. Sie haben an der Unteilbarkeit des Punktes teil.[22] Die Figuren entstehen durch Explikation der Unteilbarkeit des Punktes. Drei verschiedene Punktbegriffe sind das Resultat: Punkt als Grenze, als figürlicher Keim und als selbst einiger und die Vielheit der vorgestellten Dinge einigender Stand des Denkens. Er ist individueller Stand-Punkt, insofern jedes endliche Denken innerhalb der ihm eigentümlichen Perspektive, die auch durch die Verschränkung mit der leiblichen Existenz bedingt ist, wahrnimmt, denkt und einigt. Mit dem Gedanken dieser Art punktueller Einheit ist ein Thema in den Blick getreten, welches in der neuzeitlichen Metaphysik große Bedeutung gewann: es geht dabei um die Mission der Vernunft, das im Schein der Unübersehbarkeit, Sinnlosigkeit, Unbegreiflichkeit auftretende Viele als zuletzt

[21] Idiota de mente XI (Bd. III), S. 582.

[22] De beryllo, Kap. XVII (Bd. III), S. 26.

einig zusammenhängend und sinnvoll zu begreifen. Die dabei ins Werk gesetzte Einheit dürfte nicht als gewaltsam und dekretierend, sondern müßte als in der freien Natur der Dinge selbst liegend begriffen werden.

5. Das Eine und Viele in der metaphysischen Tradition

Die Frage, wie die reiche, unübersehbare Mannigfaltigkeit der Welt als ein einziges Ganzes gedacht werden kann, fordert das metaphysische Denken zur Konzeption verschiedener Modelle heraus. Es ist für die metaphysische Vernunft lebenswichtig, sich an der Antwort auf diese Frage zu bewähren, da sie sich selbst als eine einzige, umfassende Instanz verstehen *muß*, welche die Vielheit der Dinge „systematisch" auf *ein* zentrales Prinzip zurückzuführen hat. Dieses Eine repräsentiert seinerseits die umfassende Einheit des vernünftigen Denkens selbst. Mit der Aufgabe, die sich die Vernunft durch ihre Selbstobjektivation in diesem Prinzip stellt, ist zugleich der Punkt bezeichnet, an welchem sich eine philosophische Theologie ansiedeln kann.

Auf Plotin geht eine maßgebende Tradition von Bildern und Modellen zurück, von welchen das metaphysische Denken seither zur Bewältigung des Problems Gebrauch gemacht hat. Bei ihm begegnet z. B. die platonische Relation von Urbild und Abbild bzw. Nachahmung.[23] Die denkenden Vernunftwesen werden ebenso wie die vielen Sachen als sich in die Zeit hinein entfaltende Gestalten verstanden, die sich aus dem „Einen" ableiten. Das Verhältnis des Einen zum Mannigfaltigen wird außerdem durch das Bild der „Quelle" bestimmt. Auch das Bild des Samens begegnet, der unteilbare, einfache und punktuelle Einheit ist, aus der sich die Vielheit als aus ihrem Ursprung entfaltet.

In dieser Tradition entstand auch der Gedanke der „Emanation", demzufolge die Welt durch ein Austreten aus der ur-sprünglichen

[23] Hierzu besonders: Plotin über Ewigkeit und Zeit (Quellen der Philosophie, Frankfurt 1967), Einleitung von Werner Beierwaltes, S. 11/12; vgl. auch Krämer, H. J., Der Ursprung der Geistmetaphysik, Amsterdam 1964. Für den ganzen Abschnitt vgl. ferner: Heimsoeth, H., Atom, Seele, Monade. Historische Ursprünge und Hintergründe von Kants Antinomie der Teilung, Wiesbaden 1960; sowie ders., Die sechs großen Themen der abendländischen Metaphysik und der Ausgang des Mittelalters, 5. Aufl., Darmstadt 1965.

punktuellen Einheit entstanden sei.[24] Die in der Bildkonsequenz der „Quelle“ enthaltene Vorstellung, daß die Mannigfaltigkeit durch ein „Überfließen“ bzw. „Ausfließen“ entstanden sei, wird in der späteren Tradition neuplatonischen Denkens etwa bei Kepler begegnen, der davon spricht, daß die Linie durch „Ausfluß“ aus einem Punkt entstanden sei.[25] Die große Tradition geometrischer Modellisierung des Problems: absolute Einheit — Vielheit hat bei Plotin ihre Hauptquelle. Da Plotin diese Frage zunächst auf der Ebene der rein intelligiblen Entfaltung der Vielheit aus der Einheit verfolgt, bietet sich ihm das geometrische Vokabular des Kreismittelpunktes bzw. Kugelmittelpunktes an, von dem die Radien in unendlicher Anzahl zur Peripherie hin ausgehen. Das absolute „Eine“ sei der gemeinsame Mittelpunkt der Welt der Geister. Sekundär leitet er nach diesem Modell auch die erscheinende Körperwelt aus dem „Einen“ ab. Von dem Zentrum aus führen unendlich viele Strahlen zu der Peripherie dreier konzentrisch gelagerter Kugelflächen.[26] Die innerste dieser drei Kugeln sei unbewegt und bedeute die ewige Geisteswelt in ihrer geschlossenen Ganzheit. Die vielen sie durchlaufenden Radien seien die Ideen bzw. das Denkbare. Die sie umgebende Kugel bedeute die Weltseele, aus deren Einheit sich jeweils die Einzelseelen ausgliedern. Die äußerste Sphäre zerfalle in getrennte Stücke: sie stelle die Vielheit der sinnlichen Körper in ihrer Zersplitterung dar, wobei auch die in sie eingehenden Einzelseelen aus ihrer ursprünglichen Einheit in die Vielheit dieser körperlichen Stücke herausgerissen werden.

Die innerste Kugel sei geistiger Art: sie habe mit dem Raum nichts zu tun und weise daher keine bestimmte Größe auf. Sie ist Idee der inneren Einheit, Gleichheit und vollendeten Ganzheit. Die Ur-einheit Gott sei in der Vielheit der Welt gegenwärtig: er sei überall und zugleich nirgends, weil er auf keinen einzelnen Raumpunkt festgelegt werden darf. Er sei das innerste Zentrum von allem, unteilbar, unräumlich und unzeitlich (ewig) und absolutes Maximum nicht nur der Größe, sondern der „Kraft“. Hier begegnet der metaphysische Begriff

[24] Daß die Auffassung Plotins selbst nicht in die Richtung der Emanation weist, zeigt Beierwaltes in der erwähnten Einleitung, S. 18 ff.

[25] Hierzu mein Buch: Philosophie der Beschreibung, Köln/Graz 1968, S. 137.

[26] Vgl. Dietrich Mahnke, Unendliche Sphäre und Allmittelpunkt, Beiträge zur Genealogie der mathematischen Mystik, Halle/Saale 1937, S. 215 ff.

der Kraft an früher Stelle; Kraft ist Vermögen des die Vielheit durchdringenden Einigens. Die Kugel sei das „Eine", das gewissermaßen sein eigenes Gegenteil, die Vielheit und Unendlichkeit dem Vermögen nach in sich hat. In diesem Zusammenhang hat auch die Lichtmetaphorik Plotins und des Neuplatonismus ihre große Tradition entfaltet. Plotin spricht von der Weltsonne mit ihrer ewig unwandelbaren Leuchtkraft. Ihre Strahlen erhellen und beleben sämtliche Himmelssphären und Weltkörper. In die vom Mittelpunkt am weitesten entfernte äußerste Sphäre wird die zerstreute Materie verwiesen, deren einzelne Stücke gleichsam wie viele Metallspiegel das zu ihnen noch immer durchgedrungene Licht zurückwerfen. Im Umkreis solcher Modelle konnte sich, wenn auch nicht bei Plotin, die pantheistische Philosophie entfalten, die das Räumliche und Zeitliche zum Attribut der *einen* Substanz werden läßt, wie es etwa bei Spinoza in voller Konsequenz geschieht. Die Vielheit der Einzelseelen wie auch der körperlichen Dinge wird bei ihm als bloße Modifikation der *einen* Substanz interpretiert, die allein für sich Selbständigkeit beanspruchen kann. Aber auch die Gegenposition, nach der unendlich viele Individuen in ihrer Selbständigkeit anerkannt werden, hat im Umkreis der geometrischen Modellvorstellungen vom Zentrum der Kugel und ihrer Entfaltung in die Peripherie einen Platz. Jedes Individuum ist nach Leibniz eine Welt für sich: es ist ein „Spiegel" des Ganzen. Es verdankt seinen individuellen Charakter dem einzigartigen »point de vue«, von dem aus es das *eine* Ganze spiegelt. Die Rede von Stand und Perspektive gewinnt in diesem Sprech- und Denkzusammenhang ihren Anschluß an den Gedanken des Kreismittel-punktes, den jeweils ein Individuum behauptet, um von ihm aus seine „Welt" am Leitfaden der unendlich vielen Radien, die zur Peripherie des Kreises bzw. der Kugel verlaufen, vorzustellen.

Dazu gehört das Modell der punktuellen Lichtquelle, von der aus die Strahlen in alle Richtungen des Raumes hinaus sich ausdehnen. Es liegt nahe, diesem Modell gemäß das Wesen des Denkens auszulegen, dessen Tätigkeit darin besteht, die Vielheit des in Zeit und Raum Begegnenden durch Name und Begriff zusammenzunehmen und zur Einheit zu bringen.

Der Kusaner hat durch seine Perspektivenlehre und Theorie vom Stande des Wissens die geistige Landschaft vorbereitet, innerhalb derer nach ihm die Vernunft ihre Erfahrungen mit der neuen Denkart in den Naturwissenschaften und ihrem Verhältnis zur Metaphysik gemacht hat. Auf dem geschichtlichen Weg dieser Erfahrungen der Vernunft ist auch Leibniz zu einem Stande gelangt, von dem aus er schärfer und sicherer als der Kusaner Stand und Perspektive des einzelwissenschaftlichen Denkens von demjenigen der Metaphysik absondern und beide aufeinander beziehen konnte. Ihm lag die Bedeutung der Erfahrung vor Augen, welche die neuzeitliche Vernunft durch den Schritt des Kopernikus gemacht hatte.

6. Das Prinzip des monadischen »point de vue«

Die metaphysische Frage spitzt sich bei Leibniz auf das Problem zu, wie es zu begreifen ist, daß sich die Dinge der Welt aus ihrem eigenen Wesen heraus so vereinigen, daß die Individualität und Freiheit eines jeden erhalten bleibt. Die Antwort lautet: Einigung geschieht gerade auf Grund der Individualität. Die Dinge sind von sich aus nicht vernunft- und sprachfremd, sondern sind sprechende Spiegel der Welt. Deshalb beruft er sich wie Nikolaus von Kues und Bruno auf den Begriff der Monas und des „wahren" Atoms. Als „materielles" Atom bezeichnet er das Demokritische, welches in der neuzeitlichen Naturwissenschaft z. B. durch Boyle und Gassendi zu neuen Ehren gekommen war. Aber Leibniz fordert ein „metaphysisches" Atom. Er nennt es auch das „wahre" Atom, welches er als Grund aller materiellen Atome und deren Zusammensetzung auffaßt. Das wahre bzw. metaphysische Atom darf nicht als körperlicher, kleiner Baustein gedacht werden, an dem sich andere körperliche Elemente zum Aufbau eines wahrnehmbaren Gegenstandes anzufügen hätten. Vielmehr ist es Stand-Punkt des Denkens, der selbst der wissenschaftlichen Sprache und den von ihr produzierten Modellmöglichkeiten, zu denen auch das materielle Atom gehört, zugrunde liegt. Wenn Leibniz das deshalb auch als „formal" bezeichnete Atom als „wahres" gegen das materielle ausspielt und letzteres als symbolisches Abbild des ersteren auffaßt, wenn er die Eins-heit gegen den bloßen Schein des Eins-seins konfrontiert, der in Wahrheit „Aggregat" ist, dann wird deutlich, daß er der metaphysischen Vernunft die Aufgabe zumutet, das physikalische Denken und dessen Einheitsleistung zu überholen und zu überbieten. Dieses Denken hat es mit „Phänomenen" zu tun, die Metaphysik aber will diese Phänomene auf die sich in ihnen spiegelnde Sache selbst, auf die „Realität" zurückführen, die ihr Fundament in der Monade bzw.

dem „wahren" Atom hat. Das metaphysische Denken will den wahren Stand-Punkt herstellen, in welchem zugleich die Wahrheit des Stand-Punktes selbst erkannt wird. Leibniz spricht vom »point de vue«.[27]

Ergibt sich so der Anlaß, im Sinne von Leibniz zwischen zwei Sprachen, der des natürlichen Bewußtseins, an dem auch die Physiker teilhaben, und der metaphysischen zu unterscheiden, so wird ein wesentlicher Zusammenhang mit der kopernikanischen Wende deutlich. Wie sich gezeigt hat, vollzog sich in ihr ein Übergang über Grenzen, die uns durch unsere unmittelbare natürliche Existenz angeboten werden. Dementsprechend reden wir in der unmittelbaren und uns selbstverständlich gewordenen Sprache des Lebens davon, daß es z. B. Zufall und blindes Glück gebe. Diese Rede entspreche aber, wie Leibniz erklärt, einem subalternen Standpunkt des Denkens und Sprechens sowie seiner Zwecke und Horizonte. Vollzieht aber das Denken einen Übergang zu einem überlegenen Standpunkt der Reflexion, dann wird es die Rede von Glück und blindem Zufall überholen und der Einsicht Raum geben, daß alles, im „Grunde" genommen und von der philosophischen Vernunft beurteilt, in einem notwendigen Zusammenhang stehe, so daß es in Wahrheit weder blindes Glück noch Zufall gibt.[28] Die Rede von Zufall muß auf einen alltäglichen Standpunkt des Sprechens und Denkens verwiesen und darf nur unter metaphysischer Kontrolle erlaubt werden. Sie darf unter dem kritischen Vorbehalt ihrer Uneigentlichkeit weiter bestehen, so wie uns der subalterne Standpunkt unserer irdischen Leibexistenz die Rede nahelegt, die Sonne gehe im Osten auf und im Westen unter, obwohl wir es eigentlich seit Kopernikus besser wissen. Im Hinblick auf solche Situationen des Redens, zu denen z. B. auch das Sprechen der Einzelwissenschaften von kausaler Einwirkung eines Körpers auf einen von ihm verschiedenen, vom Atom und dem Leeren, von äußeren Einflüssen auf die

[27] Ein entsprechender metaphysischer Ansatz, in welchem die Dinge der physischen Welt monadisch als sich sprachlich und vernünftig entfaltende „events" mit ihrem Hof von Perspektiven begriffen werden, begegnet bei Whitehead in: Process and Reality, An Essay in Cosmology, Gifford Lectures 1927—28, New York 1941.

[28] Vgl. auch meine Abhandlung: Subjektivität, Fundament der Erkenntnis und lebendiger Spiegel bei Leibniz, ZfPhilForsch Bd. XX, H. 3/4, S. 471 bis 495; ferner: Das Labyrinth der Freiheit, Akten des Internationalen Leibniz-Kongresses, Wiesbaden 1968.

Monade usf. gehört, bringt Leibniz eine allgemeine Devise zur Geltung: „... und ich glaube, daß man sich nicht von der allgemeinen Redeweise ausschließen solle, die sich auf den Schein bezieht, etwa in der Art, in der die Kopernikaner im Stil des Volkes über die Bewegung der Sonne reden; in ähnlicher Weise reden wir über Zufall und blindes Glück."[29]

Es gibt nach Leibniz einen Standpunkt des Redens, der sich am „Schein" orientiert. Er wird vom metaphysischen Denken über-gangen, das sich auf einen neuen überlegenen Standpunkt stellt, den alten Stand der Kritik unterwirft und ihn zugleich innerhalb seiner Grenzen rechtfertigt. Die Metaphysik leistet nicht nur eine Entlarvung des Scheines, sondern stellt auch den Grund der Scheinbildung und des Irrtums fest, den sie von dem Standpunkt, der den Blick auf die Sache selbst eröffnet, zu erkennen vermag. Wie Platon sieht es Leibniz als Aufgabe der Metaphysik an, die Phänomene zu retten: zu diesem Zwecke sichert er ihnen ein Fundament und spricht vom phaenomenon bene fundamentum. Wir reden über die Erscheinung vom Standpunkt des subalternen Alltagsdenkens aus so, als sei sie ein gegenüber dem Grunde, auf dem sie in Wahrheit ruht, selbständiges Ding. Der wahre Stand aber, den das Denken ihr gegenüber einzunehmen hat, läßt erkennen, daß sie in Wahrheit auf dem Grunde der denkenden, sprechend und handelnd hervorbringenden, substantiellen Monade ruht und daß sie Realität nur relativ auf diese zu beanspruchen vermag. Auch der Physiker spricht das Objekt, mit dem er messend, experimentierend, rechnend umgeht, als Sache von selbständiger, dinglicher Realität an. Die Metaphysik habe diese Denkweise zu überholen. Sie übe von ihrem überlegenen Standpunkt, von dem aus sie die Sache selbst in den Blick bekommt, Kritik am unechten Realismus des Physikers. Zugleich aber rechtfertigt sie dessen Denken und Reden, indem sie es an den ihm angemessenen Standpunkt zurückführt und auf ihn relativiert. So fällt schon bei Leibniz der Metaphysik auch die Aufgabe einer kritischen Entlarvung ungerechtfertigter Ansprüche wissenschaftlichen Denkens und Sprechens und sogar auch eigener metaphysischer Ansätze zu.

[29] Brief an Des Bosses, Philosophische Schriften Bd. II, S. 300 (Ausgabe Gerhard).

7. Die Vollendung des Kopernikanischen Standes bei Kant

Eine neue, revolutionäre Situation ergibt sich für die Deutung der Perspektivensituation bei Kant. In Kants Denken begreift sich die metaphysische Vernunft als geschichtliche Bewegung. Die metaphysische Vernunft hat in ihrer Geschichte jetzt eine Perspektive gewonnen, in der sich ihr in voller Deutlichkeit zeigt, zu welcher Gestalt sie sich durch ihre eigene kopernikanische Wende entwickelt hat. Durch ihren Wortführer Kant gibt sie sich jetzt nicht mehr wie im Denken des Theorationalismus[30] die Rolle des infolge seines leiblichen Einschlags getrübten Abbildes eines Urbildes, welches die göttliche Vernunft ist. Das „Subjekt" leitet Möglichkeiten seines metaphysischen Denkens nicht aus dem Geschenk ab, das ihm der göttliche Schöpfer in der Form eingeborener Ideen gegeben hat. Vielmehr macht sich die Vernunft selbst-ständig, behauptet den Stand der Freiheit und übernimmt von ihm aus in Freiheit den ihr von der Natur zugewiesenen leiblichen Stand, nimmt den leiblichen Einschlag ihrer Erkenntnissituation, z. B. in Gestalt der sinnlichen Anschauung, als positive, unserer menschlichen Existenz angemessene Erkenntnisquelle an und entwirft selbst die Gesetzgebung desjenigen Bereiches, innerhalb dessen wissenschaftliche und metaphysische Erkenntnis und deren Gegenstände möglich sind. Das metaphysische Denken gibt sich als kritische Metaphysik selbst den Charakter menschlicher Subjektivität und weist sich Standpunkte und Perspektiven an, denen jeweils entsprechende Denk- und Erkenntnismöglichkeiten zugeordnet sind.[31] So verweist sie diejenige Leistung, welche Kant als „Erkenntnis" bzw. „theoretische" Einsicht anspricht, in die Grenzen, innerhalb deren die Perspektive „möglicher Erfahrung" bestimmend ist. Innerhalb dieses Bereiches möglicher Erfahrung verweist die kritische Philosophie das menschliche Subjekt an

[30] Das „theorationalistische" Erkenntnismodell geht von folgenden Voraussetzungen aus: 1. Gott hat den menschlichen Verstand mit eingeborenen Ideen versorgt. 2. Diese Ideen sind Bilder göttlicher Gedanken. 3. Auf Grund ihrer gibt es eine apriorische, metaphysische Erkenntnis der Prinzipien des Seienden: diese ist durch Gott vermittelt.

[31] Zum folgenden vgl. meine Darstellung „Immanuel Kant" (Sammlung Göschen), Berlin 1969. Zum Problem des kopernikanischen Standes vgl. H. Blumenberg, Kopernikus im Selbstverständnis der Neuzeit, Mainz 1965 und ders.: Die Legitimität der Neuzeit, Frankfurt a. M. 1966.

seinen leiblichen Stand, vermöge dessen es die Gegenden und Richtungen seines Weltraumes von seiner Standmitte aus nach oben, unten, rechts und links usf. gliedert und jeden möglichen Gegenstand von vornherein durch sinnliche Anschauung a priori als räumliches Neben, Unter, Über usf. und als zeitliches Vorher vor aller Erfahrung bestimmt. Zugleich geschieht ein Übergang zum „Stande" des Verstandes, der jetzt die Rolle des Gesetzgebers für den Bereich möglicher Erfahrung übernimmt. Er macht es möglich, a priori vom „Gegenstand überhaupt" zu reden und diesen durch Gesetzgebung in allgemein gültige und notwendige gesetzliche Zusammenhänge einzubauen. Die „Vernunft" aber ist Domäne von Ideen wie Freiheit, Unsterblichkeit der Seele und Gott: sie ist zugleich die kritische Instanz, welche als metaphysisches Denken die Grenzen der möglichen Erkenntnis festlegt und Regeln für die richtige Interpretation der eigenen Ideen angibt. Indem das Denken jedoch seine Erkenntnisfunktion in den Bereich sinnlicher Anschauung eingrenzt, schreitet es zugleich über diese Grenze hinaus, wobei es eine Welt objektiver Gegenständlichkeit begründet. Es erweist sich als gesetzgebend, insofern es die Verfassung eines objektiven Bereiches von vornherein bestimmt, innerhalb dessen Gegenstände und Erkenntnis dieser Gegenstände möglich sind. So nimmt es den Standpunkt des gesetzgebenden und die Verfassung der allgemeinen Natur entwerfenden Verstandes ein. Aber auch über diesen Standpunkt geht die metaphysische Vernunft wiederum hinaus, indem sie sich selbst die Aufgabe stellt, den unbedingten Anfang und Abschluß der Reihe aller endlichen Erkenntnisgegenstände zu denken. Als kritische Metaphysik versagt sich die Vernunft in diesem Bereich den Anspruch von „Erkenntnis". Die Aussagen der traditionellen Metaphysik, bei denen es um die Welt im Ganzen, um Freiheit, Gott, die Unsterblichkeit der Seele geht, dürfen, so erklärt die metaphysisch-kritische Vernunft, vom theoretischen Denken nur in negativer Hinsicht verstanden werden: von dem jetzt eingenommenen kritisch überlegenen Standpunkt aus erkennt sie, daß sich diese Aussagen nur auf Denkmöglichkeiten, aber nicht auf Wirklichkeiten beziehen können, da sie nicht an anschaulich gegebenen Realitäten nachprüfbar sind. Aber die Vernunft geht auch über den Stand theoretischen Denkens zu demjenigen der praktischen Freiheit über, von dem aus sie die *Wirklichkeit* der Freiheit und der hierzu gehörigen moralischen Weltordnung „in praktischer Absicht" zu begreifen vermag: d. h., daß die hier gültige Hermeneutik nicht von theoretischen Voraussetzungen des Beweisens und des theoretischen Ist-Sagens, sondern vom praktischen Stand-Punkt aus bestimmt wird.

In diesem Zusammenhang wird der Terminus „Punkt" einerseits als Endpunkt einer gedanklichen Bewegung verstanden, andererseits zugleich auch als Einheits- und Keimpunkt für eine Explikation einer seiner Perspektive entsprechenden „Welt". Weltbegriff und Punktbegriff fallen hier zusammen. Die „Welt" der moralischen Ordnung ist ein intelligibler Bereich; er unterscheidet sich von der Welt der Erscheinungen. Der Unterschied aber kann nicht innerhalb des Denkens der sensiblen Sphäre selbst gemacht werden, ist also keine Sache des einzelwissenschaftlich beweisenden Verstandes. Vielmehr kann er nur von demjenigen Stand vollzogen und begriffen werden, welcher durch Hinausgehen über die Grenze des einzelwissenschaftlichen Verstandes gewonnen wurde. Er ist zugleich ein Punkt[32], aus dem sich der Reichtum der intelligiblen Welt entfaltet. Vom Denken der intelligiblen Welt sagt demgemäß Kant, daß ihr Begriff „nur ein *Standpunkt*" sei, den „die Vernunft sich genöthigt sieht, außer den Erscheinungen zu nehmen, *um sich selbst als praktisch zu denken* . . .".[33] D. h.: Aussagen über diese Welt können nicht im System theoretischer Sätze vorkommen, da es in diesem Bereich kein „Beweisen" und auch kein „Widerlegen" gibt. Es bedarf einer anderen Bewegung als derjenigen des Verstandes, der von ersten Sätzen nach Gesetzen des Syllogismus vorangeht, um zu Konklusionen zu kommen. Vielmehr wird der Begriff einer „intelligiblen Welt" nur als Über-gang, als Grenzüberschreitung des Denkens, d. h. als neuer „Standpunkt" realisierbar sein. Die sich als frei im praktischen Sinne bzw. als wirkliche Freiheit auslegende Vernunft darf sich nicht theoretisch erkennen wollen, sondern muß Aussagen über ihre Freiheit kritisch als begriffliche Auslegung ihrer eigenen Tathandlung des Standpunktnehmens interpretieren. Nur weil sie sich frei betätigt, kann sich die Vernunft als frei ansprechen, indem sie sich bewußt auf den Standpunkt dieser ihrer getanen Freiheit stellt. Die intelligible Welt sei „nur" ein Standpunkt,

[32] Vgl. meine Abhandlung: Der Begriff des Standpunktes im Zusammenhang des Kantischen Denkens, in: Archiv für Philosophie, Bd. XII (1962), S. 14 ff.

[33] Kants Gesammelte Schriften, hrsg. v. d. Königlich Preußischen Akademie der Wissenschaften, Berlin 1910 ff., Grundlegung zur Metaphysik der Sitten, Bd. IV, S. 458. (im folgenden wird nach dieser Ausgabe zitiert als: Gesammelte Schriften, Bd. u. S.).

bedeutet, daß mit diesem Namen kein Bereich erkennbarer und beweisbarer Gegenstände bezeichnet ist. Derartige Gegenstände stehen in dem Stande der gegenseitigen Bedingtheit, während in der intelligiblen Welt Unbedingtheit herrscht. So besteht zwischen der Welt der Erscheinungen und derjenigen der praktischen Freiheit eine Grenze, so daß ein Sprung nötig ist, wenn man von der einen Welt in die andere gelangen will. Dieser Sprung ist so zu verstehen: in der praktischen Sphäre treten „Sachen" auf, welche dem Denken, das dem mundus sensibilis zugewandt ist, nicht erreichbar sind.

Wir sind nicht fähig, eine positive theoretische Vorstellung von Freiheit zu fassen, sondern existieren in selbstbewußter Weise als Freiheit, um zu den Dingen und in anderer Weise zu den Personen in die Relation der Freiheit zu treten. Unsere Vernunft faßt nicht nur die Idee der Freiheit, sondern steht auch handelnd auf dem Boden der Freiheit. Insofern *ich* handle, vollziehe ich eine Existenz, welche Freiheit ist und sich selbst als Freiheit begreifen muß. Die Freiheit ist nicht bloß ein gedanklicher Inhalt, keine bloße Idee, sondern *Wirklichkeit.* Diese Wirklichkeit gehört freilich nicht dem Bereich der Erscheinungen, sondern dem der praktischen Verfassung des Subjekts an und kann nur von der praktischen Vernunft „erkannt" werden. Sie ist Wirklichkeit eigener Art. Nur vom Stande der Freiheit selbst kann über sie als Wirklichkeit gesprochen und gedacht werden. „Ein jedes Wesen, das nicht anders als *unter der Idee der Freiheit* handeln kann, ist eben darum in praktischer Rücksicht *wirklich* (kursiv vom Verfasser) frei, d. i. es gelten für dasselbe alle Gesetze, die mit der Freiheit unzertrennlich verbunden sind, eben so als ob sein Wille auch an sich selbst und in der theoretischen Philosophie gültig für frei erklärt würde."[34] Wie auch an anderen Stellen, drückt hier das „als ob" das hermeneutische Vorzeichen aus, welches den unangemessenen Anspruch des theoretischen Standpunktes, in seiner Perspektive über Freiheit im Sinne des Ist-Sagens zu reden, kritisch paralysiert. Das „als ob" gibt eine hermeneutische Anweisung dafür, wie eine von diesem Stande aus gemachte metaphysisch-praktische Aussage in Wahrheit gelesen werden muß, um vor dem Standpunkte der praktischen Vernunft zu bestehen und nicht gegen die Devise der kritischen Standpunktlehre Kants zu verstoßen.

Das kritische Werk Kants kann auch als Kritik des gedanklichen Standes und seiner Perspektive angesprochen werden. Man kann die

[34] Gesammelte Schriften, Bd. IV, S. 448.

Lehre, welche aus ihr für die Theorie des Standpunktes und seiner Perspektive zu ziehen ist, auf folgende Formel bringen: die Vernunft hat in der Verwaltung ihrer Standpunkte und der zu ihr gehörenden Perspektiven so zu verfahren, daß sie in keinem Falle einem bestimmten Stande mit seiner ihm zugehörigen begrenzten Perspektive erlaubt, auf solche Gegenstände die Maßstäbe seines Denkens und Sprechens zu übertragen, die der Perspektive eines anderen Standes angehören. So kann über die Wirklichkeit der Freiheit nur mit einer „Gewißheit" gesprochen werden, welche sich auf *praktisches* Erkennen gründet: andererseits ist diese Gewißheit wiederum so beschaffen, daß sie derjenigen der theoretischen Vernunft völlig gleicht, so daß unter dem Vorbehalt der Stand- und Perspektivenkritik über diese Freiheit und ihre Wirklichkeit so gedacht und geredet werden kann, „als ob" sie theoretisch beweisbar wäre.

Kant sieht es als Aufgabe seiner Kritik an, die Vernunft mit sich ins reine zu bringen und ihr einen Weg anzuweisen, auf welchem sie ihre eigenen Ideen richtig verstehen und deuten kann. In der „transzendentalen Dialektik" geht es darum, die Selbstmißverständnisse, welche sich die Vernunft in der Gestalt bisheriger metaphysischer Theorien hat zuschulden kommen lassen, durch eine Perspektiven- und Standpunktkritik zu bereinigen. In ihr wird deutlich gemacht, wie ein Philosoph, der sich auf den Stand des dogmatischen Verstandes stellt, solche Ideen wie diejenige der „Welt" im Ganzen, der Freiheit, der Gottheit usw. mißverstehen *muß*, wenn er sie als Ergänzungen und Vollendungen auf der Gedankenlinie sucht, die das einzelwissenschaftliche Denken am Leitfaden der Erscheinungen entlang hergestellt hat. Die dogmatische Vernunft der bisherigen Metaphysiker bedenkt nicht, daß es eines Übergangs zu einem anderen Stande des Denkens bedarf, um z. B. die Möglichkeit der menschlichen Freiheit denken zu können, ohne das Verstricktsein des Menschen in die kausale Notwendigkeit der Natur leugnen zu müssen.

Charakteristisch in dieser Hinsicht ist die Behandlung der dritten Antinomie der reinen Vernunft, deren Thesis lautet, daß neben der Kausalität der Natur auch noch eine Kausalität durch Freiheit zur Erklärung der Erscheinung der Welt nötig sei. Die Antithese dagegen besagt, daß keine Freiheit existiert, sondern alles in der Welt nach Notwendigkeits-Gesetzen der Natur geschehe.[35] Die Lösung dieser

[35] Kritik der reinen Vernunft B 472 ff., Gesammelte Schriften, Bd. III, S. 308 ff.

Antinomie erfolgt nach der Methode der Stand- und Perspektivenkritik. Die Antinomie ist für die Existenz desjenigen Wesens charakteristisch, welches einerseits der intelligiblen Welt angehört, insofern es als „Ding an sich selbst" *Handlungen* vollzieht, andererseits aber auch als leibliche Existenz Erscheinung ist, die *Wirkungen* in der Erscheinungswelt hervorbringt und zugleich auch selbst erleidet. Als Erscheinung ist der Mensch Glied einer Kausalkette, die nach Vergangenheit und Gegenwart ins Endlose verläuft. Aber als einem selbständigen Wesen muß man ihm transzendentale Freiheit zugestehen: d. i. er muß eine erste, von einer vorhergehenden Ursache nicht bedingte Ursache sein und seine Wirkungen in der Sinnenwelt von *selbst* anfangen können, ohne Wirkung einer anderen Ursache zu sein. Das Wesen Mensch ist einerseits ein *Selbst,* andererseits ist es Natur. Beide Aussagen, These und Antithese, sind berechtigt: nur ist der *Stand,* von dem aus eine jede ausgesprochen wird, verschieden. Ich kann z. B. die Perspektive der Natur-Zusammenhänge oder diejenige der praktischen Welt, also der Freiheit, wählen. So ist es möglich, einerseits die Aussage des Naturforschers und Mediziners über den Menschen zu rechtfertigen, andererseits aber die Freiheit des Menschen zu retten. Am Menschen ist ein „empirischer Charakter" von einem „intelligiblen" in dem Sinne zu unterscheiden, daß er einmal als Erscheinung, das andere Mal als transzendentale Freiheit angesprochen wird. Kant verlangt von der Vernunftkritik, Vereinbarkeit der Vernunft mit sich selbst dadurch herzustellen, daß er das metaphysische Denken anweist, den verschiedenen Perspektiven gerecht zu werden. Er fordert das metaphysische Denken dazu auf, sich im selbst-ständig vollzogenen Wechsel auf den jeweils einer Perspektive gemäßen Stand des Sprechens und Denkens einzustellen.

Stand- und Perspektivenüberlegungen gehören insofern zum gedanklichen Inventar der kopernikanischen Wende, als sie für die Erörterung des Bezuges zwischen Subjekt und Gegen-stand maßgebend sind. Kant selbst beschreibt die kopernikanische Wende in philosophischer Hinsicht so: bisher habe man angenommen, daß sich alle unsere Erkenntnis nach den Gegenständen richten müsse. Aber alle Versuche, über sie a priori etwas durch Begriffe auszumachen, „wodurch unsere Erkenntniß erweitert würde, gingen unter dieser Voraussetzung zunichte. Man versuche es daher einmal, ob wir nicht in den Aufgaben der Metaphysik damit besser fortkommen, daß wir annehmen, die Gegenstände müssen sich nach unserem Erkenntniß richten, welches so schon besser mit der verlangten Möglichkeit einer Erkenntniß derselben a priori zusammenstimmt, die über Gegenstände, ehe sie uns gegeben werden, etwas festsetzen soll".[36] Um apriorische Erkenntnis begründen und rechtfertigen zu können, dazu bedarf es einer Führung, welche die Vernunft sich selbst gibt und durch welche sie sich den rechten Stand den Gegenständen gegenüber anweist. Reine Vernunft vermag diesen durch ein „Experimentieren" im Zeichen der Selbstkritik mit sich selbst zu gewinnen und zu bewähren. Diese Bewährung findet in dem Maße statt, in dem es wie etwa im Bereiche der Freiheitsantinomie der Vernunft gelingt, durch eine Stand- und Perspektivenkritik Einheit mit sich selbst herzustellen und sich mit sich zu versöhnen.

Der Gedanke des subjektiven Standes führt auch zu dem der „Orientierung".[37] Im Bereich der Gegenstände, die nicht in das Territorium eigentlicher Erkenntnis, d. i. möglicher Erfahrung gehören und die un-bedingten Charakter zeigen, gibt es für das Denken keine „objektive" Orientierung, wie sie etwa durch die allgemeine, vom Verstande der Natur gegebene Gesetzgebung geleistet wird. Aber das „Bedürfnis" der Vernunft z. B. nach der Annahme eines höchsten Wesens wenigstens in „praktischer Absicht" ist ein subjektiver Grund für den vernünftigen Glauben daran. Durch ihn beweist die Vernunft nicht objektiv, sondern er veranlaßt sie, sich ihrer eigenen Wahrheit subjektiv gewiß zu werden: er gibt einen „Wegweiser" oder „Compaß" ab, „wodurch der speculative Denker sich auf seinen Vernunftstreifereien im Felde übersinnlicher Gegenstände orientiren, der Mensch von gemeiner, doch (moralisch) gesunder Vernunft aber seinen Weg sowohl in theoretischer als praktischer Absicht . . . völlig angemessen vorzeichnen kann; und dieser Vernunftglaube ist es auch, der . . . jeder Offenbarung zum Grunde gelegt werden muß".[38]

8. Stand und Perspektive in Hegels Phänomenologie des Geistes

Zu dem gedanklichen Repertoire einer Philosophie des Standes und der Perspektive gehört der Begriff des „Weges". Als ein Markstein in der Geschichte dieses Begriffes ist die Beschreibung anzusehen, die

[36] Kritik der reinen Vernunft B XVI, Gesammelte Schriften, Bd. III, S. 12.

[37] Was heißt: Sich im Denken orientieren? 1786. Gesammelte Schriften, Bd. VIII, S. 131 ff.

[38] a. a. O. S. 142.

Hegel von dem Gang des metaphysischen Denkens in der 'Phänomenologie des Geistes' gibt[39]. Er charakterisiert den subjektiven Stand des Denkens, von dem aus Erkenntnis möglich und wirklich ist, von der Seite seiner Geschichtlichkeit her. Hegel selbst versteht sich als Denker, dem ein bestimmter Stand im geschichtlichen Zusammenhang der Gestaltungen des Geistes eigentümlich ist. Er versteht ihn als ausgezeichneten Stand und baut die ihm sich eröffnende Perspektive auf die Geschichte des Geistes dadurch aus, daß er eine Darstellung der in einer notwendigen Folge sich entfaltenden Erscheinungen des Geistes gibt. Hegel faßt sein eigenes Denken als Instanz auf, in welcher die Geschichte der sich in Gestalten des Geistes verwirklichenden Vernunft ihr vorläufiges Ziel gefunden hat. Diese Geschichte begreift sich durch den Denker Hegel als Weg, auf welchem die denkenden und existierenden Subjekte die ihnen gemeinsame Vernunft entfalten und die geschichtliche Bewegung insofern auf dialektische Art vorantreiben, als sie sich gegenseitig überbieten und auseinandersetzen. Dabei gehen sie immer wieder über den gewonnenen geschichtlichen Stand hinaus, um einen ihm gegenüber „höheren" Standpunkt zu behaupten. Diese Situation, in deren Geschichtlichkeit er sich selbst einbezogen weiß, begreift Hegel auf folgende Weise: er reflektiert, daß sein eigenes Denken von einem Stande aus geschieht, welchen *die* Vernunft durch ihre geschichtliche Entwicklung erarbeitet hat. Er versteht sich als Sprecher einer „Gestalt" des Geistes, die der „Weltgeist" in der „langen Ausdehnung der Zeit" und der „ungeheuren Arbeit der Weltgeschichte" zustande gebracht hat, in welcher er den ganzen Gehalt seiner Substanz herausgestaltet hat. Auf diesem geschichtlichen Wege hat *die* Vernunft in ihrer Wirklichkeit, d. i. als „Geist", immer wieder die „Unmittelbarkeit" bezwungen und überwunden. In jeder der bisher durchlaufenen und gegenüber dem jetzt erreichten Stand untergeordneten Perspektiven hat sich das Denken als subjektive Vernunft einen Welt-stand angeeignet. Subjektive Vernunft hat sich zunächst von der allgemeinen, gemeinsamen Vernunft distanziert, ihr gegenüber entfremdet, um aber über diese ihre eigene Entfremdung und deren Begrenztheit wiederum hinauszugehen und sich in die allgemeine Vernunft auf-

[39] Im Sinne der Kategorien Stand, Perspektive usw. unterscheidet Hegel in der „Encyklopädie der philosophischen Wissenschaften im Grundrisse" drei „Stellungen des Gedankens" zur Objektivität (Vgl. Encyclopädie ..., hrsg. v. J. Hoffmeister, 5. Aufl., Leipzig 1949, S. 58 ff.).

zuheben. Ein jeweils erreichter subjektiver Stand ist Ergebnis solch einer geschichtlichen Bewegung, in der die Arbeit der bisherigen Vermittlungen selbst ihren unmittelbaren Niederschlag gefunden hat: zugleich ist er unmittelbare Instanz des Denkens der Welt einer geschichtlichen Perspektive gemäß.

Kategorien wie Bildung, Gestaltung, Erscheinung des Geistes treten in diesem Zusammenhang zu den Stand- und Perspektivenkategorien hinzu, insofern die Vernunft dadurch zur geistigen, erscheinenden Gestalt wird, daß sie sich selbst als subjektives Erkennen und für dieses plastisch herausgestaltet. „Die Bildung in dieser Rücksicht besteht von der Seite des Individuums aus betrachtet darin, daß es dieß Vorhandene erwerbe, seine unorganische Natur in sich zehre und für sich in Besitz nehme." [40]

Die Figuren, in denen sich die Entfaltung des Geistes [41] vollzieht, mögen, sofern sie unter der Thematik Perspektive und Standpunkt betrachtet werden sollen, am Modell des Dialogs erörtert werden. Der Dialog mag als kleine Geschichte betrachtet werden, die ein Ganzes ist, an welchem zwei Pole unterscheidbar sind. Einerseits treten hier Sprechende auf, von denen jeder einen subjektiven Stand behauptet, dessen Eigenart sich aus dem ganzen Zusammenhang der Dialoggeschichte ergibt. Jeder Teilnehmer des Dialogs tritt in dem Augenblick aus der übersubjektiven, gemeinsamen dialogischen Bewegung heraus, in welchem er unter dem Vorzeichen des „Ich sage" den „Andern" seine Meinung mitteilt und dabei seinen ihm eigentümlichen geschichtlichen

[40] G. W. F. Hegel, Sämtliche Werke. Jubiläumsausgabe in 20 Bänden, hrsg. v. H. Glockner, Stuttgart, Phänomenologie des Geistes, Bd. II, S. 23. (im folgenden wird nach dieser Ausgabe zitiert als: Sämtliche Werke, Bd. u. S.).

[41] Der metaphysische Begriff des „Geistes" ist aus demjenigen der allgemeinen, gemeinsamen „Vernunft" dadurch hervorgegangen, daß Hegel diese als geschichtlich im Medium der Substanz-Subjektspannung sich entfaltende *Wirklichkeit* in den Ansatz gebracht hat. So baut sich nach Hegel das System der Philosophie als Logik, Philosophie des Geistes und Philosophie der Natur auf. Im theorationalistischen System wurde eine immaterielle Substanz behauptet (z. B. die res cogitans des Descartes), die als „geistige" Wirklichkeit angesprochen wurde. Durch die Kritik Kants wird sie entrechtet: Kant sprach zwar von einer „Wirklichkeit" der Freiheit, aber nur „in praktischer Absicht". Die Um-deutung der intelligiblen Wirklichkeit der Freiheit in theoretisch faßbare, auch als Handlung sich ausdrückende *erscheinende* Wirklichkeit führte zum philosophischen Begriff des „Geistes", der seinerseits bei Hegel eine Philosophie des Geistes möglich machte.

Stand behauptet. Er erweist sich so als Subjekt, welches sich dem „Wir sagen" gegenüber vorübergehend entfremdet und sich als „Ich" dem „Ihr" gegenüberstellt: er erweist sich in dem Augenblick als Subjekt.

Die Dialogwirklichkeit beruht aber auch auf einem gemeinsamen, das Denken und den gedanklichen Stand der Teilnehmer tragenden Grunde, einem Zugrundeliegenden. Hegel spricht von „Substanz". Ich verwandle mich im Verlauf der Geschichte eines Dialogs, an dem ich teilnehme, indem ich durch die in dessen Geschichte waltende innere Notwendigkeit dazu herausgefordert werde, einen bestimmten Stand zu behaupten und eine Perspektive auszuleuchten, die mir vorher nicht begegnete Sachen erschließt. So erweist sich der Dialog als Übergang von einem Stande zum nächsten, als Aufsteigen auf einer Leiter. Der Steigende gewinnt immer höhere Sprossen und vermag von ihnen aus die tieferliegenden Standorte und deren Perspektiven zu überblicken, wie er seinerseits vielleicht Gegenstände in den Blick bekommt, die seiner Perspektive bisher verborgen waren. Die Sprossen werden ihm von der gemeinsam sich entwickelnden Vernunft dargeboten. Aber er sieht von seinem subjektiven Stande aus nun den Grund und die Notwendigkeit ein, weitersteigen zu müssen. Vollzieht er den weiteren Aufstieg, so treibt er damit weiterhin die allgemeine Geschichte des Dialogs, der er angehört, voran: seine substantielle Denkleistung geht in die allgemeine Dialoggeschichte und ihre innere Notwendigkeit ein. So ergibt sich, daß das Ganze des Dialogs sowohl einerseits Substanz, gemeinsame Grundlage ist, die sich geschichtlich entwickelt, andererseits aber zugleich auch Subjekt. Aus der Wirklichkeit der Substanz als dem Ganzen bezieht das Subjekt seinen Stand, den es aber nun weiterhin ausbaut, um auf die Entwicklung der Substanz zurückzuwirken. Es entfremdet sich als „Ich sage" zunächst von der Substanz, um sich dann wieder gegen sie aufzuheben und sich mit ihr zu versöhnen.

Die Substanz ist das Wirkliche des im Dialog sich geschichtlich entfaltenden Geistes, während sich die Subjekte in ihren Meinungen die Welt so vor-stellen, wie es der Konsequenz ihrer Weltperspektive entspricht. Das Vor-stellen der Subjekte geht selbst in dem Augenblick in die Wirklichkeit ein, in dem sie sich sprechend in die Substanz der gemeinsamen dialogischen Geschichte aufheben. So ist ein Kreislauf zwischen Wirklichkeit und Vor-stellung, Sein und Denken, Einheit und Entfremdung bzw. Entzweiung im Gange.

Es war von einem Aufsteigen auf der Leiter der Standpunkte die Rede. Dadurch sollte die geschichtliche Entwicklung z. B. eines Dialogs illustriert werden. Von da aus wird auch folgendes deutlich: Der Aufstieg von einer Sprosse der Leiter zur nächsten geschieht nicht grundlos durch einen willkürlichen Sprung, sondern deshalb, weil er aufgrund einer immanenten Notwendigkeit herausgefordert worden ist. In den Dialog gehe ich als in eine gemeinsame Bewegung von einem Stand-punkt aus ein, den ich als Teilnehmer dieses Dialogs einnehme und von dem aus ich „meine" Ein-sichten gewinne, die ich in den Gedankengang einbringe. Die Entwicklung des uns gemeinsamen und umfassenden dialogischen „Geistes", bzw. der Substanz, ist Geschichte. Hegel spricht auch vom „objektiven Geist". Überträgt man die Verhältnisse des Dialogs auf die Zusammenhänge des Hegelschen objektiven Geistes, dann erweist es sich, daß das Subjekt durch die Substanz getragen wird. Hegel spricht von seinem subjektiven und geschichtlichen Stande aus jede der ihm vorangegangenen geistigen Gestalten als jeweils das „Andere" an, über das er hinaus ist. Zugleich aber begreift er sich als Stand in der Entwicklung der „einen" wirklichen Vernunft, identisiert sich mit ihr und erkennt seine „Sich-selbst-Gleichheit" mit ihr. Er weiß, daß er Produkt der Entwicklung dieses „Ganzen" ist, welches er als das „Wahre" anspricht, und daß er von seinem individuellen Stande aus Stellung zu dieser Entwicklung selbst und ihrer Weiterführung in die Zukunft nimmt. Er vertritt die allgemeine Substanz in ihrer Funktion als Subjektivität. Er verhält sich als subjekive Rolle der Substanz, die sich bis zu der gegenwärtigen Höhe hinaufentwickelt hat. Die Vergangenheit dieser Substanz durchläuft „das Individuum, dessen Substanz der höher stehende Geist ist, in der Weise, wie der, welcher eine höhere Wissenschaft vornimmt, die Vorbereitungskenntnisse, die er längst inne hat, um sich ihren Inhalt gegenwärtig zu machen, durchgeht; er ruft die Erinnerung derselben zurück, ohne darin sein Interesse und Verweilen zu haben".[42] Es ist ein Gesetz der Paideia: „In dem Geiste, der höher steht als ein anderer, ist das niedrigere konkrete Daseyn zu einem unscheinbaren Momente herabgesunken; was vorher die Sache selbst war, ist nur eine Spur; ihre Gestalt ist eingehüllt und eine einfache Schattirung geworden."[43]

Das individuelle Subjekt wird vom objektiven Geist auf einen Stand hingestellt: als natürliche Existenz, die ein „unmittelbares" Dasein hat, findet es zunächst den Bildungsreichtum als etwas

[42] Sämtliche Werke, Bd. II, S. 22 f.

[43] a. a. O. S. 22.

ihm „Anderes", Neues vor, das es in seine eigene Natur ebenso aufzuarbeiten hat, wie der Organismus die zunächst ihm „unorganische Nahrung", die ihm dargeboten wird. „Die Bildung in dieser Rücksicht besteht von der Seite des Individuums aus betrachtet darin, daß er dieß Vorhandene erwerbe, seine unorganische Natur in sich zehre und für sich in Besitz nehme." [44] So wird es ihm zur zweiten Natur. Was in einer vorhergehenden Phase der plastischen Entwicklung des Geistes Gegenstand theoretischen und praktischen Bemühens war und von ihr erarbeitet werden mußte, das ist in einer geschichtlich folgenden perspektivischen Situation zur zweiten Natur, zur Selbstverständlichkeit geworden. Es gehört zur Verfassung des Denkens, das dem höheren, fortgeschrittenen und über das Bisherige hinausgegangenen Geiste zugehört. Der individuelle Geist findet sich selbst auf dem Weg der Vermittlung mit dem „anderen". Hegel bezeichnet diesen Prozeß als „dialektisch": er vollzieht sich als eine Kreisfigur.

Die dialektische Bewegung im Sinne dieser Figur kommt noch einmal in Gang, wenn das zur individuellen Subjektivgestalt herausgebildete Individuum von seiner Freiheit Gebrauch macht, das in seiner neuen Perspektive in den Blick Kommende zu verarbeiten und es hinwiederum der allgemeinen Substanz zurückzugeben. Auch in diesem Falle durchläuft der Gedanke die Figur der Entfremdung und Versöhnung.

Der einzelne müsse auch dem Inhalte nach die Bildungsstufen des allgemeinen Geistes durchlaufen: der Weg, den er dabei geht, ist schon „ausgearbeitet und geebnet". So wird der erreichte subjektive Stand für Aufgaben frei, die sich aus der gegenwärtigen Situation ergeben.

Anders als in der platonischen Theorie der Paideia werden von Hegel die überwundenen Phasen dieses Weges als notwendige Momente angesprochen, die zum Ganzen seiner Wahrheit gehören. Was in früheren Zeitaltern den Geist der Männer beschäftigt habe, sinke später zu „Kenntnissen, Uebungen und selbst Spielen des Knabenalters" herab. Das Fortschreiten auf dem Weg der Bildung, die in ihrem Kerne metaphysisch ist, lasse „wie im Schattenrisse" die nachgezeichnete Geschichte der „Bildung der Welt" erkennen. Das Individuum erwirbt in Freiheit von seinem fortgeschrittenen subjektiven Stande aus den ererbten Besitz, um jetzt frei für die Arbeit an neuen Erfahrungen des Bewußtseins zu werden. Metaphysik als „Wissenschaft" begreift diese „bil-

[44] a. a. O. S. 23.

dende Bewegung" und stellt den inneren notwendigen Gang der Aufeinanderfolge der Gestalten plastisch dar. In diesem Denken vollzieht sich die Wirklichkeit der auf dem neuen Stande angekommenen subjektiven Existenz.

Die „Darstellung" des bisherigen Weges der Geschichte geschieht selbst im Zeichen derjenigen dialektischen Struktur, die sich am wirklichen Inhalt des sich Darstellenden zeigt. Jede Stufe stellt sich als der die Entwicklung zwischen Substanz und Subjekt versöhnende und zur „Einfachheit" der sich durch Selbsterkenntnis realisierenden Substanz einigende Stand dar. Jedes Moment dieses Weges ist selbst eine „individuelle ganze Gestalt" [45]. Aber nur insofern eine entsprechende „Höhe" dieses Standes erreicht ist, verfügt das metaphysische Denken über eine Perspektive, die ihm das Begreifen des „Ganzen" und seiner eigenen Stellung als Wissenschaft möglich macht. Der substantielle Stand verfügt über ein seiner geschichtlichen Stufe entsprechendes „Eigentum", das er im Element der metaphysischen Wissenschaft nicht mehr zu erarbeiten braucht, es aber „erkennen" muß.

Das gewöhnliche Subjekt-Objekt-Modell kann in dem Falle, in welchem es um die philosophische Darstellung und Konstruktion des bisherigen Geschichtsverlaufes geht, nicht aufrechterhalten werden. In diesem Falle fungiert als „Objekt" die Substanz, von der der subjektive Charakter nicht getrennt werden kann. Die Substanz realisiert sich dadurch, daß sie sich reflektierend als Subjekt erkennt. Denke ich über die Substanz philosophierend nach, so geschieht eine Aufhebung meiner subjektiven Vor-stellung in die Bewegung der Substanz selbst, welche sich dadurch realisiert, daß sie sich in diesen Vorstellungen und durch sie selbst erkennt. Wählt der philosophierende Gedanke seinen Anfang bei der Substanz, so folgt er der Bewegung ihrer Verwirklichung über ihre Phase der durch die subjektiven Vorstellungen geschehenden Selbstentzweiung hinweg, die schließlich zur Selbstvereinigung führt. Weder der „Gegenstand" des metaphysischen Erkennens, der die Substanz ist, noch das Erkennen selbst können sich daher fest-legen. Sie finden keine Ruhe und Beharrung auf irgendeinem Punkte. Die Substanz bzw. der objektive Gegenstand geht in das Subjekt über wie auch das Subjekt den Weg in die Substanz zurückfindet. Die Bewegung des Übergangs, die das Subjekt über seine Grenzen des vorstellenden Denkens hinaus zur Substanz vollzieht, verwandelt auch

[45] a. a. O. S. 23.

den substantiellen „Gegenstand", zu dem ja das subjektive Tun gehört. Andererseits fällt die Entwicklung des Gegenstandes, die Bewegung einer Gestalt des Bewußtseins zur anderen, in den Bildungsprozeß des Subjekts. Denn was sich in den Subjekten entwickelt, ist im Grunde genommen von der Substanz in Gang gesetzt worden. Der „Gegenstand" bzw. die Substanz kommt dadurch zum Da-sein, daß er zum „Inhalt" der vom Subjekt herangebrachten Form des Erkennens wird. Er verändert sich im Prozeß und durch den Prozeß seines Erkanntwerdens, der zugleich eine Entwicklung fortschreitender Selbsterkenntnis ist. Daß die Subjektivität ihre Perspektive ändert, bedeutet zugleich, daß der Gegenstand die perspektivische Struktur umbildet, als die er existiert und in der er sich zeigt. Erkennen im Sinne der metaphysischen Wissenschaft kann vom Standpunkt des Gegenstandes und auch von demjenigen des Subjekts aus beschrieben werden. Das wird in der Theorie von der Erfahrung des Bewußtseins deutlich.

In der „Wissenschaft" werden die Erfahrungen des Bewußtseins, deren geschichtliche Folge als „Weltgeschichte" sichtbar wird, zum Begriff erhoben. Diese Erfahrungen präsentieren sich als erscheinende geschichtliche Gebilde, die für das begreifende Bewußtsein „da" sind. Die Wissenschaft von den Erfahrungen des Bewußtseins ist zugleich diejenige von der Geschichte der Gestaltung des Geistes, also Phänomenologie des Geistes.

Die Wissenschaft des geschichtlichen Weges, den die Substanz geht, sei diejenige „der *Erfahrung*, die das Bewußtseyn macht; die Substanz wird betrachtet, wie sie und ihre Bewegung sein Gegenstand ist".[46] Welcher Art ist der metaphysische Sinn dieser Erfahrung?

Die Erfahrung des Bewußtseins ist von derjenigen verschieden, die vom Beginn der neuzeitlichen Naturwissenschaft an maßgebend wurde und bei Kant ihren vollendeten begrifflichen Ausdruck gefunden hat. Dieses wissenschaftliche Erfahrungsprinzip geht darauf aus, sich die Objekte begegnen zu lassen und sie durch Beobachtung und Experiment kennenzulernen: zugleich aber auch den Zufall, der dabei waltet, zu überholen und den Begegnungen zuvorzukommen. So spricht Kant von der Gesetzgebung des Verstandes, durch welche dem Bereich möglicher Erfahrung von vornherein eine grundlegende Verfassung gegeben wird. Es handelt sich dabei um eine Erfahrung, die an Objekten statt-

[46] a. a. O. S. 28.

findet. Die Erfahrung des Bewußtseins dagegen besteht darin, daß die Kluft zwischen dem Subjekt und dem Objekt überwunden wird: der vom Subjekt eingenommene Erkenntnisstand, von dem aus das Subjekt seinen Gegenstand, der in diesem Falle die Substanz des Geistes ist, erkennt, erweist sich am Ende zugleich als der Stand dieser Substanz selbst. Denn das Subjekt stellt sich zwar erkennend dem Gegenstand, der Substanz gegenüber, nimmt sich aber zugleich auch notwendig in diese Substanz zurück: es gehört ihr an. Hat das Subjekt einen Erkenntnisstand gewonnen, dann ist es zugleich auch der Stand der Substanz, die der Gegenstand ist. Stand und Perspektive werden einerseits vom Subjekt behauptet, aber zugleich sind sie auch der Substanz in einem geschichtlichen Augenblick eigentümlich.

Die Hegelsche 'Phänomenologie des Geistes' war ursprünglich als Einleitung zu einem Werke mit dem Titel ›System der Wissenschaft‹ geplant. Das Unternehmen war metaphysisch. Als Wissenschaftslehre stellt die in dieser Weise verstandene Metaphysik die bisherigen Stufen des Wissens, also die Reihe der Gestalten des geschichtlich „erscheinenden Wissens" dar. So vollzieht sie die Erfahrungen noch einmal nach, welche die Vernunft in ihrer bisherigen geschichtlichen Entwicklung durchgemacht hat. Zugleich beansprucht sie, den eigentlichen Maßstab gewonnen zu haben, an dem sie das Überholte, Überwundene zu messen und zu prüfen vermag. Die bisherigen Stufen des Wissens müssen diesem Maßstab gemäß auf ihre Wissenschaftlichkeit hin geprüft werden. Diese Situation scheint es zu rechtfertigen, daß der Maßstab zunächst in das Subjekt der metaphysischen Erkenntnis selbst fällt, welches seine eigene Perspektive mitbringt. Aber die Natur des hier in Frage kommenden „Gegenstandes" zwingt das Denken, über diese subjektive Perspektive und den in ihr behaupteten Maßstab hinauszugehen. Da dieser Gegenstand die allgemeine Vernunft, die geistige Substanz, ist, der ich als denkendes Subjekt angehöre, verwandeln sich die von mir herangebrachten Maßstäbe in diejenigen der objektiven Vernunft selbst, welche jetzt die Führung des Prüfens übernimmt. Indem die Prüfung am Maßstab des Subjekts in Gang kommt, verändert sich zugleich die „Substanz", die das Subjekt absorbiert. Nicht das metaphysisch erkennende Subjekt wird *seine* Maßstäbe an den Gegenstand anlegen wollen, sondern es wird in dessen immanente Perspektive hineingezogen. Der objektive Geist trägt seine Maßstäbe an uns heran: kraft der inneren Notwendigkeit der Erfahrungsgeschichte selbst, welche einerseits Gegenstand, andererseits aber Subjekt der

Beschreibung ihrer eigenen Entwicklung ist. Der anfänglich gültige Maßstab, mit dem das Subjekt an das Objekt herantritt, wird durch den objektiven Maßstab der allgemeinen Vernunft überholt. Das „Ansich", welches Hegel auch „die Wahrheit" nennt, ist seinem Wesen nach ein sich selbst wissendes An-sich: ein An-und-für-sich sein. Während zunächst in der natürlichen Einstellung das Wissen als der Begriff und die Form, der Gegenstand aber als das Seiende und das Wesen rangiert, so kehrt sich jetzt die Perspektive um: jetzt rangiert sich das Wesen, bzw. das An-sich des Gegenstandes an die Stelle des Begriffs. So besteht die Prüfung darin, daß wir zusehen, ob der Gegenstand seinem eigenen Begriffe entspricht. Da der Gegenstand selbst die Natur des Begriffes annimmt und der zunächst im Subjekt gedachte und sich aussprechende Begriff in die Stellung des Gegenstandes hinüberwandert, ist das geläufige erkenntnistheoretische Subjekt-Objekt-Modell ebenso wie dasjenige der Unterscheidung zwischen Begriff und Gegenstand hier überholt. Das Ergebnis ist, daß es keinen Unterschied ausmacht, ob ich den Begriff am Gegenstand oder den Gegenstand am Begriffe prüfe und messe. Wir haben es nicht nötig, Maßstäbe mitzubringen und „*unsere* Einfälle und Gedanken bei der Untersuchung zu appliciren; dadurch, daß wir diese weglassen, erreichen wir es, die Sache, wie sie *an* und *für sich* selbst ist, zu betrachten".[47]

Im Grunde prüft die Vernunft sich selbst, und das philosophisch denkende Subjekt ist nur der Sachwalter dieser Prüfung.[48] Indem sich das metaphysisch denkende Subjekt in seinen „Gegenstand", den objektiven Geist, aufhebt, bringt es die Voraussetzungen zum Verschwinden, von denen her gesagt wird, daß das Wissen nicht „dahinter kommen zu können" scheint, wie der Gegenstand nur an sich und nicht für das Wissen ist. Denn diese Rede hat nur unter der Voraussetzung einen Sinn, daß der Graben zwischen Subjekt und Objekt endgültig bleibt.

Die Vernunft prüft sich selbst im Zeichen der Unterscheidung zwischen dem Wissen und dem Gegenstand für das Wissen. Die bei dieser

[47] a. a. O. S. 68 f.

[48] Der Unterschied zwischen dem am Subjekt-Objektmodell orientierten Denken der exakten Wissenschaft und dem dialektischen Denken ist auch Prinzip der in der Gegenwart im Bereich der sozialwissenschaftlichen Grundlagenforschung in Gang gekommenen Debatte um die Stellung des sozialwissenschaftlichen erkennenden Subjekts zu seinem „Gegenstande".

Unterscheidung gezogene Grenze freilich verblaßt und verschwindet wieder. Zeigt sich, daß sich in der Prüfung und Vergleichung beides nicht entspricht, so „scheint das Bewußtseyn sein Wissen ändern zu müssen, um es dem Gegenstande gemäß zu machen“.[49] Aber indem sich das Wissen verändert, verändert sich auch der Gegenstand selbst, da das metaphysisch denkende und wissende Subjekt zu diesem gehört. Auch der Gegenstand hält im Falle einer Wandlung des Wissensstandes nicht aus, weil er sich in eine neue Perspektive rückt. Mit der anderen Perspektive macht sich auch ein anderer Maßstab der Prüfung geltend: die Prüfung ist „nicht nur eine Prüfung des Wissens, sondern auch ihres Maaßstabes“.[50] Jede höhere Stufe des Wissens hat neue Perspektiven und neue Maßstäbe, welche denen, die jetzt überholt worden sind, überlegen sind. Die Bewegung des Übergangs über eine Stufe des Wissens zu einer ihr überlegenen läßt auch zugleich den neuen, wahren Gegenstand entspringen, insofern dasjenige, was bisher auf der Seite des Wissens stand, jetzt mit zum „Gegenstand“ zählt, dessen früher unzureichende Maßstäbe jetzt erkennbar werden. Diese Bewegung nennt Hegel „Erfahrung“[51]. Es ist von einer *„Umkehrung des Bewußtseyns“* die Rede[52]. Was zuerst als der „Gegenstand“ erschien, sinkt jetzt in den Augen des Bewußtseins zu einem Wissen von ihm herab. Der neue Gegenstand entsteht dadurch, daß das An-sich zu einem „für das *Bewußtseyn Seyn des Ansich wird*“. Dem auf Wissen ausgehenden Subjekt kommt jetzt der Gegenstand als eine Sache in den Blick, die ihm selbst zum Eigentum geworden ist. Einmal tritt das Subjekt als maßgebend auf, dann wieder spricht in ihm das Gemeinsame, der objektive Geist. Dieser Umstand ist es, der die Folge der Gestalten des Bewußtseins in ihrer Notwendigkeit leitet. „Nur diese Nothwendigkeit selbst, oder die *Entstehung* des neuen Gegenstandes, der dem Bewußtseyn, ohne zu wissen, wie ihm geschieht, sich darbietet, ist es, was für uns gleichsam hinter seinem Rücken vorgeht.“[53] „Unser“ Bewußtsein stellt sich einmal auf den Standpunkt des substantiellen An-sich, das andere Mal auf den des Subjekts, dessen Selbstaufhebung in die Substanz es beschreibt. Die Reihe seiner Gestaltungen, die das Bewußtsein

[49] a. a. O. S. 69.
[50] a. a. O. S. 70.
[51] a. a. O. S. 70.
[52] a. a. O. S. 71.
[53] a. a. O. S. 71 f.

auf diesem Wege durchläuft, sei die „ausführliche Geschichte der *Bildung* des Bewußtseyns selbst zur Wissenschaft".[54]

So vollzieht sich eine Geschichte der Veränderungen des „Gegenstandes", in welche laufend die Aktionen des erkennenden Bewußtseins eingehen. Indem das Bewußtsein im Vollzug dieser Geschichte immer neue Standpunkte und Perspektiven gewinnt, werden auch jeweils neue Phasen der Entwicklung der objektiven Vernunft zur Wirklichkeit. Das „Wissen" kommt im Zuge einer dialektischen Bewegung zustande, die von zwei Seiten her beschreibbar ist: einerseits kann vom subjektiven Stande ausgegangen werden, der sich aus der Negativität und Entfremdung in die Substanz der allgemeinen Vernunft zurücknimmt und sich als Gegenwart dieser Vernunft begreift. Andererseits ist von dem Stande dieser allgemeinen Vernunft auszugehen und darzustellen, wie sie sich als Substanz selbst zum Gegenstand wird, sich dabei entfremdet, um sich auf dem Wege über die von der Subjektivität in Gang gesetzte Entfremdung wiederzugewinnen. Im Vollzuge eines Übergangs von einer geschichtlichen Bewußtseinsgestalt zu einer ihr überlegenen verändert sich das Wissen, zugleich auch der Gegenstand und seine Perspektive. Dasjenige, was wir von einem Stande aus als „An-sich" ansprechen und behandeln, hintergeht uns so, daß wir erst vom nächsten, ihn überholenden Stand aus sehen, was in unserem Rücken vor sich gegangen ist: das angebliche echte An-sich stellt sich als ein solches heraus, was in Wahrheit nur „für uns" den Charakter des An-sich hatte. Der „Stand" überholt sich im Vollzuge der Geschichte des Geistes immer wieder, so daß überlegene Standpunkte gewonnen werden, von denen aus die überwundenen miteinander zu einem einzigen geschichtlichen Entfaltungszusammenhang vermittelt werden. Die objektive Substanz wird zum Subjekt und dieses zur Substanz. Sofern diese in der Rolle des „Gegenstandes" auftritt, bildet sie in sich immer neue Maßstäbe der Wahrheit aus, an denen sie sich selbst durch ihren Wortführer, das Subjekt, prüft. Am Ende wird der Stand der „Wissenschaft" gewonnen, von welchem aus sich die Vernunft als geschichtliche Wirklichkeit, als Geist begreift und sich in diesem Begreifen zugleich vollendet.

In der Hegelschen Philosophie ist die vernünftige Wirklichkeit zur letzten Konsequenz ihres Selbstwissens und damit zur Vollendung ihres Wesens vorgedrungen. Insofern bei ihm die Aufhebung der Bewe-

[54] a. a. O. S. 64.

gung des Denkens des menschlichen Subjekts als Instanz des Vorstellens in das Leben der wirklichen Vernunft geschieht, welche zugleich objektiver Geist ist, ist Hegel selbst Vollstrecker dessen, was er als dialektisches Wesen der Vernunft erkannt hat. Seine Denkerexistenz stellt die metaphysische Figur des Übergangs von der Subjektivität in den Zusammenhang des absoluten Geistes dar. Es ist ein Irrtum Hegels, zu glauben, daß dieser Stand auf dem Boden des absoluten Geistes Wahrheit und zugleich Wirklichkeit sei. Er ist gedankliche Konstruktion, die durch den Ausdruck der Vernunft herausgefordert worden ist, sich selbst zum Ganzen, Totalen zu vervollständigen. Kant hatte die Erkennbarkeit dieser Totalität unter Berufung auf die Situation des wahrnehmend-erfahrenden menschlichen Subjekts geleugnet. Das Absolute könne „in theoretischer Absicht" nur gedacht, nicht als Wirklichkeit erkannt werden. Anders sei die Lage im Bereich der praktischen Vernunft, die ihre eigene absolute Wirklichkeit selbst herstellt und sie, im Sinne „praktischer" Erkenntnis verstanden, auch *erkennt*. Hegel erhob den Anspruch einer theoretischen Erkenntnis absoluter Wirklichkeit. Dies mußte sich als Illusion erweisen, so daß das Denken nach einem anderen Grunde der Wirklichkeit suchen mußte. Es nahm Stand auf dem Boden entweder der politischen Praxis (Marx) oder auf dem der wissenschaftlichen Erfahrung (Positivismus) oder auf dem der Kunst (Schopenhauer, Nietzsche, Richard Wagner).

Nachdem das Denken die Erfahrung gemacht hatte, daß es aus seinen menschlichen Möglichkeiten nicht ausbrechen kann, ohne die Wirklichkeit zu verlieren, suchte es das in unserer menschlichen Situation Nahe, Erfahrbare, Unmittelbare: das, was wir als leibliche Wesen mit Interessen und Antrieben sind. Nietzsche und andere sprachen vom „Leben". Dieses Leben ist perspektivischer Natur.

9. Die Verfügung über Perspektiven bei Nietzsche

In seiner vom Stande des „Lebens" her zu verstehenden Sprache erklärt Nietzsche, daß man dafür kein Ohr habe, wofür man vom „Erlebnisse" her keinen Zugang hat. „Denken wir uns nun einen äussersten Fall: dass ein Buch von lauter Erlebnissen redet, die gänzlich ausserhalb der Möglichkeit einer häufigen oder auch nur selteneren Erfahrung liegen, — dass es die *erste* Sprache für eine neue Reihe von Erfahrungen ist. In diesem Falle wird einfach Nichts gehört, mit der akustischen Täuschung, dass, wo Nichts gehört wird, *auch Nichts da ist* . . ." [55] Die hier genannte „Erfahrung" kann man als metaphysische Perspektive bezeichnen, in welcher und kraft welcher Dinge für mich sichtbar überzeugend, wirksam, also real sind, welche für eine andere Perspektive nicht existieren. Das volle, selbstgewisse und reiche Leben, durch welches Nietzsche das Prinzip „Vernunft" im idealistischen Sinne überbietet, muß Erfahrung geworden sein, damit man die Welt dieses Lebens nach Maßstäben werten kann und in Perspektiven zu sehen vermag, die vom Leben selbst zur Gültigkeit erhoben worden sind. In diesem Denken gilt das Prinzip der Erfahrung auf der Leiter des sich zur vollen Höhe hinaufentwickelnden Lebens, das auch wieder zur Schwäche, Decadence entartet, deren Selbstbehauptung sich in der Diffamierung der Stärke und des Lebens verrät. Nietzsche deutet sich selbst im „Ecce Homo" als Schicksal des Lebens überhaupt, wenn er sagt: „Eine lange, allzulange Reihe von Jahren bedeutet bei mir Genesung, — sie bedeutet leider auch zugleich Rückfall, Verfall, Periodik einer Art *décadence*. Brauche ich, nach alledem, zu sagen, daß ich in Fragen der *décadence erfahren* bin? Ich habe sie vorwärts und rückwärts buchstabiert. Selbst jene Filigran-Kunst des Greifens und Begreifens überhaupt, jene Finger für *nuances*, jene Psychologie des 'Um-die-Ecke-sehns' und was sonst mir eignet, ward damals erst erlernt, ist das eigentliche Geschenk jener Zeit, in der Alles sich bei mir verfeinerte, die Beobachtung selbst wie alle Organe der Beobachtung. Von der Kranken-Optik aus nach *gesünderen* Begriffen und Werthen, und wiederum umgekehrt aus der Fülle und Selbstgewißheit des *reichen* Lebens hinuntersehn in die heimliche Arbeit des Décadence-Instinkts — das war meine längste Übung, meine eigentliche Erfahrung, wenn irgend worin wurde ich darin Meister. Ich habe es jetzt in der Hand, ich habe die Hand dafür, *Perspektiven umzustellen:* erster Grund, weshalb für mich allein vielleicht eine 'Umwerthung der Werthe' überhaupt möglich ist." [56]

Der in den Hochformen und den Entartungen des Lebens Erfahrene hat auf Grund seiner Erfahrungen die Perspektive über mögliche Perspektiven gewonnen. Daher vermag er über sie zu verfügen und sich der oder jener zu bedienen. Er kann sich die Technik durchsichtig

[55] Nietzsches Werke, Leipzig (Verlage Naumann u. Kröner) 1900 ff. Ecce homo, Bd. XV, S. 51. (im folgenden wird nach dieser Ausgabe zitiert als: Nietzsches Werke, Bd. u. S.)

[56] a. a. O. Bd. XV, S. 11.

machen, in welcher und durch welche das Bewußtsein des schwachen Lebens die Moralmaßstäbe herstellt. Ebenso dient ihm die Perspektive des starken Lebens dazu, eine Umwertung der idealistischen, von Nietzsche als platonisch-christlich bezeichneten Wertsetzung zu vollziehen. Philosophie ist die Kunst, die Funktion von Perspektiven für das Leben zu durchschauen und selbst geeignete Perspektiven einzusetzen. Sie braucht Erfahrenheit im „Leben".

Auch die sogenannte „wahre Welt", auf deren Erkenntnis es die bisherige Metaphysik abgesehen hat, sei nur Perspektive, die sich das Leben für gewisse Zwecke gibt. Sie sei immer als „scheinbare Welt noch einmal" gedacht worden, wo sie auch behauptet wurde.[57] Aber die scheinbare Welt sei die eigentlich wahre Welt. Für ihr Sein sei bestimmend die Nützlichkeit für die Erhaltung und Machtsteigerung einer bestimmten Gattung.[58] Um eine „Theorie" der Konzeption von der Perspektiventechnik des Lebens überhaupt zu geben, bedient sich Nietzsche des aus der Metaphysik bekannten Modells vom Kraftzentrum, welches seine eigentümliche Aktions- und Widerstandsart habe. Diese komme in der spezifischen Wertsetzung des lebendigen Wesens zum Ausdruck, die wiederum ein Schaffen von Maßstäben und Perspektiven ist. „Die 'scheinbare Welt' reducirt sich also auf eine specifische Art von Aktion auf die Welt, ausgehend von einem Centrum."[59] Leben ist ein immerwährendes Hinausgehen über sich selbst. Nietzsches neue Auffassung von der Möglichkeit der Perspektive zielt auf die freie Verfügung über Perspektiven durch das Leben ab. Als Maßnahme, deren es sich bei seiner Technik der Selbstsicherung und Selbststeigerung bedient, ist die Perspektive doppeldeutig: einerseits ist sie „nur" fiktiv, erdacht, andererseits aber spielt sie im Haushalt eines zu einem gewissen Lebens-stande gehörigen Denkens eine existentielle Rolle. Unter dieser Voraussetzung beurteilt Nietzsche auch die metaphysischen Konzeptionen und Modelle. „Die Idee der 'wahren Welt' oder 'Gottes' als absolut unsinnlich, geistig, gütig ist eine *Nothmassregel* im Verhältniss dazu, als die *Gegen* — Instinkte noch allmächtig sind . . ."[60]

[57] In merkwürdiger Wiederkehr begegnet hier ein Analogon zu dem aristotelischen Einwand gegen die Ideenlehre, sie verdoppele die Welt.

[58] Der Wille zur Macht, 3. Buch, Nr. 567, Nietzsches Werke, Bd. XVI, S. 67.

[59] a. a. O. Bd. XVI, S. 67 (Nr. 567).

[60] a. a. O. Bd. XVI, S. 71 (Nr. 573).

Von der Perspektive des Lebens aus wird die Ableitung des Bedingten aus dem Unbedingten als „Unsinn aller Metaphysik“ bestimmt. Denn wenn das „Bedingte“ der Name für das menschliche Leben ist, so bedarf es keines Un-bedingten. Gleichwohl gehöre es „zur Natur des Denkens“, daß es zu dem Bedingten das Unbedingte hinzudenke, hinzuerfinde. Auch das „Ist“ denke es zur Vielheit der Vorgänge hinzu. Das Denken stelle im Auftrag einer gewissen Verfassung des Lebens einen Maßstab auf, durch welchen es die Welt an lauter von ihm selbst gesetzten Größen: an seinen Grundfiktionen: „Unbedingtes“, „Zweck und Mittel“, „Dinge“, „Substanzen“, an „logischen Gesetzen, an Zahlen und Gestalten“ messe. Das Denken schaffe für sich die Welt zu Identitäten, zu „Dingen“ um. Erst vermöge des Denkens gebe es Unwahrheit: Aber ihrer bedarf das jeweils im Dienste eines gewissen Lebensstandes stehende Denken.[61]

Die Denktechnik Nietzsches bedient sich bei der „Umwertung aller Werte“ des bekannten metaphysischen Kunstgriffs der Entlarvung der überholten Perspektiven und metaphysischen Modelle. Zu diesem Verfahren gehört auch der Nachweis, daß es sich dabei um überholte, untergeordnete Weisen des Denkens handele, welche die Rolle geschichtlicher Herausforderung derjenigen Schritte spielen, die zu dem gegenwärtigen Stande geführt haben. Der höhere, jetzt gewonnene Stand gibt sich jeweils dadurch seine Rechtfertigung, daß er die zu überholenden Modelle und Perspektiven als notwendige Konsequenzen des überwundenen Standes erweist.

In entsprechender Weise hat Kant in seiner Kritik der reinen Vernunft, die er auch als „Metaphysik der Metaphysik“ bezeichnet hat, die notwendige innere Konsequenz der gedanklichen Muster beschrieben, nach denen die dogmatisch-metaphysische Vernunft verfährt, *wenn* sie es nicht vermag, sich selbst, bzw. ihre eigenen metaphysischen Ideen richtig zu deuten. Wenn sie z. B. den Begriff der Welt von einem subalternen, unkritischen Standpunkt aus zu fassen versucht, dann gerät sie in die Konsequenz einer gedanklichen Figur, die unausbleiblich und unausweichlich zu den Antinomien führen *muß*. Der dogmatische Stand muß überholt, reflektiert und entlarvt werden. Die Versöhnung will Kant in seiner Kritik leisten, welche auch die Verdeutlichung der im Prinzip des Stands und der Perspektive begründeten Gesetze der Illusion- und Scheinbildung leisten will. Hegel beschreibt die

[61] a. a. O. Bd. XVI, S. 71 (Nr. 574).

Geschichte der Entfremdung und Versöhnung der Vernunft mit sich selbst. Nietzsches Entfremdungs- und Entlarvungstechnik besteht darin, Metaphysik und „Moral" als Konsequenzen einer Denkweise zu entlarven, die einem dekadenten Stande des Lebens entspricht, der aber doch als dem Leben angehörig durch eine spezifische Wertung und Interpretation der Dinge den ihm eigentümlichen Willen zur Macht realisiert. Dem entspricht Nietzsches Kritik an der Metaphysik, die in einer Entlarvung der der Metaphysik angehörigen Grundtermini, wie Sein, Identität, Grund-Folge, Absolutheit, Wahrheit usf. besteht. „Muß nicht alle Philosophie endlich die Voraussetzungen, auf denen die Bewegung der *Vernunft* ruht, ans Licht bringen? — unsern *Glauben an das 'Ich'* als an eine Substanz, als an die einzige Realität, nach welcher wir überhaupt den Dingen Realität zusprechen? Der älteste „Realismus" kommt zuletzt ans Licht: zu gleicher Zeit, wo die ganze religiöse Geschichte der Menschheit sich wiedererkennt als Geschichte von Seelen — Aberglauben. *Hier ist eine Schranke:* unser Denken selbst involvirt jenen Glauben (mit seiner Unterscheidung von Substanz, Accidens; Thun, Thäter u.s.w.): ihn fahren lassen heisst: nicht-mehr-denken-dürfen. Dass aber ein Glaube, so nothwendig er ist zur Erhaltung von Wesen, nichts mit der Wahrheit zu thun hat, erkennt man z. B. selbst daran, dass wir an Zeit, Raum und Bewegung glauben *müssen,* ohne uns gezwungen zu fühlen, hier absolute Realität zuzugestehen."[62]

Nietzsche tritt als Sachwalter des „Lebens" auf, das er durch Charaktere wie Schaffen, Vernichten und Neuschaffen, Sichselbst-Übersteigen bestimmt. Auch die Technik der Über-holung und Entwertung der ehemaligen Werte spiegelt den Charakter des „Lebens". In den Umkreis dieses Prinzips gehört auch das dionysische Prinzip, in welchem die Leiblichkeit unserer Existenz und zugleich die Bewegung des Produzierens bzw. Schaffens eingeschlossen ist. Wenn vom Stand des absoluten Idealismus aus das menschliche Dasein im Zeichen totaler Vernunft begriffen wurde, so wird es jetzt im sprachlichen Felde von Wörtern wie Leib, seelische und leibliche Rechtwinkligkeit, Gesundheit, Wille zum Schaffen beschrieben. Wenn jetzt Metaphysik überhaupt noch gerechtfertigt werden kann, dann im Zeichen einer Polemik gegen die bisherige „wissenschaftliche" und „wissenschaftstheoretische" Metaphysik, in welcher nicht das sich auslegende Leben selbst, sondern

[62] a. a. O. Bd. XVI, S. 14 f. (Nr. 487).

die objektiv erkennende Vernunft die maßgebende Rolle gespielt hat. Bisherige Metaphysik hat den Fehler gemacht, die Wahrheit im absolut festen Sinn oder in einem über-menschlichen Werden des Logos zu suchen. Es sei darum zu tun, die menschliche Existenz zu finden: sie ist jeweils ein geschichtlicher Stand des „Lebens", dessen Charakter das Hinausschaffen über sich ist. Da der gegenwärtige, von der Metaphysik verdorbene Stand diese Bewegung nicht auf sich zu nehmen vermag, muß dieser Mensch selbst über-wunden, über-holt werden; er muß zugrundegehen, damit für den Über-menschen, welcher menschliche Existenz im eigentlichen Sinne ist, die Bahn frei werde. So hat er ein uneigentliches negatives Verhältnis zum schaffenden Leben.

Metaphysik *kann* in dieser Epoche in der Rolle der Musik auftreten, welcher es möglich ist, die Wahrheit unmittelbar in eigener Bewegung mitzuvollziehen und zu erfahren (Schopenhauer, Wagner). Der ästhetisch verstandene, schaffende Mensch wird jetzt auch als Subjekt metaphysischer „Erkenntnis" angesprochen. Seine Seinserfahrungen gründen in seiner ästhetischen Existenz. Es müsse möglich sein, „das Metaphysische auf ästhetische Wirkungen" ... zurückzuführen.[63] Menschliche Kunst erschaffe das Schöne wie einen immer erneuerten Versuch und Entwurf, die versöhnende Macht in den Dingen darzustellen und uns anzuzeigen. Der schöpferische Künstler trage diese versöhnende Macht in sich. Er offenbare sie als zwingende Tatsache der Natur ..., das Kunstwerk zeige im Bilde den Vorgang der Versöhnung. Die szientifische, auf den Boden der Vernunft sich gründende Metaphysik wird von Nietzsche, Kierkegaard, Jaspers und ihnen verwandten Denkern deshalb abgewiesen, weil sie sich am Subjekt-Objekt-Verhältnis der Wissenschaft orientiert. Unter dieser Voraussetzung bleibe das metaphysisch erkennende Subjekt in gleichgültiger Distanz gegenüber seinem erkannten „Gegenstand" stehen. Statt dessen komme es darauf an, daß aus dem Denkenden zugleich ein „Existierender" (Jaspers) werde, der sich selbst in metaphysischen Erfahrungen begegnet, in denen die Welt im Ganzen in Frage gestellt wird. In solchen Grenzsituationen kann er sich als Selbstsein, Freiheit und Unbedingtheit in Bewußtsein und Handlung bewähren. Im Philosophieren werde das Denken gesucht und gefordert, welches *„mein Selbstbewußtsein verwandelt*, weil es erweckend mich zu mir bringt in den ursprünglichen

[63] Heinrich von Stein, Vorlesungen über Aesthetik, Stuttgart 1897, S. 142.

Antrieben, aus denen im Dasein handelnd ich werde, was ich bin".[64] Metaphysisches Denken geschieht auf dem Grunde eines Engagiertseins, eines Interesses an Versöhnung, Erlösung und Ruhen in der Gottheit (Transzendenz). Die Sprache der Metaphysik hat nicht als Beschreibung objektiver Sachverhalte, sondern als „Chiffreschrift" Bedeutung, insofern durch sie die Bewegung des Existierens in Gang kommt. Bilder, Modelle, Figuren des metaphysischen Denkens sind nicht durch ihren Inhalt, sondern nur durch ihre Erweckungsfunktion bedeutsam.[65]

10. Metaphysik und Theologie

Jaspers und den ihm verwandten existentiellen Denkern kommt es darauf an, daß der metaphysisch Denkende nicht auf objektive Erkenntnisse ausgehe, sondern eine Verfassung bzw. einen Stand gewinnt. Daher ist es ihm, ähnlich wie auch Kierkegaard, nicht um die objektiven Gehalte der metaphysischen Sprache zu tun, sondern darum, daß das metaphysische Sprechen seine Fähigkeit entfalte, den Angesprochenen vor solche Situationen zu stellen, in denen das rationale Denken in Widersprüche gerät und scheitert. Der Denkende soll durch das metaphysische Sprechen vor Absolutes, Letztes, Ganzes gestellt werden, um angesichts dieser Grenze aller Rationalität auf sich selbst zurückgeworfen zu werden, statt sich in objektiven Inhalten zu verlieren. Es ist Sache der Wissenschaft, ein System objektiver Zusammenhänge zu entwickeln. Metaphysik dürfe keine Wissenschaft sein, weil es in ihr gerade darauf ankomme, die Sphäre der objektiven Gehalte zu überschreiten, den rationalen kontinuierlichen Zusammenhang der Begründungen hinter sich zu lassen, um durch einen „Sprung" und einen unmittelbaren Akt der Entscheidung auf den Stand selb-ständiger Behauptung des Daseins zu kommen. Die metaphysischen Aussagen können nur als „Chiffren", nicht aber als objektiv bedeutsame Sätze metaphysisches Gewicht haben.

Während die dogmatische Metaphysik ihre Gewißheit und „Sicherheit" im System beweisbarer Objektivitäten suchte, hat sie dasjenige Moment am metaphysischen Denken ausgeklammert, welches als

[64] Karl Jaspers, Philosophie, Berlin, 1932, 1. Bd., Vorwort, S. V.
[65] Karl Jaspers, Philosophie, Berlin 1932, 3. Bd., S. 128 ff.

Behauptung jeweils eines gedanklichen Weltstandes und seiner Perspektive, also als „Existenz“ in Frage kommt. Ein Denken, in welchem nur das „subjektive“ Sprechen (Kierkegaard) und der Chiffrencharakter der metaphysischen Sprache ins Gewicht fällt, vergißt dagegen die notwendigen objektiven Bezüge der Metaphysik, aufgrund deren sie Wissenschaftlichkeit beanspruchen kann. Beide Momente sind für das Ganze des metaphysischen Denkens erforderlich. Fällt z. B. der Mensch eine selb-ständige Entscheidung mit dem Bewußtsein seiner individuellen Verantwortlichkeit und Unvertretbarkeit, so ist zuzugeben, daß diese den Charakter der Unmittelbarkeit hat, da sie nicht aus allgemeinen prakischen Grundsätzen abgeleitet ist. Trotzdem ist diese Unmittelbarkeit zugleich Ergebnis einer Vermittlungsgeschichte insofern, als die in diesem Augenblick gefällte Entscheidung Ergebnis des ganzen Nachdenkens, der Bildung des Betreffenden durch Aneignung objektiven Wissens und seiner in der bisherigen Lebensgeschichte gemachten Erfahrungen ist.

Die Metaphysik erhebt als Wissenschaft auch der dialektischen Theologie gegenüber den Anspruch, daß die Inhalte des Glaubens nicht nur den Namen für die an sich namenlose und unmittelbare religiöse Existenz abgeben, sondern zu der Vermittlungsgeschichte hinzugenommen werden sollen, deren Resultat die unmittelbare Entscheidung ist. Die Subjektivität muß sich durch die objektiven Gehalte hindurch vermitteln. Immer noch unerfüllt ist die von Kant und Hegel gesehene Aufgabe, eine religiöse Vernunft objektiven Denkens und Sprechens zu begründen, durch die zugleich auch das existentielle „Interesse“ des Subjekts erfüllt wird. Sie weist in eine Richtung, welche über den aufklärerischen Deismus und seine einseitige Orientierung an objektiven Gehalten und Beweisführungen ebenso hinausgeht wie über die im ausgehenden 19. Jahrhundert wurzelnden „weltanschaulichen“ Ableitungen der Existenz Gottes aus einzel-wissenschaftlichen Gehalten. Ebenso muß der Auffassung entgegengetreten werden, daß z. B. die Frage, ob Gott existiere, mit dem Vorwand aus dem religiösen Denken auszuweisen sei, daß sie eine objektiv wissenschaftliche Antwort herausfordere und dadurch den Fragenden selbst als individuelle Instanz des Entscheidens und religiösen Existierens ignoriere.

Der Metaphysiker braucht sich im Gegensatz zum religiös Denkenden und Sprechenden nicht selbst in die Situation des Angesprochenseins durch die Offenbarung zu stellen. Aber er muß ein Wissen von dem dialektischen Wesen desjenigen Denkens haben, auf dessen Weg auch die Begegnung mit der Offenbarung liegt. Er muß für sich selbst und den religiös Denkenden erkennen, daß sich die unmittelbare Behauptung eines Welt-standes zugleich immer über eine ins Endlose offene Folge objektiver Gedanken vermittelt. Christliche Theologie und Metaphysik sind grundverschieden; in jener kommt es darauf an, daß das in einem geschichtlichen Akt gesprochene Wort Gottes an den Menschen von diesem ausgelegt, begriffen und für das religiöse Denken und Tun zum Maß gemacht wird. In der Philosophie ist das maßgebende Wort dasjenige der „Vernunft", jener Geschichte von Denkhandlungen, durch welche alles Faktische, auch die Offenbarung, erst in Frage gestellt, dann von seinem ersten „Grund" her wissenschaftlich gerechtfertigt und in beschreibender Darstellung her-gestellt wird. Beide erheben Anspruch darauf, Erstes, Absolutes zur Sprache und Erkenntnis zu bringen und über Totalität in totaler Weise auszusagen: jede ist daher durch die Natur ihres Denkens dazu geneigt, die Selbständigkeit der anderen zu negieren mit dem Anspruch, den Sinn der anderen zu verwalten und zu stiften.[66] Soll ein Dialog zwischen ihnen möglich sein, so ist es nötig, daß jede ein absolutes Denken von der Art verwirklichen kann, daß sie das Denken anderer frei und selbständig walten läßt. Die Vernunft eines jeden der Partner muß sich dann in ihrer dialektischen Negation ihrer selbst bewähren: Theologie muß mehr als Theologie, Metaphysik anders als Metaphysik zu sein vermögen.

Heidegger sieht den bisherigen Weg der Metaphysik als Irrweg an. Auf ihm werde zuletzt die „Erde über den gewachsenen Kreis ihres Möglichen hinaus in solches, was nicht mehr das Mögliche und daher das Unmögliche ist,"[67] gezwungen. Darin liege eine negative Herausforderung, die in unserer künftigen Geschichte noch weiter zu radikali-

[66] Das wird auch in der Konzeption z. B. Karl Rahners deutlich, der die Philosophie zum Grundbesitz der Theologie gemäß einem interessierten und theologisch-praktischen Richterspruch hinzuschlägt, insofern er das theologische Axiom zugrundelegt, daß das philosophische Denken von Natur aus für die Offenbarung offen und daß diese sein eigentlicher oder uneigentlicher Gegenstand sei. (Vgl. hierzu auch W. Beierwaltes, Kritisches über einige neuere Bestimmungen des Verhältnisses von Philosophie und Theologie, Neue Zeitschrift für systematische Theologie und Religionsphilosophie, 11. Bd. [1969], H. 2)

[67] Martin Heidegger, Überwindung der Metaphysik. in: Vorträge und Aufsätze, Pfullingen 1954, S. 98.

sieren sei, damit am Ende als Gegenwendung vom Denken der „Übergang zu einem anderen Anfang" gemacht werden kann.[68] Mit Nietzsches Willen zur Macht, den Heidegger als Wollen zu unbedingter Herrschaft der rechnenden Vernunft deutet, deren Wortführer die abendländische Metaphysik sei, habe die Metaphysik ihre Vollendung gefunden.

In diesem Kreise metaphysischen Denkens ist die Rede davon, daß der neuzeitliche Mensch im Zeichen der kopernikanischen Wendung und ihrer Metaphysik aus den Grenzen seiner „Welt" ausgebrochen sei und seine von der Antike her durch die „Physis" verfaßte und gehaltene Existenz verloren habe. Seine kopernikanische Existenz, die ihn über alle Grenzen hinaustreibt, ist nach Nietzsche Ursache des Nihilismus. Demgegenüber bringt Heidegger eine Verfassung zur Geltung, bei deren Beschreibung er sich des organischen Modells bedient, in welchem Anfang und Ende, Begrenzung und Wachstum sowie das Prinzip der zyklischen Bewegung maßgebend sind. Trotz des verschiedenen Ansatzes weist die Theorie Nietzsches von der ewigen Wiederkehr alles Gleichen in dieselbe Richtung einer am Bild der Physis gewonnenen Seinsverfassung.

Aber diese gedanklichen Wege, welche der menschlichen Existenz und ihrem Denken den geschlossenen Horizont ihrer Welt wieder herstellen sollten, führen insofern zum Gegenteil, als das Subjekt und sein endlicher Stand in *das* Leben, *das* Sein aufgegeben wird, wie es sich im Idealismus in *die* Vernunft absolut aufgehoben hat.

11. Vernunft, Welt, menschliche Wirklichkeit

So stellt sich für eine gegenwärtige Metaphysik im Hinblick auf Prinzipien wie Stand, Perspektive, Übergang über Grenzen und Welt die Aufgabe, das Verhältnis von Substanz und Subjekt, wirklicher und denkend-vorstellender Vernunft noch einmal im Zeichen der von Kant gestellten Frage nach den Bedingungen der Möglichkeit der Metaphysik zu durchdenken. Versuchen wir einen adäquaten Begriff für die Erfahrungen zu gewinnen, über die wir unserem gegenwärtigen Stande gemäß verfügen, so *müssen* wir sagen, daß das Hegelsche Programm einer Metaphysik der wirklichen, nicht nur im Denken sich

[68] a. a. O. S. 83.

vollziehenden Vernunft und damit des Übergangs über die bloß vorstellende Subjektivität zur objektiven, geschichtlichen Vernunft aufgenommen werden muß: zugleich aber auch die von Kant gegebene Aufgabe, unter kritischer Voraussetzung zu sagen, was eigentlich „Vernunft" ist. Da ergibt sich, daß es sich mit der Erfahrung „unserer" Situation nicht vertragen würde, wenn wir diese Vernunft als absoluten Stand in den Ansatz bringen würden. Vielmehr muß sie sich selbst als Inbegriff der durch endliche Standpunkte und Perspektiven markierten Bewegungen des Denkens begreifen. Sie ist wohl eine gemeinsame, aber keine absolute, überperspektivisch-göttliche Vernunft. Sie ist leiblich-geistige Wirklichkeit: aus ihr heraus verstehen wir uns als denkende, handelnde, sprechende Individuen leiblich-geschichtlicher Existenz, die sich zugleich auch immer wieder in die gemeinsame Bewegung dieser Vernunft aufheben. Nur unter dieser Voraussetzung verstanden ist der Hegelsche Satz vertretbar, daß die Vernunft wirklich und daß das Wirkliche vernünftig sei: denn es präsentiert sich uns als Sprache im vollen Sinne der ihr eigenen allgemeinen Leiblichkeit und Bildlichkeit. Sie ist insofern leiblicher Natur, als sie eine als geschichtlicher Raum und geschichtliche Zeit sich entfaltende, endliche Substanz ist, die sich zugleich als Subjekt selbst versteht. Auch der körperliche Gegenstand ist nichts anderes als Inbegriff möglicher Erfahrungen, die wir als Handelnde an ihm machen können und die sich in Wort und Satz niederschlagen. Die Wirklichkeit darf nur auf dem Boden der handelnd-denkenden, praktischen Vernunft gesucht werden. Es hat sich herausgestellt, daß in diesem Bereich auch das „Wesen" der Sache, welches zugleich ihr sprachlicher „Begriff" ist, begegnet. Zu dem, was wir als „Welt" bezeichnen, gehört der Inbegriff dieser Wesenheiten. Sie gehört derjenigen Perspektive und dem Stande an, zu dem wir gelangt sind, indem wir über denjenigen des exakten bloß theoretischen Denkens hinausgegangen sind.[69]

Der Inhalt des Vorstellens, den wir im Bewußtsein haben, ist von jedem anderen Inhalt abgrenzbar. Als solcher ist er endlich und steht in Beziehung zu anderen Endlichkeiten. Fällt meine Aufmerksamkeit auf einen Gegenstand, so ist der Inhalt, der ins Bewußtsein tritt, an eine unendliche Mannigfaltigkeit von weiteren Bestimmungen geknüpft, die mit ihm gegeben sind. Sie füllt eine „Welt" von kontinuierlich abgestuften Aufmerksamkeits- und Klarheitsabschattungen aus. Inner-

[69] Aristoteles, Metaphysik 1003 b.

halb dieser Welt gibt es viele mögliche Perspektiven auf den Gegenstand, aber meine Welt selbst ist eine absolute Perspektive, die für mich in der Gegenwart maßgebend ist. Die Welt ist zugleich mit jedem einzelnen mir gegebenen Dinge gegenwärtig, obwohl selbst nicht gegenständlich. Die Bedingung dafür, daß es eine Welt für mich gibt, ist in meiner perspektivischen Erkenntnis- und Lebenssituation begründet. In ihr nämlich ist es angelegt, daß mir nicht nur das gegenständlich Vorhandene und klar Bewußte gegenwärtig ist, sondern auch die metaphysischen Prinzipien, welche den gegenständlichen Vorstellungsinhalt tragen: es sind diejenigen jeweils meiner „Welt", die mein Stand und seine Perspektive ist. Es ist niemals möglich, die wissenschaftlichen, objektiven Zusammenhänge zum vollendeten Ganzen einer „Welt" bzw. einer wissenschaftlichen „Weltanschauung" zu ergänzen. Aber das metaphysische Denken beruht zugleich auf der Behauptung desjenigen Standes, der in der Geschichte des wissenschaftlichen Denkens gewonnen wurde. Der Stand ist meine Welt, als die ich existiere: er ist unmittelbar und insofern „Sprung". Zugleich ist er Ergebnis einer Geschichte, welche auch alle Entwicklung des wissenschaftlichen objektiven Denkens in sich begreift. Insofern ist der Stand zugleich Vermittlung: er ist vermittelte Unmittelbarkeit. Zum metaphysischen Denken gehört objektive Wissenschaftlichkeit ebenso wie die mittelbar-unmittelbare Behauptung jeweils meines Welt-standes und seiner Perspektive. Die „Welt" ist subjektive Behauptung und Inbegriff der objektiven Dinge zugleich.

Aus diesen Überlegungen, in denen es auf eine Vermittlung des „Wesens" mit dem „Gesetz" ankommt, ergeben sich Konsequenzen für die Grundlegung der Naturwissenschaften und der Sozialwissenschaften. Nicht nur die Überwindung der Spaltung zwischen dem Subjekt und dem Objekt, sondern auch die Überholung des atomistischen Ansatzes, demzufolge das erkennende und handelnde Subjekt im Sinne des synthetisch verfahrenden „Verstandes" als zunächst einsames Element zugrunde liegt, um sich mit den „anderen" nachträglich zu verbinden, wird hier maßgebend. Diese Überholung geschieht durch den Gedanken, daß das einzelne Individuum ein Stand ist, der sich vom Ganzen der dialogischen Geschichte her zu begreifen hat, durch die er mit der Gesellschaft verbunden ist. Sein individueller Stand ist einerseits eine unmittelbare Situation, in die das Individuum auf Grund seiner Stellung in der Geschichte seiner Gesellschaft versetzt wurde und der es die Verfassung seiner auch leiblichen Existenz verdankt. Von der Unmittelbarkeit der Situation, in welcher es sich findet, emanzipiert es sich in seiner eigenen Geschichte der Befreiung und Verselbständigung und macht sich durch Organe, die es seinerseits wieder dem Denken, der Sprache und der Arbeit der Gesellschaft verdankt, zu seinem Eigentum. Dabei leistet es schließlich eine Vermittlung seines eigenen, individuellen Willens mit den natürlich-geschichtlichen Gegebenheiten, in denen es sich ursprünglich vorgefunden hat. Auf dieser Stufe der Vermittlung des zunächst Unmittelbaren begegnen ihm die Gegenstände nicht nur als technisch verfügbare Dinge, sondern zugleich auch als selbständige Wesen: ebenso wie es jetzt dem von vornherein zugrunde liegenden gemeinsamen „Wir" des Denkens, Sprechens und Handelns auf der Bewußtseinsstufe der Vermittlung begegnet. Jetzt nimmt es sich als selbständiges und freies Individuum in die allgemeine Sitte des Denkens und Handelns und in das Spiel des Sprechens zurück (Wittgenstein).

Die Sätze, auf welche sich eine Gruppe von metaphysisch Denkenden einigt, sind nicht nur unmittelbar ein-gesehener Anfang und Basis, sondern zugleich auch Ergebnis. Sie sind evident: Evidentes ist nicht nur unmittelbar einsichtig, sondern auch in dem Sinne vermittelt, daß dem Angesprochenen die Leiter gezeigt werden muß, die er zu besteigen hat. Dabei gewinnt er die Stufe, von der aus er den gegangenen Weg überblickt und seine jetzigen Behauptungen und Ein-sichten mit der Geschichte dieses Weges vermittelt.

Viertes Kapitel

METAPHYSIK IM DIALEKTISCHEN SPANNUNGSFELD ZWISCHEN WESEN UND GESETZ, FREIER UND GEFESSELTER NATUR

1. Die Ablösung des Wesens durch das Gesetz

Nach Aristoteles konzentriert sich die Frage nach dem Seienden als solchen auf diejenige nach dem „Wesen". Das Wesen ist das die einzelnen Bestimmungen einer Sache zusammenschließende Band. Es sei dasselbe, von einem „seienden Menschen" und von *einem* Menschen bzw. einem Menschen als Wesen zu sprechen.[1] Erkenntnis geschieht am Leitfaden des wesentlichen Et-was, welches sich aus sich selbst zur Einheit herstellt. Die „Definition" ist der begriffliche Nachvollzug der Einfassung, welche durch die einigende Kraft des Wesens der Sache hergestellt wird. Sie sagt aus, „was" die Sache ist. Nicht diejenigen Bestimmungen an der Sache sind maßgebend, die dem einigenden Wesensbande gegenüber gleichgültig bleiben, nur von außen hinzukommen und nicht in den Zusammenhang des sachlichen Wesens eingeschmolzen werden. Aristoteles weist dem sophistischen Denken eine Stelle im Aufbau möglicher Erkenntnisprogramme an, die so zu charakterisieren ist: es befaßt sich mit einzelnen, beliebig aufgefundenen, hinzugekommenen Inhalten der Sache, ohne sie im Zusammenhang ihres Notwendigkeitsbandes zu sehen und sich am „Wesen" zu orientieren. Aber die wesentliche Notwendigkeit der Sache selbst führe allein zur Wahrheit, zum Sein und zum Einen.[2] Wissen im anspruchsvollen Sinne ist Erkenntnis des „Grundes", des Notwendigen und der Eins-heit. Die Wesenheit ist es, welche das Maß abgibt, an welchem Wahrheit und Falschheit des Erkennens gemessen wird. In diesem Zusammenhang ist auch von der „Physis", der Natur der Sache, die Rede, die sich als ihr Wesen erweist.

[1] Vgl. Aristoteles, Metaphysik 1003 b.

[2] Vgl. Aristoteles, Metaphysik 1026 b. Zur Wendung des Wesensdenkens zu dem Denken des Gesetzes vgl. meine „Philosophie der Beschreibung", Köln-Graz 1968; hier finden sich auch entsprechende Belegstellen.

Die neuzeitliche Naturwissenschaft und die in ihr implizierte Ontologie geht in der von Aristoteles als „sophistisch" bezeichneten Richtung weiter. Nicht eine Definition z. B. dessen, „was" das Wasser sei, könne der Erkenntnis weiterhelfen: vielmehr müsse man sich an die Sinneserfahrungen halten, die jeder an dieser Sache machen kann. Das bedeutet eine Auflösung des Wesensprinzips und damit auch eine Revolution in der Auffassung vom Seinscharakter der seienden Dinge, vom Zusammenhang der Welt und vom Begriff der Ein-heit. Diese Wendung gehört nicht nur dem vorstellenden Denken an, vielmehr ist sie eine wirkliche Geschichte, die sich im Spannungsfeld zwischen dem Wesen und der das Wesen auflösenden, das Seiende von der Seite seiner Beherrschbarkeit und Berechenbarkeit aus begreifenden Vernunft ereignet. Diese Geschichte ist durch einen Rhythmus bestimmt, dessen wiederkehrende Taktschläge die Behauptung des Wesens, die Abkehr vom Wesen im Zeichen des Prinzips des „Gesetzes" und schließlich die Einholung des Wesens in das Gesetzesdenken sind.

Bei der Begründung der neuzeitlichen exakten Naturwissenschaft und ihres Naturbegriffes ereignet sich Folgendes: Es tritt ein Prinzip auf den Plan, welches bei der Auflösung des Wesens von vornherein im Spiele ist, aber relativ spät seinen Namen bekommt. Erst bei Kant setzt sich in der philosophischen Terminologie dafür der Name: Subjekt und Subjektivität durch. Während unter der Herrschaft des Wesensbegriffes das zu Erkennende die Rolle des Subjekts, des Zugrundeliegenden, gespielt hatte, kehrt sich in der Neuzeit die Perspektive um. „Grund" meiner Gewißheit von der eigenen Existenz und der Existenz der Welt sowie meines Wissens ist jetzt die Tatsache, daß *ich* sehend, hörend, wahrnehmend, erfahrend, denkend tätig bin.

Wenn in der Neuzeit die erkennende Vernunft ihre Stellung gegenüber Welt und Gegenständen als die der „Subjektivität" begreift, dann sind in diesem Begriff zwei polare Momente enthalten. Einerseits erfährt sich das Subjekt als seiner selbst bewußter Leib inmitten von Körpern: als auf eine individuelle räumlich-zeitliche Perspektive hin orientiertes Bewußtsein. Als entgegengesetzter Charakter zeigt sich das andere Moment der Subjektivität: es ist das spontane Denken, der Verstand, dessen Arbeit im Unterscheiden und Verbinden (Synthese) besteht. Das Subjekt kann als freie Spontaneität die eingeschränkte, natürliche Perspektivität des Hier und Jetzt beliebig überschreiten.[3] Beide Charaktere der Subjektivität wirken auf das große neuzeitliche Prinzip der Erfahrung hin.

Kraft des ersten Moments ist die Stellung des Subjekts der Welt gegenüber so beschaffen, daß es die Dinge in unmittelbarer Nähe und Gegenwart durch leiblichen Kontakt (Empfindung, Wahrnehmung, empirische sinnliche Anschauung) kennenlernen kann. Die Dinge sind dann als Erscheinungen „für" dieses Subjekt da, welches nicht nur das „Vermögen" der sinnlichen Auffassung hat, sondern auf den unmittelbaren sinnlichen Kontakt mit ihnen angewiesen ist. Es ist den körperlichen Dingen ausgesetzt. Auf die Sprache der praktischen Vernunft gebracht, entspricht dieser Situation der Bedürfnischarakter des leiblichen Subjekts. Ohne Rücksicht auf ein hinter den einzelnen, zufälligen Erscheinungsdaten stehendes und sie von der Natur der Sache selbst her verbindendes Wesensband hält sich das sinnliche Auffassen nur an diejenigen Gehalte, welche ihr von seiten der Erscheinung „gegeben" werden. Die unmittelbare Gegenwart der Körperdinge ist dabei maßgebend.

Kraft des Denkens greift das Subjekt über das hier und jetzt Gegebene auf eine Welt des Möglichen aus. Es begreift die Dinge an dem von ihm selbst vorgegebenen Leitfaden und löst das Band auf, durch welches das „Wesen" die Vielheit der sachlichen Eigenschaften zusammenhält. Da jetzt die einst durch das Wesen verbürgte Notwendigkeit verlorengegangen ist, ergibt sich für den subjektiven Verstand die Aufgabe, eine andere, neue Verbindung und einen Notwendigkeitszusammenhang auf subjektiver Basis wieder herzustellen. Das Subjekt restituiert jetzt den notwendigen Zusammenhang zwischen dem Prinzip des Seienden und demjenigen der Eins-heit auf der Basis seiner eigenen einigenden Verstandesleistung. Diesen Vorgang bringt Kant in der These zur Sprache, daß das Subjekt nur diejenigen Einheiten in der Natur anzuerkennen vermöge, die es selbst durch eigene Synthesen hergestellt hat. Insofern der subjektive Verstand als Übergang über die unmittelbare Perspektive des Hier und Jetzt eine immer weiter aus-

[3] So läßt etwa Giordano Bruno seinen Filoteo erklären, daß es nur dem Denken zukomme, über nicht gegenwärtige und durch Zwischenräume von Raum und Zeit getrennte Dinge zu urteilen, während die Wahrnehmung auf unsere natürliche Situation unmittelbarer körperlicher Gegenwart angewiesen sei (De l'infinito universo, Deutsche Übers.: Zwiegespräche vom unendlichen All und den Welten, übers. v. L. Kuhlenbeck, Jena 1904, S. 28).

gedehnte Verknüpfung herstellt, macht er sich vom Wesensprinzip und dessen Notwendigkeitszusammenhang unabhängig. Er erschließt künstlich auf dem Wege dieses Übergangs für die Wahrnehmung durch die Konstruktion von technischen Instrumenten (Teleskop, Mikroskop, Astronautik usw.) Aspekte, die ihm von „Natur" aus nicht zugänglich sind. Der Übergang setzt ihn sogar in den Stand, sein eigenes ihm von Natur aus gegebenes Vermögen des Verbindens und Bildens von Zusammenhängen durch technische Apparate (Computer) endlos zu erweitern.

Das Prinzip, welches zum Wesen in Konkurrenz tritt und der vom subjektiven Verstande hergestellten Einheit und Notwendigkeit Geltung verschafft, heißt Gesetz. Als Gesetzgeber versteht sich in der Neuzeit der subjektive Verstand, sowohl in praktischer wie in theoretischer Hinsicht. Der kategoriale Aspekt, den Aristoteles durch seine Gegenüberstellung von Wesen und Relation sichtbar gemacht hatte, gewinnt jetzt in der polemischen Auseinandersetzung zwischen dem Wesen und dem Gesetz aktuelle Bedeutung: dem Gesetz eignet der Charakter der Relation bzw. der Struktur. Mathematik und Erfahrung sind daher von vornherein aufeinander abgestimmt, weil das mathematische Denken auf die Funktionen und Strukturen achtgibt, die jeweils die Leerstellen für mögliche Erfahrungsdaten anbieten. Die Erfindung der analytischen Geometrie durch Descartes ist dabei ein einschneidender Schritt: durch das Koordinatennetz wird der Raum in Punkte aufgelöst, von denen jeder durch Koordinatenzahlen festgelegt ist. Jede Figur im Raum kann so als „Funktion", d. i. als Regel beschrieben werden, die angibt, wie ein Punkt der Figur nach dem anderen festgestellt werden kann. Wenn man das „Wesen" als „Kategorie" bezeichnen will, so unterscheidet es sich von derjenigen der „Relation" vor allem dadurch, daß es die ihm zugehörigen und von ihm geeinigten Bestimmungen als „seine" Bestimmungen deklariert, während das relationale Gesetz die von ihm verbundenen Tatsachen als gleichsam herrenlos, als einzelne Gegebenheiten aufgreift und zwischen ihnen als zunächst getrennten Daten einen Notwendigkeitszusammenhang herstellt. Die sich am Gesetz orientierende physikalische Betrachtung der Bewegung hat es nicht darauf abgesehen, die Bewegungsgestalt, die sich am Gang eines Menschen zeigt, als charakteristisch für ein Individuum, ein „Wesen" zu erkennen. Vielmehr stellt sie z. B. die gesetzliche Beziehung zwischen aufgewandter Muskelenergie und Beschleunigung in der Weise fest, daß sie an eine physikalische Masse denkt, die immer dann, wenn eine bestimmte Kraft angreift, eine naturgesetzlich bestimmte Beschleunigung erfährt.

Die metaphysische Eigenschaft des „Gesetzes" besteht darin, daß es keine vom „Wesen" her begründeten Auszeichnungen anerkennt. Vor dem Gesetz ist alles gleich. Wie das juristische Gesetz die Grundlage dafür gibt, „ohne Ansehung" der Person Urteile abgeben zu können, so läßt das Naturgesetz keine ausgezeichneten Orte, Zeiten, Bewegungen und Bewegungsfiguren zu. Das Gesetz nivelliert: es schafft Homogeneität, weil es keine Rücksicht auf den Eigenwillen irgendeines „Wesens" nimmt. Es ist Ausdruck der Art und Weise, wie der subjektive Verstand die Natur zurechtlegt und die Naturdinge exakt beschreibt. Daher dient es der exakten Berechnung der Natur. Es setzt das Subjekt in den Stand, exakte Prognosen zu machen und vorherzusagen, was geschehen muß, wenn gewisse Bedingungen hergestellt sind. Das am Gesetz orientierte Erkennen ist von vornherein auf technisches Handeln hin angelegt, weil es nicht die im Wesen selbst liegenden Zwecke berücksichtigt, sondern in das Denken der vom subjektiven Willen in Kraft gesetzten Zwecksetzungen eingefügt ist. Die antimetaphysische Metaphysik der Erfahrung und des Naturgesetzes ist der Grund für die technische Verfassung des modernen Bewußtseins.

2. Die Rehabilitierung des Wesens bei Leibniz

Die Spannung zwischen Wesen und Gesetz metaphysisch auszutragen und beide schließlich aufeinander abzustimmen, hat sich Leibniz als metaphysische Aufgabe gestellt. Unter den Voraussetzungen des neuzeitlichen Gesetzesdenkens hat die metaphysische Vernunft durch ihn das Prinzip des Wesens wieder herzustellen versucht. Er hat sich einer metaphysischen Hypothese und eines Modells bedient, welches der Rehabilitierung des Wesensprinzips unter modernen Voraussetzungen Möglichkeiten bot. Er begründet sein Denken auf das theorationalistische Modell der neuzeitlichen Metaphysik seit Descartes, das eine notwendige, von vornherein bestehende Beziehung zwischen denkendem Subjekt, göttlichem Verstand und Welt vorsieht. Der menschliche Intellekt nehme an demjenigen Gottes teil, aus dessen Plan und Willensentscheidung die Welt hervorgegangen ist. Das menschliche Subjekt versteht sich in der Rolle eines getrübten, begrenzten Abbildes des infinitus intellectus: daher vermag es innerhalb gewisser Grenzen das Wesen (innere Möglichkeit) der Dinge einzusehen. Es ist das Prinzip vom zu vermeidenden Widerspruch, welches den Maßstab für die Denkbarkeit eines „Wesens" gibt. Die „eingeborenen Ideen", kraft derer wir von vornherein (a priori) und ohne nachträgliche Erfahrung Einsicht in die inneren Möglichkeiten der Dinge bzw. deren Naturen haben, treten auf den Plan. Die platonische Lehre von der Wiedererinnerung kehrt wieder. Die Metaphysik begründet ihre eigene Erkenntnis durch die Hypothese der Wesensverwandtschaft zwischen göttlichem und menschlichem Intellekt.

Daß dieser Ansatz freilich die ursprüngliche Situation der aristotelischen Wesenskonzeption nicht wieder herstellen muß, zeigt sich in Überlegungen etwa Descartes', daß es zwar eine gedankliche „Wesenheit oder Form" des Dreiecks gebe, die „unveränderlich und ewig ist, die weder von mir ausgedacht noch von meinem Geiste abhängt", daß aber diese Natur nicht die Fähigkeit habe, sich zu verwirklichen. Vielmehr müsse offen bleiben, ob sie bloß im Bereich der Idee oder auch in der Wirklichkeit anzutreffen sei.[4] Die theorationalistische, schon im ontologischen Gottesbeweis des Anselm von Canterbury vorbereitete Tradition läßt, da sie die essentia (Wesen) als ursprünglich in Gott entsprungene Idee interpretiert, eine Kluft zwischen essentia und existentia, Wesen und Dasein wirksam werden, welche durch spekulative Kunstgriffe immer wieder geschlossen werden muß. Der theorationalistische Ansatz erheischt Kriterien, nach denen die Wirklichkeit bzw. Existenz des Essentiellen erweisbar ist.

Leibniz überbrückt in seinem Ansatz von vornherein die Kluft zwischen essentia und existentia, indem er das „Wesen" als wirkende Substanz interpretiert, die sich jeweils von ihrem Stande aus (point de vue) dadurch als wirklich zeigt, daß sie Welt ist, insofern sie das Ganze des Seienden auf ihre individuelle Weise darstellt und in der Idee vorstellt. Idee und Welt stehen einander nicht wie bloßes Vorstellen und Existieren gegenüber: vielmehr ist die Idee zugleich einigende Kraft der Welt und die Welt zugleich Idee. Leibniz spricht die in sich einige und die Welt einigende Substanz, die zugleich Subjekt ist, als „Monade" an. Das Denken, nach welchem eine Kluft zwischen essentia und existentia unvermeidlich scheint, ist in seinen Augen

[4] Descartes, 5. Meditation in: Œuvres de Descartes, publiées par Charles Adam & Paul Tannery, Neudruck Paris 1964, Bd. VII, S. 64.

„abstrakt". Solche Abstraktionen sind im Zusammenhang gewisser Erkenntnisziele notwendig: so z. B. in der Mathematik, wo die Struktur der Welt unabhängig von ihrer Existenz und rein formal wird.

Wenn er die Substanzen als Wesen wieder herstellt, so faßt er sie „analog der Seele" auf, insofern er in ihnen eine Kraft des Einigens der ihr angehörigen Momente annimmt. Dem Gesetzesdenken, dem es auf Homogenisierung und Berechnung der Welt am Leitfaden der Relation ankommt, gibt er, der selbst ein großer Mathematiker und Physiker war, die ihm gebührende Stellung, indem er es als abstrakte Spiegelung der originalen Wesenswirklichkeit anspricht. Metaphysik sei die Wissenschaft von der eigentlichen Wirklichkeit der Sache, die substantieller Natur ist. Das Wesen habe den Charakter von Individualität im Sinne unteilbarer, einiger und einigender Kraft. Auch der Charakter der Einmaligkeit gehört hierzu. Das „Wesen" im Sinne der Monade ist zugleich immer Gegenstand und vor-stellend einigendes Subjekt. Jedes wirkliche Wesen behauptet dadurch seine Stellung in der Welt, daß es sich als diese Welt von einem bestimmten point de vue aus vorstellend bewährt. Leibniz denkt an eine Hierarchie von Standorten des point de vue, dessen Höhe sich an seiner Reflexionsstufe den anderen gegenüber bemißt. Dem Charakter der Einmaligkeit und Individualität im Sinne der Unteilbarkeit sucht er durch seine großen metaphysischen Prinzipien: das Prinzip des zureichenden Grundes und das der Identität des nicht zu Unterscheidenden Ausdruck zu geben.

Was den letzteren Satz betrifft, so ist er als Prinzip der konkreten, d. i. in der Wirklichkeit tätigen Vernunft dadurch ausgewiesen, daß er den Schein überbietet, der durch abstraktes, begrenztes Denken auch in der Einzelwissenschaft entsteht. So können zwei Individuen, die in allen meßbaren, uns endlichen Wesen zugänglichen Stücken gleich sind, als ununterscheidbar, d. h. als identisch gelten. Diese Identität jedoch wird sich in der Perspektive des metaphysischen Denkens als Schein erweisen. Denn die Metaphysik geht über die Grenze der abstrakten, endlichen Perspektive der Einzelwissenschaft, z. B. der Mathematik oder der Physik, hinaus. Leibniz bekennt von sich, daß er „als Physiker" Mechanist sei, aber als Metaphysiker das Prinzip des Wesens, der Entelechie und der in der Sache selbst angelegten Zweckhaftigkeit anerkenne. Die metaphysische Vernunft vollzieht einen Übergang zum konkreten Denken und erkennt, daß das Prinzip der Individualität, Unersetzbarkeit und Einmaligkeit auch dort noch Gültigkeit hat, wo das endliche, einzelwissenschaftliche Denken in den ihm zugänglichen Stücken Gleichheit feststellt.

Auch der Satz vom zureichenden Grunde erweist sich als dem Denken des Ganzen zugehörig, welches durch einen Übergang über die Grenze abstrakten Denkens begriffen wird. Man kann von einem metaphysischen Grenzübergang sprechen. Der Satz lautet, daß es einen zureichenden Grund dafür gibt, daß eine Sache eher so ist, wie sie ist, statt anders zu sein, und daß sie eher existiert, als nicht zu sein. Dieser Satz gehört dem metaphysischen Denken an, welches die Perspektive der Einzelwissenschaft überbietet. Dieses Denken orientiert sich an der Welt im Ganzen und berücksichtigt, daß jedes einzelne Geschehen mit jeglichem Geschehen in der Welt in Vergangenheit, Gegenwart und Zukunft notwendig zusammenhängt. Daher kann die Metaphysik nicht zugeben, daß es eine gleichgültige, unentschiedene Situation in der Welt gibt. Das metaphysische Denken entlarvt die Scheinhaftigkeit auch der physikalischen Aussage, daß es z. B. ein völlig exaktes Gleichgewicht von Kräften gebe. Das am Ganzen der Welt sich orientierende metaphysische Denken erkennt, daß ein zureichender Grund jedesmal ein — vielleicht uns unerkennbares — Übergewicht der einen Möglichkeit gegenüber der anderen verleiht. Ein abstraktes und am Einzelnen orientiertes Denken könnte annehmen, daß ein Subjekt, dem die Situation eine Entscheidung für eine Handlung auferlegt, zwischen zwei exakt gleichgewichtigen Möglichkeiten steht, von denen keine aus sich selbst heraus das Übergewicht zur Verwirklichung, Handlung und Entscheidung beiträgt. Leibniz vertritt auch die These, daß Freiheit im Sinne der Gleichgültigkeit und Unentschiedenheit nicht möglich sei: daß sie vielmehr immer nur als wirkliche Entscheidung für eine der rivalisierenden Möglichkeiten denkbar sei, also im Horizont der Welt begriffen werden müsse.

Das Fazit ist, daß Leibniz durch solche Überlegungen das Prinzip des an Relation und Struktur orientierten Gesetzes, dem es auf Verbindung einzelner Gegebenheiten der Erfahrung ankommt, auf die ihm angemessene Funktion exakter Naturerkenntnis zurückdrängt, um dem metaphysischen Denken des Wesens die ihm angemessene Geltung zu verschaffen. Dabei vollzieht sich eine Figur metaphysischen Denkens, die unter veränderten Umständen bei Kant wiederkehrt, wenn er sagt, daß er das Wissen einschränken mußte, um Platz für den „Glauben“ zu gewinnen. Leibniz stellte die Aufgabe einer kritischen Unterscheidung zwischen der Verfassung metaphysischen und einzelwissenschaftlichen Denkens im Zeichen des Ausgleichs der Spannung zwischen Wesen und Gesetz. Dabei wird sichtbar, daß zu jedem der beiden Prinzipien und ihren Perspektiven jeweils ein Feld von Kategorien gehört. So sind im Bereich des Wesensprinzips Kategorien wie diejenige der Substanz, der Individualität im Sinne der Unteilbarkeit, Unmittelbarkeit und Einmaligkeit, der Durchdringung der Eigenschaften durch die Wesenseinheit, der Auszeichnung individueller Punkte, Situationen und Individuen maßgebend. Als dem Denken des Gesetzes zugehörig aber erweisen sich Kategorien, die in der exakten Wissenschaft begegnen: es ist die Kategorie der Relation, der Quantität, der Funktion im mathematischen Sinne, der Kausalität als einer besonderen Form der Beziehung, der Homogeneität und der Struktur, die ihrerseits wiederum eine besondere Eigenschaft mathematischer Beziehungen ist.

In der deutschen Schulphilosophie, die auf Leibniz fußte, entstand der Name „Ontologie". Mit diesem Namen soll der allgemeinen Frage nach den Prinzipien des Seienden als solchen ihr eigenes Gebiet zugewiesen werden.[5]

An der metaphysischen Unternehmung von Leibniz, dem es darauf ankam, jeweils die Denksysteme des Wesens einerseits und des Gesetzes andererseits in ein einheitliches Gesamtwissen zu vereinigen, wird deutlich: die Auffassung, als könnte *die* Ontologie als ein Gebiet angesehen werden, welches eindeutig und perfekt gegeben wäre, besteht nicht zu Recht. Denn es gibt verschiedene ontologische Denkverfassungen, deren Vereinigung zu einer umfassenden Ontologie wiederum eine besondere Aufgabe darstellt. So gibt es ein ontologisches Denken, welches das Sein im Zeichen des Gesetzes und seiner Kategorien begreift. Ihm gemäß gebührt das Prädikat Sein nur denjenigen Dingen, welche von Kategorien dieses Systems bestimmt werden. Meßbarkeit, Kausalität, Beziehungsartigkeit sind Bestimmungen, denen diejenigen Sachen unterliegen, die den Namen seiend beanspruchen. Die in der

[5] Im Hinblick darauf, daß es der Metaphysik auf die Erörterung der Prinzipien des Seienden ankommt, trat auch der Name Hauptwissenschaft bzw. Grundwissenschaft auf. So etwa bei G. F. Meier: Metaphysik, Halle 1765, 2. Aufl., S. 5: „und daher entsteht die Wissenschaft, welche man die Metaphysik oder die Hauptwissenschaft zu nennen pflegt. Metaphysik ist danach die Wissenschaft, welche die ersten Gründe, oder die ersten Grundwahrheiten der ganzen menschlichen Erkenntnisse enthält".

neuzeitlichen Naturwissenschaft verborgene Ontologie ist von dieser Art. Von den Kategorien der anderen Gruppe, derjenigen z. B. des Wesens, der Substanz, Individualität usw. wird das Denken etwa der aristotelischen Metaphysik und Physik bestimmt. Sie charakterisiert eine andere Verfassung ontologischer Denkart. Als „Natur" dieser Ontologie wird die Physis als Bereich derjenigen Sachen angesprochen, die nach Aristoteles das Prinzip ihrer Bewegung in sich selbst haben und daher selbständig sind. Im weiteren Verlauf dieser Darstellung wird sichtbar werden, daß Grund dafür besteht, die Natur im Sinne des neuzeitlichen Gesetzesprinzips als gefesselte, die Physis aber als „freie" Natur zu bezeichnen.[6]

Vom Standpunkt der Leibnizschen Wesensmetaphysik aus sind nur die dem Wesen angehörigen Kategorien auf Wirkliches hin orientiert, während dem mathematischen und physikalischen Denken abstrakte Inhalte zugeordnet werden. Wenn z. B. eine Strecke mathematisch geteilt wird, dann ist eine natürliche Artikulation dieser Figur dabei nicht maßgebend: die Vorschrift des Teilens ist in die Beliebigkeit des mathematischen Denkens gestellt. Von diesem Zusammenhang her ist auch der Begriff des „materiellen" Atoms zu beurteilen, den das neuzeitliche Denken aus der Tradition des Demokrit, Epikur und Lukrez wieder aufgenommen hatte. Das Atom sei als letztes unteilbares materielles Teilchen zu denken, welches sich nicht aus dem Wesen der Körper ergibt, sondern Resultat gedanklicher Notwendigkeiten ist. Es gehört einer „Natur" an, die das Denken von jeder „Wesentlichkeit" beraubt hat. Diese Natur wird vom Verstand als wesen-loser Bereich vernunft- und sprachfremder Materie gedacht und behandelt, damit er um so freier und unbehinderter nach eigenen Absichten mit ihm umgehen kann. Die „wahre" Einheit, welche Leibniz als die Monade und im Gegensatz zum materiellen Atom als das „formale" Atom bezeichnet, sei diejenige, die als in sich einige, selbständige Kraft die Vielheit der Welt in der Einheit eines zusammenhängenden Bildes einigt.[7]

[6] Vgl. S. 131.

[7] Metaphysikgeschichtlich ist zu bemerken, daß auch beim Kusaner, der freilich noch nicht über die wissenschaftlichen Erfahrungen eines Leibniz verfügte, der Unterschied zwischen dem endlichen Erkennen, welches als ratio (mens) die Arbeit des Vergleichens und Messens leistet und Homogeneität herstellt, und dem Denken des Unendlichen unterschieden wird, für dessen Verhältnis dem Endlichen gegenüber der Satz gilt: „finiti et infiniti nulla

3. Der Verstand als Gesetzgeber der Natur

Den nächsten epochalen Schritt in dem Schauspiel der Auseinandersetzung zwischen dem Denken des Wesens und dem des Gesetzes vollzieht Kant von 1781 an. Wie er selbst sagt, vollendet er die kopernikanische Wende in der Philosophie: er nimmt sich die Freiheit, die Hypothese anzunehmen, daß nicht wir uns um die Gegenstände, sondern daß sich die Gegenstände um unsere Subjektivität drehen. Mit dieser „Hypothese" beansprucht Kant für das Subjekt zugleich einen neuen Stand. Dieser Schritt bedeutet einen Bruch mit dem Theorationalismus und dessen metaphysischem Modell: jetzt wird sinnliche Anschauung zum Charakter der Situation unserer menschlichen Erkenntnis: sie bezeichnet positiv die Stellung des menschlichen Subjekts zu seinem „Gegenstand". Sie bedeutet nicht Trübung des Verstandes, vielmehr charakterisiert sie den unmittelbaren Stand der menschlichen Existenz als leiblicher Subjektivität, die eine räumlich und zeitlich artikulierte, von einem individuellen Standpunkt aus gegliederte Perspektive hat, innerhalb deren jede „gegebene" Sache in einer bestimmten Richtung und Entfernung da ist und sich in unübersehbar vielen Beziehungen zum anschauenden Subjekt findet. Aber die Fähigkeit, in der Anschauung „Gegebenes" aufnehmen zu können, genügt noch nicht, um ein „Sein" im Sinne möglichen Gegenstand-seins denken und einsehen zu können. Der Zugang zum Sein liegt auf dem Wege des Hinausgehens über die Grenzen subjektiver Anschauung, Wahrnehmung und Meinung. Die Bewegung des Übergangs zur Objektivität und zur Welt des gegenständlichen, gesetzlichen Zusammenhanges geschieht durch die Leistung freien Ent-werfens. In ihr wird die uns zunächst von der Natur gegebene unmittelbare Perspektive und ihr enger Horizont, den wir als Lebewesen mit anderen Lebewesen gemeinsam haben, überschritten, so daß wir auch dasjenige zum „Gegenstand" zu machen vermögen, was sich nicht in unmittelbarer sinnlicher Gegenwart und Nähe befindet. Wir gewinnen auf dem Wege dieses Übergangs eine Weltperspektive, innerhalb derer wir über objektives

proportio". Vgl. De docta ignorantia, in: Nikolaus von Kues, Philosophisch-theologische Schriften Bd. I, hrsg. v. Leo Gabriel, z. B. S. 320, 326. Endliches Denken, Grenze dieses Denkens und Bewegung über diese Grenze hinaus sind charakteristische Bedingungen, unter denen der endliche Intellekt zum Unendlichen und damit auch zu sich selbst kommen kann.

„Sein" auszusagen vermögen. Die Leistung des Entwerfens setzt Freiheit voraus: sie zeigt sich nach Kant in der freien Spontaneität des Verstandes, der sich als Gesetzgeber der Natur erweist und von der theorationalistischen Zumutung lossagt, im Geleise eingeborener Ideen zu denken. Der Verstand denkt auch nicht, wie Kant noch in einer früheren Phase seines Denkens meinte, nach einem seiner *Natur eigentümlichen Gesetz, vielmehr gibt er das Gesetz.* Er schreibt der Natur die Gesetze vor.

Die Aussage Kants, daß der Verstand der Natur die Gesetze vorschreibe, bedeutet, daß er den allgemeinen Seinscharakter möglicher Gegenstände bestimmt. Es handelt sich um die „allgemeinen" Gesetze der Natur. In politischer Sprache geredet, machen sie das „Grundgesetz" bzw. die „Verfassung" des Bereiches der Natur aus, den Kant auch als den Bereich „möglicher Erfahrung" bezeichnet. Diese allgemeinen, vom Verstande gegebenen Gesetze bestimmen prinzipiell die universalen Grundcharaktere jedes Gegenstandes überhaupt, der im Bereiche möglicher Erfahrung auftreten und von dem ausgesagt werden kann, daß er dieses oder jenes „ist". Indem der Verstand diese allgemeine Verfassung möglicher Gegenstände der Erfahrung als maßgebend hinstellt, bestimmt er demgemäß auch die allgemeinen Charaktere, die das „Sein" der Gegenstände der Erfahrung aufweisen. Der Verstand beschreibt a priori gesetzgebend die Grundcharaktere möglichen Seins.[8] Die allgemeinen Gesetze, die der Verstand gibt, sind von ontologischer Bedeutung, weil durch sie das Sein möglicher seiender Gegenstände begründet und beschrieben wird. In dieser Ontologie ist nicht das Wesen, sondern das Gesetz maßgebend: „Sein" bedeutet hier soviel wie Bestimmt-sein durch die allgemeinen Naturgesetze. Weil „Sein" den Charakter des vom Subjekt her geleisteten Gesetzes hat und daher „Gesetzt-sein" bedeutet, findet es seine Herkunft und Fundierung in der freien Leistung subjektiven Gesetz-entwurfes. Insofern ist die kantische Ontologie eine im Zeichen des Gesetzesprinzips und der Subjektivität sich entfaltende Gegenkonzeption gegen die aristotelische Wesensmetaphysik. Was auch immer einzelner empirischer

[8] Vgl. mein Buch: ›Philosophie der Beschreibung‹, Köln/Graz 1968; grundlegend auch die Schrift von O. Blaha, Die Ontologie Kants. Ihr Grundriß in der Transzendentalphilosophie, Salzburg, München 1967. Zu erwähnen ist auch der auf die tranzendentale Rolle der Frage abgestellte Ansatz bei E. Coreth, Metaphysik. Eine methodisch-systematische Grundlegung, 2. Aufl. Innsbruck — Wien — München — (1964).

Gegenstand sein und wie er beschaffen sein mag: sein Sein beruht nicht auf seinem Wesen-sein, sondern auf dem Charakter des von vornherein (a priori) in seinem Sein und seiner Verfassung geleisteten Bestimmtseins durch den gesetzgebenden, subjektiven Verstand.

4. Transzendentalphilosophie als Ontologie

Kant bezeichnet seine Philosophie als „Transzendentalphilosophie" und unterscheidet sie von der Transzendentalphilosophie „der Alten". So hat z. B. Thomas von Aquino das ens, unum, res, aliquid als Transzendentalien bestimmt, weil diese Prinzipien die Kategorien übersteigen, die bestimmte Aussagen machen. Das „Transzendentale" bezieht sich auf jedes Seiende im Allgemeinen, d. h. auf Seiendes als solches. Es ist ein „de omnibus communiter praedicabile analogice"[9]. Bei aller Verschiedenheit der einzelnen Dinge geht durch sie, insofern sie seiende Dinge überhaupt sind, in „analoger Weise" der Charakter des „Transzendentalen" hindurch. Während die Transzendentalien in der vorkantischen Philosophie als zuletzt vom göttlichen Verstande in die Dinge investierte Bestimmungen begriffen wurden, interpretiert sie Kant als Leistungen des subjektiven Verstandes. Was z. B. das unum anlangt, so gibt es nach ihm keine Erkenntnis irgendeiner Einheit, die nicht vom subjektiven Verstande selbst hergestellt worden sei.

Alle Bestimmungen, welche das Sein des Gegenstandes als eines „Bürgers" des Territoriums „mögliche Erfahrung" ausmachen, übernehmen nach Kant die Rolle, ein „Transzendentale" zu sein. Auch die „Kategorien" rücken, im Gegensatz zu ihrer Stellung in der Transzendentalphilosophie der Alten, in die Stelle transzendentaler Bestimmungen ein, insofern Quantität, Qualität, Relation (z. B. Kausalität) und Modalität nicht nur einzelne, in gewisser Hinsicht den Gegenstand bezeichnende Aussagetypen sind. Vielmehr sind nach kantischer Voraussetzung die transzendentalen Grundsätze, in welche die Kategorien eingehen, seinsbegründend. Eine Sache ist z. B. als seiender Gegenstand möglicher Erfahrung überhaupt auch kausal bestimmt: ihre Kausalität ist nicht nur eine besondere Bestimmung, die auch fehlen könnte. Ebenso steht es mit Qualität, Quantität und Modalität. Man könnte sagen: die Rolle, welche das Wesen in der

[9] Thomas von Aquin, De natura generis, Kap. 1.

alten Transzendentalphilosophie spielt, geht jetzt auf alle Kategorien über: sie gehören unter die Transzendentalien, zu denen auch die Anschauungsformen Raum und Zeit und die Ideen zu rechnen sind.[10]

Die schon von Aristoteles festgehaltene Verbindung des Prinzips der Eins-heit mit demjenigen des „seiend-Seins", die in dem Satz des Thomas, daß „ens et unum convertuntur", aufs neue zum Ausdruck kam, findet auch bei Kant eine zentrale Stelle. Er deutet jede Kategorie als „Funktion", d. h. als an sich einige Handlung des Einigens sinnlich gegebener Materialien. Kategoriale Synthesen a priori, wie z. B. diejenige der Kausalität oder der Größe, stellen die Grundverfassung des gesetzlichen Zusammenhanges der Natur und damit das Sein der Gegenstände möglicher Erfahrung her. Daher ist auch im Interesse der Begründung der Ontologie die Frage nach den Bedingungen der Möglichkeit der Synthesis a priori vordringlich. Jede Kategorie ist auf ihre Weise Vollstreckungsorgan einer zentralen Instanz des Einigens. In jeder denkt und wirkt das in sich einige, Anderes einigende „Ich denke". Das einigend-denkende Ich ist der transzendentale Keim aller ursprünglichen seins- und gegenstandsbildenden Synthesen. In Entsprechung der aristotelischen Idee von der als Bewegung agierenden Energeia faßt Kant die ursprünglichen Synthesen als Bewegungen auf, durch welche sich die den Seinscharakter der Gegenstände begründende Einheit herstellt. So ist ein geometrischer Gegenstand wie die Linie kein statisches Gebilde, sondern der objektive Niederschlag einer synthetischen Handlung, die einer Regel folgt. Die Regel kann als „Charakter" der Handlung bezeichnet werden, in der die Konstruktion geleistet wird. Die in jeder Kategorie wirkende einigende Funktion des „Ich denke" bringt als transzendentale Bewegung das Sein des Gegenstandes, der als seiender ein einiger ist, zustande. Funktion als in sich einige, einigende Handlung ist die auf die Sprache des Gesetzesdenkens gebrachte Energeia des Aristoteles. Das Subjekt leistet seins- und gegenstandsbegründende Bewegungen, insofern es die Dinge nach ihrer kategorialen Natur beschreibt.

Das Denken des Wesens unterscheidet sich von demjenigen des Gesetzes durch den metaphysischen Begriff, den es von Einheit und Sein

[10] Es ist daher auffallend, daß Kant nicht für alle Kategorien das Analogieprinzip in Anspruch nimmt, sondern nur für diejenigen der Relation, die, auf die Sprache synthetischer Grundsätze gebracht, zusammen die „Analogien der Erfahrung" ergeben.

hat. Dieser Unterschied entspricht auch einer verschiedenen ontologischen Auffassung der Natur: die Physis, die Aristoteles als den Bereich der Dinge anspricht, die den Anfang der Bewegung und Einigung in sich selbst haben, ist von derjenigen Natur unterschieden, welcher der Verstand die Gesetze als allgemeine, seins- und einheitsbegründende Gesetze vorschreibt. „Frei“ mag die Physis-Natur genannt werden, weil sie selbst-ständig und ein Bereich von „Wesen“ ist, welche die Kraft des Einigens in sich selbst haben. Demgegenüber ist die am Prinzip des Gesetzes orientierte Natur — Kant spricht vom „Zusammenhang der Erscheinungen nach Gesetzen“ — deshalb als „gefesselt“ zu bezeichnen, weil das einigende Band, welches ihre Gebilde zu Seienden macht, von einer ihr fremden Instanz, dem subjektiven Verstande, geknüpft ist. Der Verstand muß erst den eigenen Sinn negiert haben, der in der Natur der Wesenheiten begegnet, um sie ganz auf die Sprache seiner Einheit und seiner Zwecke bringen zu können. Die gefesselte Natur wird als Bereich von Gegebenheiten in den Ansatz gebracht, die inhaltlich der Vernunft bzw. dem Verstande und der menschlichen Sprache (logos) fremd sind und daher der Sinngebung durch die Subjektivität bedürfen. Der Verstand drängt die Natur in diese Rolle, um sie ganz in die Hand zu bekommen und in ihr ein Werkzeug für die praktische Realisierung der subjektiven Zwecke zu gewinnen. Er stellt durch die darin implizierte Ontologie die Voraussetzung für die moderne Technik her. Diese ist allerdings nicht, wie auch Heidegger zu Recht betont, nachträgliche Anwendung der neuzeitlichen exakten Naturwissenschaft, sondern gründet auf demselben ontologischen Fundament.

Die freie Natur (physis) überläßt bei Kant der gefesselten Natur nicht das Feld allein. Sie treibt das Denken über den Bereich der Gesetzesnatur und die ihm entsprechende Ontologie hinaus und fordert es dazu heraus, in der Erscheinung und durch sie hindurch die Selbstständigkeit der Natur zu sehen und anzuerkennen. Dieser Schritt, den Kant in seiner Philosophie des Lebens, in der Geschichtsphilosophie, Ästhetik und Ethik vollzieht, wird konsequenterweise nur im internen Denken der Subjektivität geschehen können. Die „reflektierende Urteilskraft“ bildet für den inneren Haushalt des Denkens den Begriff von einer Natur, deren Gebilde „innere Zweckmäßigkeit“ zeigen. Es ist eine Konsequenz aus dem subjektivistischen Ansatz, daß in dieser Hinsicht nicht von „Erkennen“, sondern vom reflektierenden Denken die Rede ist, welches die Natur so beurteilt, „als ob“ sich ihre Gebilde innerlich zweckmäßig verhielten: d. h. als ob in jedem Gebilde alles gegenseitig Mittel und zugleich Zweck wäre. Entsprechend bringt auch das Kunstwerk die Idee des Ganzen, Vollendeten zum Vor-schein. Kant spricht von der „Freiheit in der Erscheinung".

In der Geschichtsphilosophie charakterisiert er die freie Natur so, daß sie mit den von ihr hervorgebrachten Lebewesen, insbesondere auch mit dem Menschen, weise Absichten verfolge. Alle Naturanlagen eines Geschöpfes seien dazu bestimmt, sich „einmal vollständig und zweckmäßig auszuwickeln". Die Natur habe gewollt, daß der Mensch alles, „was über die mechanische Anordnung seines thierischen Daseins geht, gänzlich aus sich selbst herausbringe und keiner anderen Glückseligkeit oder Vollkommenheit theilhaftig werde, als die er sich selbst frei von Instinct, durch eigene Vernunft, verschafft hat" [11]. Hier wird die Freiheit des Menschen geradezu als Vorkommen *innerhalb* des Bildungsbereiches der Natur angesprochen, die das vernünftige Wesen Mensch hervorgebracht und damit einen Willen verbunden hat.

Mit dieser Konzeption, welche unter kritischen Voraussetzungen über den Begriff der Gesetzesnatur zu demjenigen eines durch Vernunft gebotenen Gedankens der freien Natur hinausgeht, vollzieht Kant auch einen Übergang über die im Begriff der Gesetzesnatur heimische Seinsauffassung. Sie wird jetzt als Seinsbegriff einer besonderen Weise des Denkens, und zwar des wissenschaftlichen Erkennens, begriffen. Während im Bereich dieses Erkennens das Sein durch „Ist-sagen" angesprochen wird, geht es in dem universalen weiten Bereich, der durch den Begriff der freien Natur erschlossen wird, in die Rede des „als ob" ein. Das „als ob" soll nicht Zeichen für eine Fiktion, sondern Hinweis auf einen seienden Bereich sein, der freilich nicht Gegenstand des „Erkennens", sondern des „Denkens" ist. Nicht der Verstand, sondern die „Vernunft" faßt Gedanken über diesen Bereich und sagt über ihn mit einer Berechtigung und Sicherheit aus, „als ob" der gesetzgebende Verstand gesprochen hätte. Die Vernunft spiegelt sich in diesem Bereich des „Seins", welcher derjenige der freien Natur ist: sie bestätigt sich, die sich selbst als seiende und wirkende Instanz auffaßt, indem sie ihn als frei, zwecktätig handelnd, alles mit Notwendigkeit zur Einheit verknüpfend, auffaßt.[12]

[11] Gesammelte Schriften, Bd. VIII, S. 19.

[12] Vom Standpunkt unmittelbarer Gefühlserfahrung aus bringt Herder den Unterschied zwischen gefesselter und freier Natur in folgender Weise

Aber die metaphysische Vernunft drängt auch noch über diese Situation hinaus. Sie will den letzten Rest der Fremdheit und Grenze gegenüber dem Sein beseitigen und zu ihm in ein Verhältnis kommen, kraft dessen sie nicht bloß im Sinne des „Als ob", sondern im Sinne des „Ist"-sagens zu reden vermag. Sie macht die Erfahrung, daß der subjektive Stand allein nicht genügt, um über die freie Natur (physis) und das Sein selbst Aussagen zu machen. Das metaphysische Denken baut jetzt seine Voraussetzungen nicht innerhalb eines gegebenen alten Rahmens um, sondern vollzieht einen Übergang zu einem Stande, von dem aus sich Natur und Sein in neuer Perspektive zeigen.

Dieser Schritt geschieht im Rahmen einer Philosophie der Natur bei Schelling. Beim frühen Schelling konzentrieren sich die Gewichte der metaphysischen Frage nach dem Sein auf dem Boden der „Naturphilosophie". Er stellt im Gegenzug gegen den Naturbegriff der neuzeitlichen Naturwissenschaft die aristotelische „physis", die freie Natur, in vollem Umfange wieder her, aber jetzt unter der Voraussetzung, daß die noch von Kant angenommene Grenze zwischen subjektiver Vernunft und Natur, bloßem „Als ob"-sagen und „Ist"-sagen, aufgehoben wird.

Die Wirklichkeit der Natur wird zugleich auch als Wirklichkeit der Vernunft selbst in Ansatz gebracht und umgekehrt: so in der „Identitäts"-philosophie Schellings. Das metaphysische Denken muß demgemäß für sich selbst einen Stand in Anspruch nehmen, den es inmitten dieser Identität wählt und von dem aus es das „absolute" Sein in Gestalt der Identität des „Idealen" und des „Realen" in einem absoluten Wissen zu begreifen vermag. Die Überlegungen der Nachfolger Kants geschehen in dem Wissen davon, daß das metaphysische Denken kein Geschehen im Bereich des bloßen Vorstellens ist, sondern eine

auf seine Sprache: „In allem, was wir tote Natur nennen, kennen wir keinen inneren Zustand. Wir sprechen täglich das Wort Schwere, Stoß, Fall, Bewegung, Ruhe, Kraft, sogar Kraft der Trägheit aus, und wer weiß, was es inwendig der Sache selbst bedeutet? — Je mehr wir indes das große Schauspiel wirkender Kräfte in der Natur sinnend ansehen, desto weniger können wir umhin, überall Ähnlichkeit mit uns zu fühlen, alles mit unserer Empfindung zu beleben. Wir sprechen von Wirksamkeit und Ruhe, von eigener oder empfangener, von bleibender oder sich fortpflanzender, toter oder lebendiger Kraft völlig aus unserer Seele . . ." (Vom Erkennen und Empfinden der menschlichen Seele. Herders Sämtliche Werke, hrsg. v. Suphan, Bd. VIII, S. 165 f.).

Handlung, in welcher die Perspektive eines gedanklichen Standes überschritten und ein neuer Stand behauptet wird. So geschieht bei Schelling eine Umorientierung im metaphysischen Denken: ein Übergang in eine neue Weltstruktur, die sich am Prinzip der Identität von Denken und Sein orientiert. In der vierten der Vorlesungen über die Methode des akademischen Studiums heißt es, daß der letzte Grund und die Möglichkeit „aller wahrhaft absoluten Erkenntniß darin ruhen muß, daß eben das Allgemeine zugleich auch das Besondere und dasselbe, was dem Verstand als bloße Möglichkeit ohne Wirklichkeit, Wesen ohne Form erscheint, eben dieses auch die Wirklichkeit und die Form sey".[13] In dieser Perspektive gibt es keinen Unterschied zwischen gedanklicher Möglichkeit und Wirklichkeit, Allgemeinem und Besonderem, innerem Wesen und Erscheinung, selbständigem Sein der physis und subjektiver Form des Begreifens. Das Wesen bringt sich selbst zur Erscheinung und zum Bilde: daß es Bild wird, gehört zum Wesen. Die „Form" als Weise des subjektiven Auffassens des Gegenstandes ist jetzt zum „Wesen" gehörig und wird von ihm selbst in Anspruch genommen. In der ersten der genannten Vorlesungen spricht Schelling von dem metaphysischen „Urwissen". Es „wohne" im Absoluten und und sei selbst absolut. Es sei uns „als das Wesen aller Dinge und der ewige Begriff von uns selbst eingebildet, und unser Wissen in seiner Totalität ist bestimmt, ein Abbild jenes ewigen Wissens zu seyn".[14]

Auch Hegel bringt die Physis als freie Natur und ihren Seinsbegriff zur Geltung: im Unterschied zu Schelling jedoch spielt er sie nicht gegen die gefesselte Natur aus, sondern weist ihr die Rolle des ursprünglichen und umgreifenden Prinzips zu, welches auch der Natur der exakten Naturwissenschaft gerecht wird. Hegel geht vom „Sein" der Vernunft, vom „Geist" aus und spricht ihm als Substanz eine Geschichte zu, an deren Anfang das unmittelbare, natürliche Dasein, dasjenige der freien Natur steht. Die „Substanz" bringt es am Ende in den Stand ihres Selbstwissens und ist ein „an-und-für-sich-Sein" geworden. Vom Stande der endgültigen Selbsterkenntnis aus können auch untergeordnete Stufen des Bewußtseins und Wissens an ihren Platz gebracht, beurteilt und beschrieben werden. Von hier aus wird erkannt, daß die

[13] Vorlesungen über die Methode des akademischen Studiums (1803), Vierte Vorlesung. Zitiert nach: F. W. J. v. Schellings sämmtliche Werke, Erste Abtheilung, Fünfter Band, Stuttgart und Augsburg 1859, S. 250.

[14] Erste Vorlesung, a. a. O. S. 216 f.

wissenschaftliche Vernunft von einem gewissen Stande aus den Begriff der gefesselten Natur, also des Gesetzes, fassen *muß*, daß aber das Denken sich die Freiheit nimmt, sich selbst zu übersteigen und zum metaphysischen Erkennen des Wesens überzugehen. So entsteht für den physikalischen Verstand der „Schein", daß sich die elektrischen Pole als zwei verschiedene Dinge gegenüberstehen. Das über ihn hinausgehende metaphysische Denken aber wird in dieser Auffassung ein Zeichen einer untergeordneten Perspektive „sehen". Denn in der Wahrheit zeigt sich in der gegensätzlichen Bezogenheit der beiden Pole eine einzige identische Sache, die sich „von sich abgestoßen hat" [15] und aus ihrer Selbstentfremdung in ihre Identität zurückgegangen ist. Gegenüber der Weltperspektive des physikalischen Verstandes erscheint die metaphysische Auffassung als „verkehrte Welt".

Der metaphysische Denker begreift sich selbst als Subjekt, welches sich in die Substanz des Allgemeinen, der wirklichen Vernunft aufhebt. Metaphysik geschieht nicht bloß als Vorgang des Vorstellens, sondern ist wirkliche Geschichte, wie auch *die* Vernunft selbst als wirklicher Geist den Gesamtbereich des Wirklich-Seins ausmacht. Sie ist „Substanz", die zugleich Subjekt ist und das Denken und Sagen des metaphysisch philosophierenden Subjekts bestimmt, es zum Vermittler und Akteur ihrer eigenen Geschichte macht. Auch Hegel stellt das Wesen der Form polar gegenüber und läßt beide zur Identität werden.[16] Das „Wesen" wird Substanz bzw. selbständige Natur der Sache, während die Form als Art und Weise auftritt, wie das Wesen erscheint und zum Wissen gelangt. Die Form sei dem Wesen so wesentlich als es sich selbst. Daher sei es nicht bloß als „Wesen, d. h. als unmittelbare Substanz ... zu fassen und auszudrücken, sondern eben so sehr als *Form* und im ganzen Reichthum der entwickelten Form; dadurch wird es erst als Wirkliches gefaßt und ausgedrückt".[17] Das Wahre sei das Ganze: das Ganze aber sei nur das durch seine Entwicklung sich vollendende „Wesen". Auch dürfe das Wesen nicht im Sinne der alten Ontologie von der „Existenz" geschieden werden. Hegel spricht von der absoluten Vermittlung, die das Sein ist. Das Sein sei substantieller Inhalt, der „ebenso unmittelbar Eigenthum des Ichs, selbstisch oder der Begriff ist".[18] Dem Wesen ist es wesentlich, für sich zu sein und daher ein

[15] Hegel, Phänomenologie des Geistes, Sämtliche Werke, Bd. II, S. 121.
[16] a. a. O., Bd. II, S. 16.
[17] a. a. O., Bd. II, S. 16.
[18] a. a. O., Bd. II, S. 29.

Dasein für sich zu haben. Es kann also niemals bloße „Hypothese" sein, wie das „Gesetz" es für die Naturwissenschaft ist. Die Sprache, die das exakte Denken spricht, gibt Zeugnis von der Eigenart der durch das Gesetz bestimmten Verfassung des Bewußtseins ab. Die Bewegung z. B. des mathematischen Wissens gehe, weil ihr Zweck oder ihr Begriff derjenige der Größe sei, auf der Oberfläche vor und berühre nicht die Sache selbst, also nicht das „Wesen" bzw. den „Begriff". Deshalb sei es kein „Begreifen" im Sinne der philosophischen Wissenschaft. Das mathematische Denken laufe auf der Linie der Gleichheit fort. Das „Tote", mit dem es dieses Denken zu tun habe, bewege sich nicht selbst und komme nicht zu Unterschieden des „Wesens". Es vermag nicht die wesentliche Entgegensetzung oder Ungleichheit in den Blick zu bekommen, und daher gelingt es dem mathematischen Denken nicht, den Gegenstand zur Selbstbewegung zu bringen. Diesem am Gesetz orientierten Denken, welches zugleich das auf der Subjektivität beruhende Denken ist, läßt Hegel keine Ruhe, insofern er es als Schicksal der Subjektivität ansieht, die eigene Freiheit gegenüber dem Wissen aufzugeben. Statt das „willkürlichbewegende Princip des Inhalts" zu sein, solle das Subjekt seine Freiheit in ihn „versenken" und ihn durch „seine eigene Natur, d. h. durch das Selbst als das seinige", sich bewegen lassen und diese Bewegung betrachten. Es solle sich des „eigenen Einfallens in den immanenten Rhythmus der Begriffe" enthalten, wobei diese Enthaltsamkeit selbst ein wesentliches Moment der „Aufmerksamkeit auf den Begriff" sei.[19]

Dem „Wissen" im Sinne philosophischer Wissenschaft ist es nach diesen Voraussetzungen anheimgegeben, das Sein der Sache selbst walten zu lassen: die dadurch zur Wirkung kommende Auffassung vom „Sein" gehört daher in den Umkreis der Physis als dem Bereich der Dinge, welche von sich aus die Kraft ihres Sich-einigens zum Wesen aufbringen. So betrachte die Naturphilosophie als „begreifende", d. h. vom metaphysischen Begriff bestimmte Betrachtung das Allgemeine in der Natur nicht im Sinne gesetzlicher Verbindung, sondern in seiner *„eigenen immanenten Notwendigkeit* nach der Selbstbestimmung des Begriffs."[20]

[19] a. a. O., Bd. II, S. 46 f.

[20] Encyclopädie § 246, zitiert nach: G. W. F. Hegel, Encyclopädie der philosophischen Wissenschaften im Grundrisse, hrsg. v. J. Hoffmeister, 5. Aufl., Leipzig 1949, S. 203.

Nach dem Scheitern der Hegelschen Philosophie des absoluten Standes wendete sich die Vernunft auf das nächste, praktisch Verwertbare, „Positive“ zurück. Im Zusammenhang damit fielen die großen, von Hegel noch in der Einheit des metaphysischen Denkens zusammengehaltenen Motive der Wissens-theorie und des metaphysischen Interesses auseinander. Metaphysik wurde entweder im Anschluß an die Erfahrungswissenschaften als wissenschaftliches „Weltbild“ verstanden oder erfüllte die Funktion der „Weltanschauung“ ästhetischer oder religiöser Prägung.

Das Wissen der Wissenschaft einerseits und die Erkenntnis der eigenen Stellung zur Welt andererseits, in deren Umkreis das metaphysische Denken von „Interesse“ und metaphysischer „Bildung“, von Existenz und Engagement spricht, stehen unvermittelt nebeneinander da. Nietzsche hat vom Nihilismus des modernen, wissenschaftlich bestimmten Bewußtseins gesprochen. So hat die Metaphysik auf der einen Seite in Orientierung an exakter mathematischer Erfahrungswissenschaft ihre Aufgabe an die „Erkenntnistheorie“ und Methodologie übergeben, ist also selbst exakte Wissenschaft geworden. Auf der anderen Seite bleibt ihr ein eigentümliches Territorium, in welchem sie das Interesse des Menschen an seiner Stellung zur Welt verwaltet. Von diesem Bereich hat sie alle Wissenschaft ferngehalten: hier läßt sie nur noch ursprüngliche Erfahrungen zu. Hierzu gehört die These etwa Heideggers: „Metaphysik und Philosophie sind überhaupt keine Wissenschaft . . .“ [21]

5. Die ungelöste Aufgabe der Vermittlung von „Wesen“ und „Gesetz“

Zwischen beiden unvermittelten Polen hat sich zu Ende des 19. Jahrhunderts das Denken eines merkwürdigen Anspruchs angesiedelt: Die Philosophie stellt sich hier die Aufgabe, durch Auswertung einzelwissenschaftlicher Ergebnisse zum Horizont der „Welt“ die metaphysischen „Interessen“ zu befriedigen. Gemeint sind die Unternehmungen, die unter dem Namen „Weltanschauung“ Wissenschaft mit Seinsinteresse und Engagement durcheinandermischen, ohne sie, wie es die Aufgabe der Metaphysik von jeher war, in einem spezifisch metaphy-

[21] Einführung in die Metaphysik, Tübingen, 1953, S. 33.

sischen Wissen und der dazu gehörigen Methode zu vermitteln. Im Grunde wird hier nicht mehr die metaphysische Frage gestellt und beantwortet. Die Metaphysik der Tradition wird jetzt zum psychologischen Phänomen, das der „Erklärung" bedarf. Ein „Einheitstrieb der menschlichen Vernunft" wird dafür verantwortlich gemacht, daß der sonst im Bereich der Einzelwissenschaften gut aufgehobene Verstand das von ihm erkannte Einzelne irgendwie zu einem „Ganzen" verbindet, das er Welt nennt. Der menschlichen Vernunft sei ein „spekulativer Trieb" eingepflanzt, der sie dazu verführe, auf dem in der Einzelwissenschaft heimischen Wege zu einer „Weltanschauung" weiterzugehen. Hatte Kant von einem „Bedürfnis" der Vernunft nach umfassender Einheit gesprochen, so war das transzendental als Selbstentwurf der Vernunft gemeint: der „spekulative Trieb" aber wird jetzt als psychische Anlage verstanden, gehört also zum Fragebereich der Psychologie.[22] Zwar könne nicht jeder Versuch, aus diesem Einheitstrieb heraus eine „Weltanschauung" zu gestalten, als ein System der Metaphysik gewertet werden, sonst würde jede religiöse Weltanschauung oder jedes dichterische „Weltbild" Metaphysik sein. Der Begriff der Metaphysik müsse dahingehend begrenzt werden, daß nur diejenigen „weltanschaulichen" Versuche als metaphysisch angerechnet werden können, die vom „wissenschaftlichen Erkenntnisbedürfnis" ausgehen und daher auch in erster Linie dieses zu befriedigen streben. Symptomatisch ist folgende Definition von Metaphysik: „Metaphysik ist der auf der Grundlage des gesamten wissenschaftlichen Bewußtseins eines Zeitalters oder besonders hervortretender Inhalte desselben unternommene Versuch, eine die Bestandteile des Einzelwissens verbindende Weltanschauung zu gewinnen."[23] Sie sei von dem Schicksal des wissenschaftlichen Denkens abhängig. Da die philosophische Signatur unserer Zeit durch die Naturwissenschaft gegeben sei, so sei diese Wissenschaft auch für die Metaphysik unserer Tage maßgebend.

Wundt kann auf das physikalische Prinzip der Energie hinweisen, das in seiner Zeit von Ostwald zum Thema einer monistischen „Weltanschauung" geworden ist. Es charakterisiert das allgemeine Gesicht der Vermengung von Wissenschaft und Weltanschauung, wenn drei „Entwicklungsstufen" der Metaphysik unterschieden werden, die der Sache nach eine Analogie mit dem

[22] Wilh. Wundt: Metaphysik, in: „Systematische Philosophie", Berlin/ Leipzig, 2. Aufl. 1908, S. 106.

[23] a. a. O. S. 106.

Dreistadiengesetz von Comte zeigen. Es wird eine poetische, eine dialektische und schließlich eine kritische Phase der Metaphysik unterschieden, wobei der Leitfaden dieser Einteilung selbst wiederum durch ein psychologisches Modell geliefert wird. Diesen Typen der Metaphysik entspreche nämlich eine psychologische Dreischichtung von Phantasie, Gefühl und Verstand. Im dritten Stadium, dem kritischen, befinde man sich zur Zeit (1907!). Hier möchte eine Nachweisung des „logischen Ursprungs der Erkenntnis und der den Erkenntnisinhalt ordnenden Begriffe“ geleistet werden (ebd. S. 108). In dieser kritischen Phase sei jenes grundlegende Gebiet, das wir heute „Erkenntnistheorie“ nennen, auch als maßgebend für metaphysisches Fragen bestimmt. Nach diesem Programm der Metaphysik, welches die Selbständigkeit ihrer Fragestellungen verneint und das metaphysische Denken ganz der Oberhoheit der einzelwissenschaftlichen Denkweise anheimstellt, dürfe der Metaphysiker nicht mehr als ein „souveräner Bauherr“ auftreten. Vielmehr spiele der Metaphysiker die Rolle des Architekten, der „auf dem Terrain des positiven Wissens, unter der Aufsicht und nach den Bedürfnissen der hier befehlenden Sondereigentümer sein Werk zu vollenden und überall darauf zu sehen hat, daß die Teile zu einem harmonischen Ganzen zusammenstimmen“. Der Metaphysik sei es also zur Aufgabe gemacht, eine die „Fülle der Erscheinungen“ zusammenfassende Einheit und Ganzheit herzustellen (S. 133). Zu Unrecht wird hier der Name „kritisch“ in Anspruch genommen und Kant zum Kronzeugen angerufen: denn die Kantische Kritik ging darauf aus, den „ekelhaften“ Mischmasch der Methoden zu bekämpfen und das Mißverständnis, welchem die Vernunft durch solch ein Verfahren wie dasjenige der „induktiven Metaphysik“ gegenüber ihrer eigenen Idee der Welt verfällt, zu vermeiden. „Weltanschauung“ würde Kant von seinem kritischen Stand aus als Mißverständnis der Vernunft bezeichnen. Der der Metaphysik aufgegebene Übergang über die Grenzen des Einzelwissens hinaus kann vom kritischen Denken aus nur in der Weise geschehen, daß am Ende ein Stand mit einer ihm eigentümlichen Weltperspektive gewonnen wird, von dem aus freilich das einzelwissenschaftliche Denken auf relative Erkenntnis restringiert und dazu angehalten wird, niemals den Anspruch der Erkenntnis eines „Ganzen“ bzw. einer „Welt“ zu erheben. Analoge Neuauflagen dieses Denkens in der Gegenwart machen eine Reflexion darauf nötig.

Der Gruppe von Namen, für die Wundt hier das Wort führte, gehören z. B. auch Fechner, E. von Hartmann, Lotze an. Bei aller Verschiedenheit der Denkweisen zeigen sie ein gemeinsames Profil metaphysischer Programmatik: sie stellen sich zunächst auf den Boden empirischer Naturwissenschaft und suchen die dort gezogenen Gedankenlinien so weit zu verlängern, daß allseitige Konvergenzen auch mit Linien entstehen, die aus anderen Bereichen herkommen und so der Schein eines Ganzen bzw. einer Welt entsteht. Allerdings distanziert sich Wundt selbst wieder von den metaphysischen, auf „Weltanschauung“ hinarbeitenden Exzessen von Naturforschern, die, wie etwa Ostwald, auch den Willen im Zeichen des physikalischen Energieprinzips zu begreifen versuchen. (W. Wundt, Essays, Leipzig 1906, 2. Aufl., S. 29, 35. Wie die Tendenz, Metaphysik mit „Weltanschauung" zu identifizieren, auch heute noch nachwirkt, wird an der Sprache deutlich, die bei E. Topitsch, Vom Ursprung und Ende der Metaphysik, Wien 1957, zu hören ist. Er bezeichnet sein Unternehmen gegen die Metaphysik im Untertitel als „Weltanschauungskritik".)

Auch bei Dilthey wird die metaphysische Frage selbst als solche nicht aufgenommen: vielmehr wird Metaphysik als psychische Leistung betrachtet, der eine „Funktion" in der Gesellschaft zukomme. Diese Funktion hat nach Dilthey ein doppeltes Gesicht: einerseits geht es um die Erfüllung des „Bedürfnisses", über den von den Einzelwissenschaften hergestellten Weltaspekten einen allgemeinen und alle einzelnen Ergebnisse verbindenden Zusammenhang herzustellen. Da es um die Bildung eines Weltaspektes geht, bietet sich der Name „Weltanschauung" an. Andrerseits denkt er dabei an eine Tradition philosophischen Denkens, die er als „Lebensphilosophie" bezeichnet.[24] Er beschreibt unter diesem Namen ein Denken, das zunächst im engen Kreis gewonnen ist und den Charakter des Subjektiven an sich hat, dann aber systematisiert und objektiviert wird. In diesem Zusammenhang werden Fragen von der Art gestellt, was im Gesamthaushalt unseres Lebens die Leidenschaften bedeuten, was Ruhm und äußere Anerkennung wert sind oder worin das Glück besteht. Kants Anthropologie in pragmatischer Absicht gehört nach Dilthey ebenso in diesen Zusammenhang wie die Reflexionen Montaignes, Carlyles oder Nietzsches.[25]

Der Historismus sieht es als seine Aufgabe an, eine Typologie „der Weltanschauungen" zu geben. Dilthey unterscheidet Naturalismus, objektiven und subjektiven Idealismus. In unerwartete und überraschende Nachbarschaft zu dieser Position tritt eine Auffassung, welche im Umkreis positivistischen

[24] Wilhelm Dilthey, Das Wesen der Philosophie, in: Systematische Philosophie, Berlin/Leipzig, 2. Aufl. 1908. Zum Thema „Weltanschauung" sei auf eine Dissertation von H. G. Meier aufmerksam gemacht: Weltanschauung. Studien zur Geschichte und Theorie des Begriffs, Diss. Münster 1969.

[25] Was Kant angeht, so möchte ich hier auf meine Arbeit hinweisen: Weltorientierung, Weltkenntnis und pragmatische Vernunft bei Kant, in: Kritik und Metaphysik, Heinz Heimsoeth zum 80. Geburtstag, Berlin 1966, S. 60 ff., ebenso: Immanuel Kant, Sammlung Göschen 1969.

Denkens entspringt.[26] In einer dem historischen Denken verwandten Weise stellt Stegmüller das unbestreitbare und von niemand bezweifelte Faktum fest, daß es verschiedene geistige Unternehmungen gegeben habe und geben könne, die sich als „Metaphysik“ bezeichnen. Diejenigen, welche an einer metaphysischen Tradition teilnehmen, also die Metaphysiker, übernehmen das in ihrem gedanklichen Kreise und in ihrer Tradition ausgebildete Sprachspiel, in dessen Rahmen gemeinsame evidente Einsichten möglich sind. Die Frage nach dem, was ist, sei als objektive, metaphysische zu ihrer Entscheidung auf „das subjektive Grundproblem der Metaphysik“ zurückzuführen: auf die Frage, was absolut gewiß sei.[27] Wer so argumentiert, tritt nicht in die Diskussion um metaphysische Probleme ein, sondern stellt nur die Lage fest, in der sich ein „Metaphysiker“ befindet. Es ist daher inkonsequent, wenn in diesem Zusammenhang von *der* Metaphysik als einer auf ein bestimmtes Problem und eine bestimmte Sache bezogenen Wissenschaft die Rede ist: vielmehr steht in diesem Zusammenhang nur eine Mannigfaltigkeit von „Metaphysiken“ zur Debatte. Innerhalb einer religiösen Gemeinschaft, so wird argumentiert, könne über Gott in derselben Weise „unzweideutig gesprochen werden, wie wir über Menschen, Städte, Atomkerne und Spiralnebel sprechen“. Nicht erst dann sei ein sinnvolles Sprachspiel gegeben, wenn die Gewähr besteht, daß jedermann in dieses Spiel eintreten könne.[28]

In dem Maße, in welchem in der Zeit der wissenschaftlichen „Weltanschauung“ das Denken der exakten Erfahrungswissenschaft maßgebend wird, tritt die dem „Wesen“ abgewendete Denkrichtung auf: das „Gesetz“ wird bestimmend. Diese Entwicklung kommt in Erklärungen zum Ausdruck, in denen der Naturwissenschaft empfohlen wird, die Erscheinungen der Natur zu „beschreiben“, statt von verursachenden Kräften zu reden.[29] Auf den Plan tritt jetzt die „Erkenntnistheorie“, die auch in den Fällen, wo man der Metaphysik irgendeine Aufgabe noch zu retten versucht, zum Kerngebiet metaphysischen Fragens und Antwortens erklärt wird. In der Erkenntnis-theorie ist es darum zu tun, durch ein theoretisches Modell die Leistung des Erkennens zu begründen.[30] Dabei wird die Formulierung Kants aufgenom-

[26] W. Stegmüller, Metaphysik, Skepsis, Wissenschaft, 2. Aufl., Berlin/Heidelberg/New York 1969.

[27] a. a. O. S. 161.

[28] a. a. O. S. 132 f.

[29] z. B. Kirchhoff, Einleitung in die Mechanik.

[30] Der Name „Erkenntnistheorie“ wurde vor allem durch Eduard Zeller im 19. Jahrhundert bedeutsam, der ihn als Titel für ein philosophisches Pro-

men, daß es darum gehe, die „Bedingungen der Möglichkeit" der Erkenntnis zu untersuchen. Aber es wurde vergessen, daß Kant die erkenntnistheoretische Frage von vornherein mit der ontologischen verband; indem er nach den Bedingungen der Möglichkeit der Erkenntnis a priori fragte, ging es ihm darum, diejenigen apriorischen Synthesen zu beschreiben und zu charakterisieren, welche die Grundverfassung und das „Sein" der seienden Gegenstände bestimmen. Auch die Metaphysik müsse die Frage stellen und beantworten, wie sie ihren Erkenntnisanspruch auf das Sein rechtfertigen kann. Die „Erkenntnistheorie" des 19. Jahrhunderts aber stellt ihre Frage nicht ontologisch, sondern vom Bedürfnis der Einzelwissenschaft nach Grundlagenforschung her. Für den Ansatz dieser „Erkenntnistheorie" ist charakteristisch, daß sie von vornherein von dem Modell der Unterscheidung zwischen Subjekt und Objekt ausgeht. Die Brücke, über welche die Ontologie zwischen den Seiten: Denken und Sein zu gehen vermag, wird von der Erkenntnistheorie außer Funktion gesetzt. Demzufolge werden diejenigen dem Subjekt eigentümlichen Formen und Möglichkeiten untersucht, die es einzusetzen vermag, um Wirkliches zu erkennen und Erfahrung herstellen zu können. Die Erkenntnistheorie bilde „die formale Grundlage der ganzen Philosophie; sie ist es, von der die letzte Entscheidung über die richtige Methode in der Philosophie und in der Wissenschaft überhaupt ausgehen muß".[31] Es ist charakteristisch, daß die alte metaphysische Aufgabe, dergleichen wie ein „Naturganzes" zu denken, formal übernommen und auch vom „Wesen" gesprochen wird, als ob noch die Situation Schellings und

gramm gebraucht hat. Vgl. Eduard Zeller, Über Bedeutung und Aufgabe der Erkenntnistheorie, in: Vorträge und Abhandlungen, Leipzig 1877, S. 479 ff. Es handelt sich dabei um einen Vortrag bei der Eröffnung der Vorlesungen über Logik und Erkenntnistheorie, die Zeller in Heidelberg im Jahre 1862 gehalten hat. Hier heißt es S. 481: „Denn da die Ergebnisse jeder Untersuchung wesentlich durch das Verfahren bedingt sind, dessen man sich bei derselben bedient, so ist es unmöglich, die Erforschung des Wirklichen mit wissenschaftlicher Sicherheit in Angriff zu nehmen, wenn nicht zuvor die Bedingungen und Formen des wissenschaftlichen Verfahrens festgestellt sind." Wie Nietzsche deutlich ausgesprochen hat (z. B.: Die fröhliche Wissenschaft, 5. Buch, 355), beruht das Programm „Erkenntnistheorie" selbst auf einer verborgenen Metaphysik.

[31] Zeller, a. a. O., S. 483.

Hegels gegeben wäre. Aber das Ganze wird dann unter das Vorzeichen einzelwissenschaftlicher „Hypothese“ gestellt.

Zwei Schritte seien zum Aufbau des Erkennens erforderlich. Der erste bestehe in der Unterscheidung der Elemente unserer Erfahrung und müsse zu einer Trennung zwischen objektivem Tatbestand und subjektiven Zutaten führen. „Sind hiermit die wirklichen Vorgänge festgestellt, so ist dann das nächste, daß die Ursachen derselben aufgesucht werden, um sie aus ihren Gründen erklären zu können, und so auf genetischem Wege zum Begriff ihres Wesens (!) zu gelangen. ...“ Daß hier die ontologischen Voraussetzungen fehlen, um noch vom „Wesen“ sprechen zu können, wird übersehen (ebd. S. 496). Mehr von der Mathematik und ihren idealen Gegenständen her wurde eine Ontologie möglich und wirklich, in der platonisierend ideale Inhalte vom Charakter selbständiger Wesen zur Sprache kamen. Von „Wesen“ kann hier unter der Voraussetzung geredet werden, daß das existierende Subjekt und seine Synthesen von dem rein objektiven, identischen Gehalt unterschieden wird, wobei dieser der „Logik“, jene der „Psychologie“ überantwortet werden. In diese Richtung weist die „Wissenschaftslehre“ Bolzanos, der z. B. vom „Satz an sich“ sprach und darunter den idealen Satz verstand, der in seiner faktischen, gesetzlichen Verwirklichung immer gegenwärtig ist, in ihr aber nicht aufgeht. Der Satz an sich weist Charaktere der platonischen Idee, wie Ungeschichtlichkeit, Zeit- und Raumlosigkeit, reine Identität usf. auf. Er ist der Wirklichkeit des Gesprochen-, Geschrieben- oder Gedachtwerdens enthoben und kommt nur als identischer Gehalt in Frage, auf den sich das wirkliche Denken richtet. In diese Richtung geht auch die Unterscheidung Lotzes, der zwischen dem Inhalt, der bloß „gilt“ bzw. „Geltung“ besitzt und existierenden Gebilden, die er als „seiend“ bezeichnet, unterscheidet. Als eine von vielen Aussagen in diese Richtung mag folgende gelten: „wenn der Inhalt des Satzes 2+3=5 für alle Menschen, die ihn als wahr anerkennen, genau und im strengsten Sinne derselbe ist, so ist damit gesagt, daß er nicht ein Erzeugnis der Seele Dieses ist und ein Erzeugnis der Seele Jenes, sondern daß er von Diesem erfaßt und als wahr erkannt werde und ebenso von Jenem.“ (Gottlob Frege, Nachgelassene Schriften, hrsg. von Hans Hermes, Friedrich Kambartel, Friedrich Kaulbach, Hamburg 1969, Bd. I, S. 4.) Ebenso ist der ontologische Hintergrund der logischen Theorie von H. Scholz im Bereich dieser Idealitäten zu suchen. (Vgl. H. Scholz, Mathesis Universalis, hrsg. von Hermes, Kambartel, Ritter, Basel/Stuttgart 1961.)

Als Sprecher derjenigen Logiker, welche die rein objektive Wahrheit im Sinne idealer, identischer, von subjektiven Denkarten unberührter Sachverhalte gegen den nominalistischen Ansatz behaupteten, tritt auch Husserl auf. In den Logischen Untersuchungen‹ grenzt er das Sein des Logischen als des jeder kausalen Wirkung enthobenen, unabhängig von

Raum und Zeit ideal gültigen Bereiches gegen die Faktizität psychischer Akte ab. Ein logisches Gesetz z. B. ist gleichgültig gegenüber der Tatsache, ob es von einem wirklichen Bewußtsein gedacht oder nicht gedacht wird, ist unabhängig davon, durch welche kausalen Faktoren das Denken dieses Gesetzes durch ein wirkliches Subjekt zustande kommt. Aufschlußreich ist die Auseinandersetzung mit dem Nominalismus als dem ontologischen Implikat der neuzeitlichen Naturwissenschaft.[32] Das Allgemeine sei nicht bloß „Name", also Ergebnis synthetischer Leistungen des Subjekts, sondern ideale Sache an sich. Als Beweis hierfür werden z. B. die mathematischen Wahrheiten zitiert, die sich auf ideale Gegenstände wie Zahlen, Funktionen, Integrale usw. beziehen.

Es wäre ein Irrtum zu glauben, mit der Behauptung dieser „objektiven" Gehalte und ihrer Ablösbarkeit von den subjektiven Funktionen habe man im *Prinzip* den in der neuzeitlichen Wissenschaft implizierten subjektivistischen Ansatz überwunden. Dazu fehlte der „eigentlich" metaphysische Schritt, den Hegel z. B. mit der Identisierung von Denken und Sein getan hatte. Wenn sich Husserl im Blick auf die idealen Gehalte berechtigt glaubt, vom „Wesen" zu sprechen, dann erkennt er nicht, daß sein Denken selbst von eben demselben subjektivistischen Ansatz ausgeht wie das Denken der Empiristen und der neuzeitlichen Naturwissenschaft. Das „Wesen" kann sich, worauf Hegel hingewiesen hatte, nur behaupten, wenn es als Substanz begriffen wird, die sich selbst als Subjekt zum Begriff bringt. Die „idealen Gehalte" sind deshalb entgegen aller Versicherung vom Subjekt abhängig und daher keine Wesenheiten, weil sie bloße „Gehalte" sind, welche als solche vom Subjekt gedacht und von ihm in eine ideale Position versetzt werden. Ihr „An-sich" ist ein vom Subjekt vorgestelltes An-sich. Daher muß Husserl von Anfang an das „Objektive" mit den subjektiven Akten in strenge Korrelation setzen.[33] Die „Intention" spielt eine maßgebende Rolle, durch welche die Brücke vom aktleistenden Bewußtsein zu den „Gegenständen" geschlagen wird. Und wenn als Ergebnis der Methode der phänomenologischen Reduk-

[32] Diese Auseinandersetzung in den ›Logischen Untersuchungen‹ dürfte in einem Zusammenhang mit dem späten Krisiswerk und der Kritik an den Naturwissenschaften stehen.

[33] Vgl. Ludwig Landgrebe, Phänomenologie und Metaphysik, Hamburg 1949, z. B. S. 73.

tion auf der gegenständlichen Seite das reine „Wesen“, das „Eidos“, genannt wird, so ergibt dasselbe Verfahren auf der subjektiven Seite die reine, von jeder Verwirklichung im Hier und Jetzt abgelöste transzendentale Subjektivität.[34]

In diesem Ansatz scheint die Auseinandersetzung zwischen Wesen und Gesetz wieder den Pol des Wesens erreicht und eine Grundlage für die Metaphysik gewonnen zu haben. Aber es wurde schon angedeutet, daß das „Wesen“ der phänomenologischen Reduktion deshalb seinen Namen nicht verdient, weil es nur gegenständliches Korrelat von vor-stellenden Akten der reinen Subjektivität ist. Das Wesen erweist sich als künstliches Produkt der Reduktion, statt als selbständige Wirklichkeit, als „Physis“ aufzutreten. Auch der Weltbegriff Husserls ist von dieser subjektiven Künstlichkeit betroffen: Welt wird als der selbst nicht gegenständliche Horizont aller möglichen Gegenstände bezeichnet. Dabei handelt es sich um den Horizont des Subjekts. Wenn Husserl in seiner Spätzeit das wissenschaftsbildende Subjekt im Zeichen einer Kritik des bisherigen bloß szientifischen Bewußtseinsbegriffes als obere Schicht des Denkens in den Ansatz bringt, die von einer starken Basis auf die lebensweltlichen Verhältnisse hin bezogener Intentionen wie hoffen, fürchten, handeln getragen wird, so hofft er, einen universellen Welthorizont zu gewinnen. Aber sein Fehler ist, daß er das in der von ihm kritisierten szientifischen Sphäre beheimatete Subjekt-Objekt-Verhältnis im Zeichen seines Intentionsbegriffes auch auf die Verhältnisse überträgt, die in die Lebenswelt gehören. So vermag er die im Begriff der „Lebenswelt“ gegebene Chance nicht auszunützen, die „Wesenheiten“ nun doch mit dem Charakter von Existenz zu versehen. Auch die Lebenswelt zeigt, obwohl sie im Zeichen der Forderung nach Ursprünglichkeit auf die Bühne gerufen wird, am Ende den szientifisch-abstrakten Zug, demgemäß sich das Subjekt den objektiv-festgehaltenen Gehalten gegenüber intentional verhält. Hierher gehört, daß Phänomenologen und Neukantianer von „Werten“ sittlicher, ästhetischer oder sonstiger Art reden. Da die Werte Produkte abstrakter Reduktion sind, vermögen sie als sogenannte sittliche Werte nicht die Leidenschaft zu erwecken, die sie im Subjekt wachrufen können müßten, wenn sie den Anspruch rechtfertigen wollten, Prinzipien für das Handeln zu sein.

[34] Vgl. hierzu Adorno, Zur Metakritik der Erkenntnistheorie, Stuttgart 1956.

So muß auch die ontologische Idee Husserls, die unter der Voraussetzung steht, daß die Philosophie „Wesens"-Strukturen zum Gegenstand habe, skeptisch betrachtet werden. Er unterscheidet zwischen formaler und materialer Ontologie, wobei die erstere die allgemeinen Wesensstrukturen der möglichen Gegenständlichkeit überhaupt, wie etwa Einheit, Vielheit zu beschreiben habe, während die letztere solche Wesenszüge untersuche, die jeweils für ein bestimmtes, von einer Einzelwissenschaft annektiertes Gegenstandsgebiet maßgebend sind: z. B. Kausalität usw. Das Dilemma ist, daß in beiden Ontologien das Seinsdenken der neuzeitlichen Wissenschaft vorausgesetzt wird, welches am „Gesetz", nicht am „Wesen": an der gefesselten Natur, nicht an der freien „Physis" orientiert ist.

Trotz seiner Distanzierung von Husserl begegnet bei Nicolai Hartmann eine ähnliche Selbsttäuschung, wenn er in seiner Ontologie vorgibt, sein Denken am Sein-an-sich zu orientieren. So schreibt er auf sein Programm, die Strukturgesetze der „realen Welt" zu erkennen. In Wahrheit spricht er die Sprache der Wissenschaften, deren Aussagen er mit ontologischem Anspruch vorträgt. So bekennt er sich in seiner Metaphysik der Erkenntnis zum Subjekt-Objekt-Modell. Er unterscheidet den „intentionalen Gegenstand", der nur von der „Gnade des Aktes" lebe, von dem seienden Gegenstand, der unabhängig vom Erkanntwerden und Gedachtwerden existiere. Aber dessen Sein wird dadurch motiviert, daß es als An-sich-sein „gemeint" ist. Dadurch freilich überspringt man nicht den garstigen breiten Graben, der sich nach Lessings Worten zwischen dem Bewußtsein und der Wirklichkeit auftut.

Daß Hartmann seine ontologische Schichtentheorie[35] in Orientierung an die gegenseitige Abgrenzung der Wissenschaften seiner Zeit und die dabei leitenden Kategorien und Kategoriengruppen durchführt, zeigt sich daran, daß er von den Voraussetzungen seiner Zeit aus jeder Schicht eine Wissenschaft oder Wissenschaftsgruppe zuordnen kann. So interpretiert er für den Aussagenbereich der Physik und Chemie eine ontologische „Schicht" des anorganischen „Seins", für Psychologie eine Schicht psychischen „Seins" und für die sogenannten Geisteswissenschaften eine Schicht „geistigen Seins". Er projiziert die einzelwissenschaftlichen Aussagen auf das An-sich-seiende. Das führt zu dem Dilemma, daß bei einer Veränderung, wie sie sich z. B. in

[35] z. B. N. Hartmann, Der Aufbau der realen Welt, Berlin 1940.

unseren Tagen durch das Verblassen der zwischen organischem und anorganischem Sein angenommenen Grenze ankündigt, diese Ontologie unhaltbar wird.

Anders verfährt der Logiker Quine bei seiner Behandlung des Universalienproblems im Zusammenhang mit dem Problem des Seins.[36] Er geht von der Überlegung aus, daß es Schwierigkeiten bereitet, ein von jemand als existent behauptetes Etwas als nicht existent zu behaupten. In der Aussage der Nichtexistenz spreche man einen sinnlosen oder sogar widersprüchlichen Satz aus. Daher will er eine Methode angeben, nach der alle Sätze, in denen möglicherweise Existenzaussagen eine Rolle spielen, in solche verwandelt werden, deren Gültigkeit unabhängig von Existenz oder Nichtexistenz besteht. Es kommt daher darauf an, die Eigennamen aus der Sprache auszuschalten und am Ende nur logische Ausdrücke wie: und, nicht usf. zuzulassen, ebenso Prädikate und gebundene Variablen.[37] Die so ausgewählten sprachlichen Elemente bedeuten nur Allgemeines im Sinne identischer, logischer Sachverhalte. Jedes Prädikat wie etwa klug, rot, ist allgemein, da es auf viele mögliche Subjekte paßt. Quine spricht die logisch-sprachlichen Allgemeinheiten als „Wesenheiten“ an: sie sind gegenüber der Existenz indifferent. Der Übergang zur Existenz geschieht in dem Augenblick, in welchem man den gebundenen Variablen eine Deutung gibt. Quine, der das Wort „Sein“ mit dem Wort „Existenz“ gleichsetzt, formuliert: „Sein ist der Wert einer gebundenen Variablen.“[38] Im Grunde begegnet hier dieselbe Situation metaphysischen Denkens wie in den platonisierenden Ansätzen von Frege, H. Scholz, Husserl. Man präpariert eine Sphäre des Objektiven, zugleich Allgemeinen, „Wesen“haften durch Abtrennung von den subjektiven, wirklichen und sich auf „Existenz“ beziehenden Akten. Der Kunstgriff Quines besteht darin, in die „Wesens“aussagen gebundene Variablen einzubauen, die durch „Deutung“ einen Bezug zur „Existenz“ herstellen. Aber „Sein“ selbst ist prinzipiell kein Wert einer Variablen, es ist nicht die „Existenz“, durch die ein abstraktes, unwesentliches „Wesen“ eine Deutung erfährt; es kommt also nicht als Zusatz zu einer universalen Wesens-aussage hinzu, vielmehr ist es selbst das Universale, das von vornherein auch für das Aussagen des abstrakt-allgemeinen Satzes, in dem gebundene Variablen vorkommen, in Anspruch zu nehmen ist.

[36] W. V. Quine, Word and Object, New York 1960, ebenso W. Stegmüller, Das Universalienproblem einst und jetzt, 1. Teil in: Archiv f. Philosophie Bd. VI (1956), S. 192—225, 2. Teil a. a. O., Bd. VII (1957), S. 45—81.

[37] In dem Satze: X war ein Schuhmacher, und X war zugleich auch ein Dichter, ist die Variable X als „gebundene“ definiert.

[38] Quine, From a logical Point of View, Cambridge (Mass.) 1953.

6. Einigung von Wesen und Existenz: Heidegger

Heidegger behauptet, einen Weg zum „Sein selbst" und entsprechend auch zum eigentlichen, „wesentlichen" Wesen zu gehen. Im Zuge einer Kritik am exakt wissenschaftlichen Denken, seinem subjektivistischen Nominalismus und am Gesetzesdenken bahnt er sich den Weg zu „dem" Sein, welches nicht Gegenstand irgendeiner Vor-stellung ist; er spricht vom Sein selbst. Das Denken „des" Seins kann nicht im Bereich der Wissenschaft und ihrer Methode gefunden werden. Das Fragen und Antworten im Bereich dieses Seins sei kein logisches Verfahren, welches nach Regeln von gewissen Voraussetzungen ausgeht, sondern ein Geschehen, in welches der Fragende verwickelt wird.

Es gehe nicht an, die aristotelische Frage nach dem „Seienden" als „Seienden" zu wiederholen: vielmehr komme es darauf an, nach dem „Sein" als dem „Sein" zu fragen. Um in gemäßer Weise überhaupt fragen zu können, bedürfe es einer Art gedanklicher „Einstimmung": dazu stellt Heidegger eine Vorfrage, die den Fragenden im Zeichen der Frage nach dem Sein zugleich vor das Nichts hinstellt. Diese Vorfrage ergibt sich aus der „Grundfrage der Metaphysik", warum überhaupt Seiendes und nicht vielmehr nichts sei.[39] Im Fragen dieser Vorfrage solle die „entscheidende Grundstellung" bezogen und die hier „wesentliche Haltung" gewonnen und gesichert werden. Mit solchen Namen wie „Grundstellung", „Hineinführen in das Fragen der Grundfrage"[40] werden Kategorien angesprochen, welche im Bereich des Stand- und Perspektivendenkens ihren Platz haben. Der Fragende soll zu einem Stande hingeführt werden, von dem aus er nicht nur eine theoretische Perspektive gewinnt, sondern in unvertretbarer Weise eine Erfahrung macht, die ihm das Sein vor dem Hintergrunde des Nichts erfahrbar macht. „Metaphysik und Philosophie sind überhaupt keine Wissenschaft ..." In dieselbe Richtung deutet die Aussage, daß die Philosophie „überhaupt keinen Gegenstand" habe.[41] Das Sein sei kein „Gegenstand" theoretischer Erkenntnis. Der Mensch stehe im Da-sein: eine notwendige Bedingung dafür, daß er da-sein kann, sei, daß er „das Sein versteht."[42] Wie weit wir uns das Sein offenbar zu machen

[39] Heidegger, Einführung in die Metaphysik, 2. Aufl., Tübingen 1953, S. 32.

[40] a. a. O. S. 15.

[41] a. a. O. S. 65.

[42] a. a. O. S. 64.

vermögen, das gehört mit zur „Geschichte des Seins". Die Seinsfrage müsse sich selbst in der Geschichte des Seins halten.

Nichts und Sein sind kein „Gegenstand" theoretischen Vor-stellens. In der Angst, in dem Stehen vor dem Nichts, wird das Nichts erfahren; es wird uns nicht zum einzelnen Gegenstand, sondern versetzt uns in eine Grundhaltung.

Die Sprache, die Heidegger spricht, will die Situation der Erfahrung des Seins und des Wesens beschreiben. „Wesen und Sein aber sprechen in der Sprache."[43] Die gesprochene Sprache, nicht diejenige der Wissenschaft, will er auf die Andeutungen hin untersuchen, die in ihr im Hinblick auf das „Sein" zu finden sind. Das griechische Wort 'Eidos' ist ihm nicht Ergebnis einer phänomenologischen Reduktion, sondern weist von seiner griechischen Herkunft her auf den Doppelcharakter des „In-sich-da-stehenden" und des „Sich-dar-stellenden" hin. In dieselbe Richtung gehe der Ausdruck, daß die Sache „ein Gesicht" habe, daß sie sich sehen lassen könne, daß sie „stehe". Die Griechen erfahren den Sinn des Seins in dem, was sie usia bzw. parusia nennen. Zum „Wesen" gehöre nach griechischer Auffassung die Gegenwärtigkeit. „Wir haben für parusia den gemäßen deutschen Ausdruck in dem Wort An-wesen. Wir benennen so ein in sich geschlossenes Bauern- und Hofgut. Noch zu Aristoteles Zeiten wird usia zugleich in diesem Sinne und in der Bedeutung des philosophischen Grundwortes gebraucht. Etwas west an. Es steht in sich und stellt sich so dar. Es ist. Sein besagt im Grunde für die Griechen Anwesenheit."[44]

Es ist zu erwarten, daß von diesen Voraussetzungen aus auch der neuzeitlichen Gesetzes-natur der Abschied gegeben und die Physis sowie ihr Seinsbegriff dagegen ausgespielt wird. Die griechische Auslegung des Seins sei von der Art gewesen, daß das Sein als Physis vernommen wurde. Physis meine das „Aufgehende, Sich-aufrichten, das in sich Verweilende, Sich entfalten". Demgegenüber charakterisiert Heidegger das neuzeitliche Begreifen der Natur im Zeichen des Gesetzes als dasjenige Denken, welches sich mit dem „Fertigen", für jedermann „Verfügbaren", dem Vorhandenen, darin „keine Welt mehr weltet", abgebe. In ihr werde das Seiende Gegenstand, und zwar einerseits für das Betrachten, andererseits für das praktische Tun, das Machen als „Gemächte und Berechnung". Dieser Vorgang wird als Verfall,

[43] a. a. O. S. 41.

[44] a. a. O. S. 48.

als „Herabfallen“ deklariert, wobei jetzt die Physis zum Vorbild für das Abbilden und Nachahmen werde. Das Sein sei jetzt aus diesem Bereich gewichen und das Seiende nur dadurch „im Schein seiner Ständigkeit gehalten, daß es zum ‚Gegenstand‘ für die endlose und wechselvolle Betriebsamkeit gemacht wird.“[45]

Hinter diesem Ansatz Heideggers lauert die Aporie, daß das so angesprochene „Sein“ nicht „begriffen“, sondern nur berichtet werden kann. Man kann von ihm nur erzählen, wie und zu welcher Zeit es sich uns Menschen zu- oder abgewendet hat. Auch gehört dazu, über sein künftiges Verhalten uns gegenüber nachzudenken und zu fragen, ob es sich uns offenbaren oder sich uns entziehen wird. Die Frage wird von diesem Denken her zu stellen sein, ob und wann die Physis und das Sein in der Gestalt des Wesens nicht nur von Heidegger allein, sondern auch vom Zeitalter wieder gedacht werden kann.

Der Weg dazu kann aber nicht durch bloße Verneinung des am Gesetz orientierten exakten Denkens der Neuzeit geschehen. Vielmehr wäre zu zeigen, wie dieses in eine umfassendere Architektur des Denkens einzubauen ist. Zunächst wäre von der geschichtlichen Gegenwart auszugehen und über sie hinauszugehen, um den Stand des Denkens der Physis zu gewinnen. Ein Denken, welches sich auf diesen Weg macht, lehnt die geschichtlich gegenwärtige Verfassung des metaphysischen Denkens nicht ab, um jenseits dieser Gegenwart, die man schmähend anerkennt, die Forderung eines gedanklichen Sprunges in eine ganz andere Verfassung zu erheben, die man gegen die erstere unvermittelt und bloß negativ ausspielt. Es geht vielmehr darum, das Wesen als den Maßstab zu erweisen, als das Sein der Sache selbst, von dem einzelne Wissenschaften am Leitfaden des Gesetzesdenkens z. B. je nach dem Erkenntniszweck, den sie sich stellen, Modelle entwerfen. In diesen Modellen wäre das Wesen in abstrakter Spiegelung wieder zu erkennen und zu erinnern. Die Philosophie hat das Wesentliche des Wesens zu begreifen und dem in den Wissenschaften gegenwärtigen Denken des Wesens Selbsterkenntnis zu verschaffen.

Das Wesen und die Physis, die zu ihm gehört, will erkannt und zur Geltung gebracht werden. Aber der Weg, den das Denken zu diesem Ziele einzuschlagen hat, muß seinen Anfang bei der gegenwärtig gegebenen geschichtlichen Verfassung des metaphysischen Bewußtseins nehmen: sie ist auch durch die gegenwärtige, am Gesetz orientierte

[45] ebd. S. 48.

Mentalität der Naturwissenschaft und Sozialwissenschaft bestimmt. Es geht darum, das in den naturwissenschaftlichen Modellen von vornherein gegenwärtige, von ihnen angedeutete und abstrakt gespiegelte Wesen begrifflich auszuarbeiten und als „Sache selbst" zu erweisen, welche den vom exakten Denken des Gesetzes entworfenen Modellen zugrunde liegt. Auf diese Weise werden Metaphysik des Wesens und Einzelwissenschaft nicht gegeneinander entfremdet oder entzweit. Vielmehr wird von der umfassenderen Perspektive der Physis und des Wesens aus das relative Recht des an Gesetz und Beziehung orientierten Denkens gefestigt und zugleich eine kritische Instanz dafür eingesetzt, daß diesem Denken der unechte Anspruch verwehrt wird, Aussagen über das Wesen selbst zu machen. Im folgenden mögen die Chancen des Wesensprinzips in der Gegenwart zur Sprache kommen.

7. Möglichkeiten einer Metaphysik des „Wesens" in der heutigen Situation

Aussagen der Wissenschaft z. B. über den „Sauerstoff" sind deshalb nicht von „wesentlicher" Natur, weil sie einen „Gegenstand" betreffen, der durch die gesetzlichen Beziehungen bestimmt ist, innerhalb derer er seinen Stellenwert hat. Die Beziehungen, Strukturen und gesetzlichen Verhältnisse sind das Produkt hypothetischer Setzungen, welche das naturwissenschaftlich erkennende Subjekt im Rahmen einer logischen Ableitung aus Prämissen geleistet hat. Insbesondere die Situation der modernen Physik hat die erkenntnistheoretischen Konsequenzen aus der am Gesetz und an der Beziehung orientierten Denkweise sichtbar gemacht: so wird von Physikern ein „Elementarteilchen" von der Art etwa des Elektrons als „Struktur" gedeutet. Der Name Wesen wäre nur für ein Etwas gerechtfertigt, welches sich nicht als gegenständlicher Niederschlag subjektiver Setzungen, sondern als Selbständigkeit, als „Sache selbst" erweist.

Das Denken im Umkreis der gefesselten Natur und des Gesetzesprinzips darf nicht auf Wesenseinsicht ausgedehnt werden. Gleichwohl beruht es auf einer „Kenntnis" des Wesens, welches als solches nicht von ihm, sondern von der Metaphysik zur Er-kenntis und zum Wissen gebracht werden muß. Die Sprache des Wesens spricht auch in der exakten Wissenschaft, wenngleich für den einzelwissenschaftlichen Verstand unhörbar und nicht einsichtig, mit. Die Frage ist, welcher

Weg den Übergang über die Grenze des Gesetzesdenkens zum Bereich des Wesensdenkens bezeichnet und von welchem Stande aus das Wesen in die Perspektive tritt, wenn es nicht der Stand des exakt wissenschaftlichen Verstandes sein kann. Dem bloß theoretischen Verstand ist diese Perspektive verschlossen. Er könnte höchstens ein „Jenseits der Erscheinungen", ein „Ding an sich" denken. Aber dieses wäre kein „Wesen", weil es selbst nur auf dem Wege der Negation vom Gesetzesdenken her gedacht wird und infolgedessen uneigentlicher, im Zeichen der Negativität stehender „Gegenstand" des Denkens ist. Dem Wesen aber muß „Realität" zugebilligt werden, d. h. die Eigenschaft, in positiver Weise über den Kopf der in der gefesselten Natur begegnenden Erscheinungen hinweg auf die Ansprache und die Be-handlung von seiten des erkennenden und erkennend handelnden Subjekts zu reagieren.

Damit ist der Bewußtseinsstand derjenigen Erfahrung bestimmt, in welcher das Wesen und die freie Natur begegnen. Die Erfahrung der Realität und des Wesens der Sachen geschieht vom Stande des *Handelns* aus, wobei Handeln im weitesten Sinne verstanden werden muß. Die Möglichkeit des Handelns setzt voraus, daß der Handelnde in der Perspektive einer „Welt" die Gegenstände seiner Praxis denkt. Es ist die durch die „freie" Natur bestimmte „Welt", die hier maßgebend wird: In dieser Welt begegnen die Sachen dem Handelnden als existierende Selbständigkeiten, die gegen die Aktion des Subjekts reagieren. So kommen die Welt der freien Natur und ihre „Wesenheiten" auch bei der Handlung des Experimentierens ins Spiel. Im Denken der naturwissenschaftlich-technischen Praxis treten die freie Natur und das Prinzip des Wesens mit dem Prinzip des Gesetzes in Bezug. So zeigt z. B. die Theorie die Möglichkeiten des Herstellens eines chemischen Stoffes auf Grund der Modelle und Strukturformen, die aus den Hypothesen folgen. Der exakte Verstand beschreibt den Her-gang des Zustandebringens in der Sprache des Gesetzes. Aber was eigentlich bei dem Zustandekommen des „synthetischen" Stoffes vor sich geht, ist keine Konsequenz von Schritten, die der exakte Verstand konstruiert hat, sondern ein Geschehen der Natur selbst, welches in einer geplanten Folge von naturwissenschaftlich-technisch gesteuerten Einwirkungen in die gewünschte Richtung und zu dem gewünschten Ziel gebracht wird.

In dieser Hinsicht kommt für den handelnd-technischen Verstand die freie Natur zur Erfahrung, die dem Subjekt entgegenkommen und von sich aus einen den gewählten Zwecken angemessenen Verlauf nehmen muß, wenn Theorie auf sie „anwendbar" sein soll. Daher muß die technisch-praktische Vernunft a priori eine selbständige, reale Natur annehmen und ihren Seinsbegriff am Wesen der ihr angehörigen Gebilde orientieren. Sie muß in dieser freien Natur den realen Grund begreifen, der es freiwillig und selbständig ermöglicht, daß die theoretischen Berechnungen erfüllt werden können. Die Erfahrung dieses Grundes geschieht von einem anderen Stande als dem des berechnenden und vor-stellenden, Modelle entwerfenden Verstandes her. Die reale, freie Natur wird im Gegenspiel gegen das Einwirken und Be-handeln von seiten des Subjekts erfahren: zu dieser Erfahrung gehören die Grenzsituationen des Mißerfolges und Scheiterns der Theorie. Während der theoretische Verstand eine Natur in den Ansatz bringt, die selbst keinen eigenen „Sinn", keinen in ihr selbst angelegten Zusammenhang zuläßt, welcher eine selbständige „Geschichte" der Naturgebilde vom Anfang bis zu ihrer Voll-endung vorsieht, begegnet in der Perspektive der handelnden Vernunft die freie, selbst sinnvolle und als Anfang, Verlauf und Ende sich darstellende Natur.

Wird z. B. das „Etwas", welches dem Namen Sauerstoff entspricht, vom Standpunkt des gesetzlich denkenden Verstandes angesprochen und gedacht, so ist nur von einem Inbegriff gesetzlicher Beziehungen, aber von keinem „Wesen" die Rede. Aber die handelnde Vernunft kann jenseits des theoretischen Verstandes unter diesem chemischen Namen ein „Wesen" verstehen. Im Sinne des Wesens gedeutet, weist der Name auf eine durch Aktionen auf die Natur und Reaktionen von ihrer Seite her methodisch geregelte Geschichte des Umgangs mit der Natur hin. Zu dieser Geschichte gehören Erfolg und Mißerfolg, Bestätigung und Widerlegung der aus den Hypothesen vorhergesagten Handlungsergebnisse. Als die Theorie der Verbrennung seit Lavoisier den Begriff des „Phlogiston" aufgab und zum Begriff *des* Sauerstoffs überging, war damit nicht bloß ein Wechsel theoretischer Hypothesen geschehen, sondern zugleich auch eine Veränderung in der Methode des Behandelns der Natur und des experimentellen Umgangs mit ihr. *Der* Sauerstoff ist jetzt nicht nur als „Element" mit einem chemischen Zeichen im Bereich der gesetzlichen Hypothesen, sondern auch als Name für eine Geschichte eines charakteristischen Be-handelns der Natur bedeutsam. Nur insofern deutet dieser Name auf ein „Wesen" hin. Von hier aus gesehen wird die Frage sinnvoll, wer zuerst *den* Sauerstoff entdeckt hat: In diesem Rahmen wird auch die metaphysische Bedeutung der Geschichte der Wissenschaft sichtbar.[46]

Zwar kommt auch in der Sprache und im Denken des exakten theoretischen Verstandes eine Kategorie vor, welche die Stelle des Wesens zu vertreten scheint: es ist diejenige der Substanz. Aber ihr Unterschied zum Wesen besteht in Folgendem: Substanz ist Ergebnis einer vom Subjekt vollzogenen Zusammensetzung (synthesis). Sie wird z. B. von Kant als derjenige identische Kern in der erscheinenden Sache begriffen, der vom Wechsel der Erscheinungen unberührt bleibt und beharrt. Substanz ist die vom subjektiven Verstande festgehaltene identische Sache, das bleibende Gesetz des zeitlichen Wechsels der Erscheinungen. Das Wesen aber ist diejenige Bewegung, in welcher sich die freie Natur als ein durch Anfang, Verlauf und Ende bestimmtes Geschehen vollendet und so als einziger Geschehenszusammenhang eine Geschichte des praktischen Umgangs mit der Sache darstellt. In dieser Geschichte begegnet es auch, daß die „wesentliche" Sache in exakter Weise vom gesetzlichen Denken her aufgegriffen und auf Sprache und Kategoriensystem der gefesselten Natur gebracht wird. In diesem Falle nimmt das Wesen das Gesicht der „Substanz"[47] an.

Wurde bisher zwischen dem Wesen, von dem das Denken und Sprechen der freien Natur handelt, und dem Gesetz unterschieden, auf welches das exakte Denken die erfahrenen Wesenheiten abstrakt festlegt und modellhaft zur Sprache bringt, so ist jetzt zu betonen, daß in den Modellen des am Gesetz orientierten Denkens Charaktere anzutreffen sind, in denen sich ein Hinweis auf das ihnen zugrunde liegende Wesen findet. Es bietet sich die Figur des Urbild-Abbildverhältnisses an, das zwischen den Wesensbegriffen und denjenigen des gesetzlichen Denkens festzustellen wäre. So bildet z. B. die „Substanz" die im Wesen vor sich gehende Bewegung des Einigens der vielen Äußerungen der Sache zu einem einzigen geschichtlichen Verlauf in

[46] Vgl. Thomas Kuhn, Die Struktur wissenschaftlicher Revolutionen, Frankfurt 1967.

[47] Die in dem Titel des sonst verdienstlichen Werkes von E. Cassirer ›Substanzbegriff und Funktionsbegriff‹ zum Ausdruck kommende Absicht, den Funktionsbegriff als den das „Wesen" verdrängenden Schlüsselbegriff neuzeitlichen Denkens zu erweisen und zu legitimieren, ist verfehlt, sofern damit zugleich die These behauptet wird, daß das Wesen ausgespielt habe. Außerdem sieht er nicht den Unterschied zwischen der „Substanz" im neuzeitlichen Sinn und dem „Wesen".

der Weise eines identischen „Gesetzes“ ab, welches die verschiedenen Meßergebnisse, die an einer Sache gewonnen wurden, zu einem einzigen Beziehungszusammenhang zusammenhält. Während sich das Wesen zu dem ihm angemessenen Erscheinungsbilde wie ein Punkt zu der aus ihm entfalteten Figur verhält, so verhält sich die Substanz zu „ihrer“ Erscheinung als Band, durch welches die verschiedenen Tatsachen, welche die Erscheinung zeigt, in eine einzige gesetzlich bestimmte Reihe zusammengebunden werden. Identisch ist dem Wesen wie seinem abstrakten Abbild, der Substanz, der Charakter der Einheit des Mannigfaltigen. Das am Gesetz orientierte Denken bringt die Wesenheiten auf die Sprache von Mustern und Modellen, die vom subjektiven Verstand konstruiert wurden. Auch die „Substanz“ ist ein kategoriales Muster des Denkens der gefesselten Natur. Sie ist ein dem abstrakten Denken zugänglicher Niederschlag des Wesens, der Abdruck, den das Wesen auf der Ebene des vom Subjekt zustande gebrachten Gesetzes einprägt. So ist auch die „Erscheinung“, von der Kant im Zusammenhang seines Begriffes der Gesetzesnatur[48] spricht, ihrerseits wiederum nur in einem abbildlichen Verhältnis zu derjenigen Erscheinung zu verstehen, in der sich das Wesen selbst auslegt und darstellt.

Für das Wesensdenken ist die Erscheinung dem Wesen wesentlich, statt von ihm als ihrem „Ding an sich“ getrennt zu sein. Von hier aus gesehen tritt dem metaphysischen Denken die Aufgabe entgegen, in den von den Einzelwissenschaften zur Geltung gebrachten Modellen und Mustern den „Charakter“[49] zu entdecken, der auf das ihnen zugrunde liegende „Wesen“ hindeutet. So wird insbesondere in der Gegenwart etwa im kybernetischen Modell des Regelkreises deutlich, wie hier das Wesen auf der ihm unangemessenen Ebene des exakten Denkens insofern doch zum Aus-druck kommt und seinen Niederschlag findet, als dieses Muster die gesetzlichen Abläufe am Leitfaden des in sich selbst verlaufenden und in seinen Anfang und Ausgangspunkt wiederum zurücklaufenden Prozesses beschreibt. Damit ist zugleich in abstrakter, äußerlicher Weise der teleologische Charakter des Wesens angesprochen, kraft dessen es eine in sich selbst verlaufende, von An-

[48] Hierfür ist die Bestimmung der Natur als eines Zusammenhanges von Erscheinungen unter Gesetzen maßgebend. (Kritik der reinen Vernunft, Aufl. B 263) Gesammelte Schriften, Bd. III, S. 184.

[49] Vgl. meine 'Philosophie der Beschreibung', Köln-Graz 1968, z. B. S. 206 ff.

fang bis zur Voll-endung, die bereits im Anfang angelegt ist, sich erstreckende Bewegung ist. Die Auslegung des Modells des Regelkreises in der Sprache des Wesens gehört zur Aufgabe der Metaphysik der Natur und der Technik.

Das Denken unter dem Gesetzesprinzip unterscheidet sich von demjenigen des Wesens auch in sprachlicher Hinsicht. Da das Gesetz Ergebnis des synthesenbildenden, subjektiven Verstandes ist, ist ihm die Sprache des Feststellens, des präzisen Abgrenzens und Auf-einander-Beziehens gemäß. Das Wesen dagegen findet in einer andersartigen Sprache seinen Ausdruck. Es wird nicht, wie die Verhältnisse im Bereich des Gesetzes, durch eine im Dienst des konstruierenden Verstandes stehende subjektive Sprache ausgesprochen, sondern bringt sich selbst zur Sprache: es ist Sprache. Es ist Inbegriff der Erfahrungen, die der Handelnde in der Geschichte des Widerstrebens oder der Einstimmigkeit der Natur mit dem Plan des Subjekts gewinnt. Dieser geschichtliche, kontinuierliche Zusammenhang von Erfahrungen ist sprachlicher Natur: seine Existenz besteht in dem System der Aussagen, die man im Umkreis der praktischen Vernunft über die Sache ausspricht.

Das „Wesen“ des Gegenstandes ist nicht Einheit rein vorgestellter und gedachter Bestimmungen, sondern eine in sich selbst gegründete und sich selbst herstellende Einigung im Bereich des wirklichen Sprechens bzw. der sprachlichen Wirklichkeit. Diese bezeichnet die gemeinsame Welt der handelnden Subjekte. Das Wesen des Hauses z. B. spricht „uns“ in der „objektiven“ Sprache an, welche der Weltperspektive Ausdruck gibt, innerhalb deren „uns“ ein Haus begegnen und genannt werden kann. Weil es eine objektive Sprache gibt, durch welche die Strukturen einer gegenständlichen Perspektive entfaltet werden, können die dieser Welt angehörigen Subjekte „Sätze“ bzw. „Aussagen“ bilden. Die objektive Sprache kommt dadurch zur Existenz, daß sich aus ihr jeweils die einzelnen sprechenden Subjekte als Wortführer herauslösen, sich als „ich spreche“ verstehen, aber aus dieser Entfremdung von der Sprach-„Substanz“ wieder in die objektive Gemeinsamkeit zurückkehren, sofern sie sich als Sprecher der gemeinsamen Welt, welche durch die Sprache aufgeschlossen wird, verstehen.

So ist das „Wesen“ der Sache eine durch die objektive Sprache selbst hergestellte Einheit vom Charakter der Selbständigkeit. Es gibt kein Recht für eine phänomenologische Reduktion, deren Ergebnis das von der „Existenz“ und den historischen Beimengungen abgelöste „Wesen“

wäre. Denn „was“ eine Sache in Wirklichkeit und in Wahrheit ist, was also ihr Wesen ist, zeigt sich erst in der Entfaltung ihres geschichtlichen Existierens, durch welches das Wesen als ein wirkliches Ganzes von sprachlicher Natur in die Erscheinung tritt. *Das* Haus z. B. ist ein Name, durch den uns unsere Sprache auffordert, eine Form für praktische Erfahrungen zu denken, die sich uns ergeben haben und die in der Sprache Niederschlag finden. Das „Wesen“ Haus ist der Sprache gewordene Inbegriff dieser Erfahrungen und Erwartungen. Die „Welt“ ist Inbegriff der in der Sprache eröffneten Perspektiven. Die Bewegung des Übergangs von einer Perspektive zu einer anderen ist mit in den grundsätzlichen Strukturen jedes „Wesens“ angelegt. In dieser Bewegung vereinigen sich von vornherein die sprechenden, an der gemeinsamen Sprache teilnehmenden Subjekte. Als diese Bewegung existieren die Subjekte als das „Wir“ der sie gemeinsam durchdringenden objektiven Sprache. Indem ich mich jeweils a priori in der Bewegung über den von mir jetzt und hier eingenommenen Stand und seine Perspektive hinaus zu einem anderen Stande hin befinde, identisiere ich mich von vornherein mit dem anderen Subjekt im Vollzug des Übergangs zum „Wir“.[50]

Die Erkenntnislage, die sich in der modernen Physik ergeben hat, kann sich als Bestätigung für die Überlegungen anbieten, die sich im Spannungsfeld von handelndem und theoretischem Denken, Wesen und Gesetz abspielen. Darauf möge noch ein Blick geworfen werden.

Von modernen Physikern wird erklärt, daß die Begriffe von den „Sachen“, von denen sie reden, nicht in demselben Sinne „objektiviert“ werden können, wie es in der klassischen Physik der Fall ist[51]. Das heißt, daß z. B. dem Begriff eines Elementarteilchens kein Seiendes zugeordnet werden kann, das in Raum und Zeit eindeutig lokalisiert und in seiner Bewegung als bleibendes, identisches Etwas verfolgt werden kann. Anders gesagt: ein Mikro-gegenstand kann nicht als „Substanz“ im kantischen Sinne, als „Beharrendes im Wechsel der Erscheinungen“ angesprochen werden wie etwa der Stein, mit dem Galilei seine Fallversuche unternommen hat. Derselbe Stein, der, als Komplex von Massenpunkten verstanden, Gegenstand der vom Gesetzesdenken

[50] Vgl. meine ‘Philosophie der Beschreibung’, Köln-Graz 1968, vgl. auch S. 466 ff.

[51] z. B. Mittelstaedt, Philosophische Probleme der modernen Physik, Mannheim 1963.

bestimmten „Theorie“ ist, kann als „Wesen“ angesprochen werden, welches als Ganzes, Selbständiges ein Gegenstand des Handelns ist. Aber die Situation des modernen Physikers ist derart, daß der „Gegenstand“ des handelnden Denkens und Anschauens von demjenigen des theoretischen Denkens abweicht: das Elementarteilchen ist kein dinghaftes Objekt, welches auch von der handelnden Vernunft als „Wesen“ angesprochen werden könnte, sondern eine mathematisch-physikalische Struktur, also Inhalt des rein theoretischen, am „Gesetz“ orientierten Denkens.

Mit dieser Abweichung hängt zusammen, daß auch das theoretische Denken das Teilchen nicht als eindeutig lokalisiertes Objekt im Sinne einer identischen Substanz begreifen kann, wie es die Situation in der klassischen Physik möglich und notwendig macht. Aber auch das Elementarteilchen kann und soll als Identität angesprochen werden: wobei Identität im Sinne der Selbigkeit des „Wesens“ in Frage kommt. Das heißt, daß es auf die Sprache der handelnden Vernunft gebracht werden muß. Es wird dann als Name für eine bestimmte Figur des experimentellen Verfahrens aufzufassen sein, deren theoretische Deutung die Annahme des Teilchens nötig macht. Dieses Verfahren ist eine Geschichte mit einem bestimmten „Charakter“, dessen wesentliche Identität jetzt den Zug von Einheit ersetzt, den der Elementarbaustein als „Objekt“ nicht leisten kann. So verstanden ist das elementare Etwas als „Charakter“ eines bestimmten Handelns zu definieren.[52]

[52] Es kommt bei diesem Versuch, auch einen ontologischen Ansatz für die exakten empirischen Wissenschaften zu gewinnen, darauf an, am Ende „das“ Sein selbst in Gestalt des Wesens der Sache zum „Sprechen“ zu bringen; es kann nicht genügen, die ontologische Frage mit derjenigen nach dem Existenzkriterium zu identisieren, welches etwa eine physikalische Theorie wählt. In diesem Falle würde die Frage nach dem Sein als solchen mit derjenigen nach der Vorstellung von Sein zusammenfallen, die das erkennende Subjekt einer Theorie zugrundelegt. Die Konsequenz wäre, daß z. B. in der Physik mehrere Ontologien maßgebend würden, da die Kriterien für die Existenz von Sachen, von denen man spricht, verschiedenartig sein müssen. Das Seinsverständnis, welchem zufolge Galilei seinen fallenden Stein als existierend begriff, ist anderer Art als dasjenige, das die Rede von Elektronen bestimmt. (Vgl. G. Frey, Können die Naturwissenschaften ontologische Aussagen machen?, in: „Grundfragen der Wissenschaften und ihre Wurzeln in der Metaphysik“, Salzburg-München 1967, S. 103 f.) Demgegenüber ist die Frage zu stellen, wie diese Theorie der vielen Ontologien dem allgemeinen, gemeinsamen Sein gerecht werden kann, welches den besonderen Vorstellungen *des* Seins zu-

Es mag zum Gedanken einer möglichen Ontologie des Wesens folgende Zusammenfassung gegeben werden:

1. Das „Wesen“ der Sache muß als der nicht abgeschlossene geschichtliche Zusammenhang von Aussagen bezeichnet werden, durch welche sich die Sache selbst zur Sprache bringt. Die Sache ist sprachlicher Natur: ist nicht das vernunft- und sprachfremde Substrat, „über“ welches die Subjekte zu reden hätten. Die Philosophie des Wesens kann daher nicht unter der Voraussetzung der Sprachanalyse entwickelt werden, da diese von der Unterscheidung zwischen sprechendem Subjekt und dem gegenständlichen Gegenüber ausgeht. Die Sache selbst ist von sich aus sprachlicher Natur; nur so kann man „über“ sie reden, daß man sie im Zeichen gewisser Erkenntniszwecke am Leitfaden gewählter und gesetzter gesetzlicher Zusammenhänge beschreibt, unter Umständen auch mit Hilfe einer exakten Sprache. Hegelisch gesprochen ist die Sache selbst „Begriff“. Die wissenschaftliche Zerlegung dieser Sache, etwa von seiten des exakten Denkens, bringt sie in eine bestimmte „Form“, wie etwa das exakte Denken die Wesenheiten auf Gesetze und Funktionen bringt. Das philosophische Denken des „Wesens“ wird nicht zugeben, daß die so entstandene Form den Inhalt, das Wesen überflüssig mache. Es wird diese Form auf das Wesen immer zurückbeziehen und in die wesentliche Sache selbst zurücknehmen.
2. Die Sache selbst ist nicht das von der Form Verschiedene, hinter der Erscheinung stehende „Meta-physische“, also nicht Ding an sich, sondern schließt zugleich auch die Summe der Bedeutungen in sich, welche das einzelwissenschaftliche Denken und Sprechen „über“ sie machen kann. Diese Bedeutungen und Aussagen bringen die Sache in eine Form, deren Erfüllung das Wesen ist. Dieses Wesen muß als Gegenstand möglicher Formung schon von der lebensweltlichen Praxis her bekannt sein.
3. Faßt das Denken die bisherigen Erfahrungen mit der Sache in einem einzigen Blick zusammen, dann entsteht eine „Anschauung“ vom Wesen der Sache. Diese ist Ergebnis eines gedanklichen Weges, also einer Vermittlung und zugleich unmittelbarer Ausgangspunkt für neue gedankliche Verarbeitungen. Sie ist eine Möglichkeit, die im

grundeliegt und als das Sein selbst jeweils in besondere Vorstellungen vom Sein eingeht? Abgesehen davon kann die Naturwissenschaft als solche die Ontologie, die in ihr zweifellos impliziert ist, nicht selbst aussagen.

Denken selbst liegt, insofern sie die Fähigkeit hat, in ein einziges „Bild“ ein System möglicher Aussagen zusammenzufassen.

4. Die Struktur des „sprachlichen“ Denkens ist dialogisch: die gedanklichen Verknüpfungen geschehen nicht auf einer fortlaufenden Linie, sondern werden immer wieder durch einen Übergang von einem Stand des Denkens zu einem neuen Stande und seiner Perspektive unterbrochen. Jeder der Mitsprechenden behauptet seinen, aus der Entwicklung der Gesprächsgeschichte als die „Gegenwart“ resultierenden Stand, von dem aus ihm der Gegenstand in einer bestimmten Perspektive begegnet. Der Übergang von einem Stand zum andern erfolgt aus dem Gesetz der Erfahrungen heraus, welche die Vernunft in der bisherigen Gesprächsgeschichte gewonnen hat.
5. Jeder neu gewonnene Stand ist eine Zusammenfassung des bisherigen gedanklichen Weges: er drückt sich in einer „Anschauung“ der Sache in der neuen Perspektive aus. Daher ist er zugleich Ausgangsbasis für neue Analysen, die im Rahmen dieser gewonnenen Perspektive erfolgen können. Die Anschauung des Wesens erweist sich auf jeden Fall als Leistung des Denkens, welches dialogisch auf einen Stand und eine Perspektive gelangt ist. Sie ist einerseits unmittelbar, da sie Neuanfang für weitere Analysen der Sachen ist, andererseits vermittelt, insofern sie Ergebnis einer bisherigen Denk- und Sprechgeschichte ist.
6. Dem Stande desjenigen Denkens, welches dem Wesen eine „Form“ im Zeichen einzelwissenschaftlicher Erkenntniszwecke gibt, ist eine erkenntnistheoretische Auslegung des eigenen Tuns im Zeichen des Modells: Subjekt — Objekt angemessen. Aber die philosophische Vernunft des „Wesens“ überschreitet das Denken dieses Modells, sie identisiert ihr subjektives Sprechen mit der objektiven Sprache, die der Gegenstand von sich aus spricht und in welcher er sich dem Subjekt präsentiert. Das Subjekt versteht sich als Denken, welches sich selbst und seinen Stand ausspricht, indem es die Sprache der diesem behaupteten Stand gemäßen Perspektive spricht. Die „Perspektive“ stellt ein Ergebnis dar, welches nicht nur von der subjektiven Arbeit, sondern vom objektiven Gesetz der Geschichte des Dialogs gewonnen worden ist. Der Gegenstand selbst stellt sich in einer dem geschichtlichen Augenblick des Dialogs gemäßen Perspektive dar. Die Sache rückt sich selbst in eine bestimmte Perspektive.

Auf eine ontologische Verbindung zwischen dem Denken des Wesens im Sinne der aristotelischen usia und demjenigen des Subjekts geht in der Gegenwart z. B. das Denken E. Heintels aus.[53] Auch Glockners „Fundamentalphilosophie“ ist in diesem Zusammenhang zu nennen, in der freilich die Intention herrscht, solche traditionellen metaphysischen Termini wie Sein, Ontologie, Metaphysik zu vermeiden. Glockner fragt nach den Charakteren, die ein „Etwas“ als solches bestimmen.[54] Im alltäglichen Leben und in der Wissenschaft drängt sich vor allem dasjenige Denken vor, welches er als „rational“ bezeichnet. Dessen Eigenart ist es, das Eine von dem Andern zu unterscheiden und beide zugleich miteinander in einen Beziehungszusammenhang zu bringen. Das „rationale Denken“ stellt die Tatsachen im Zeichen des Beziehungszusammenhangs fest, sein Hauptverfahren ist dasjenige der Analyse, durch welche aus dem Ganzen des Gegenstandes einzelne Momente herausgelöst und miteinander verbunden werden. Das Modell des „Etwas“ repräsentiert das Ganze selbst, an dem der Beziehungszusammenhang ein zwar notwendiges, aber nicht allein dominierendes Moment ist. Der Grundzug der „Etwasheit“ ist die Ganzheit, zunächst als Zusammenbestehen von Rationalität und Individualität verstanden. Letztere wird als Einzigkeit und Einsheit begriffen, welche die Relationalität, die immer noch das Bezogene unterscheidet, als Unteilbarkeit an Einheitscharakter überbietet. Schließlich ist Phänomenalität als Grundzug dieses „Etwas“ zu nennen. Die drei Züge der Rationalität, Individualität und Phänomenalität durchdringen einander zur Einheit des einen identischen „Gegenstandes“, welcher „momentan“ jeweils auf Grund eines freien Willensentschlusses in einseitiger Weise: entweder rationalwissenschaftlich oder darstellend als einmalige Individualität oder anschauend von seiner erscheinenden Gestalt her aufgefaßt werden kann.

Daß das Sprechen und das ihm zugehörige Denken nicht nur ein Reden „über“ Sachen und ein demgemäß rationales Denken der Beziehungszusammenhänge ist, erläutert Glockner in seiner Analyse

[53] Vor allem ist zu nennen sein bisheriges Hauptwerk: Die beiden Labyrinthe der Philosophie, Systemtheoretische Betrachtungen zur Fundamentalphilosophie des abendländischen Denkens, Bd. 1, Wien/München 1968.

[54] Insbesondere: Hermann Glockner: Gegenständlichkeit und Freiheit, Bd. I u. II, Bonn 1963 (1966). Außerdem: Zur Fundamentalphilosophie, Zschr. f. philos. Forschung. Bd. 23 (1969), S. 495—515; Fundamentalphilosophische Betrachtungen, Kant-Studien, 60. Jg. (1969), S. 267—288.

des von ihm genannten „Satzes des Selbstbewußtseins": „Ich bin ich". In diesem Satze sage ich nicht „über" eine Sache aus, die mir gegenübersteht, sondern „behaupte" mich als so Sprechender. Im Medium dieses Selbstbehauptens geschieht eine Selbstvergegenständlichung des Selbstbewußtseins, die zugleich eine „Selbstbefreiung des natürlichen Bewußtseins" bedeutet. Auf Grund dieser Freiheit vermag das Subjekt die Sprache des Gegenstandes zu sprechen, indem es ein gegenständliches Modell mit den bezeichneten Charakteren „entwirft".

Fünftes Kapitel

METAPHYSIK UND PRAKTISCHE PHILOSOPHIE

1. Sein als Gemachtsein durch Vernunft

Das Schauspiel der Auseinandersetzung zwischen Wesen und Gesetz setzt sich in dem Bereich der praktischen Vernunft fort. Die Vernunft der Neuzeit läßt, so wurde gesagt, nur diejenige Einheit und Realität (Sachheit) gelten, die sie selbst durch ihren Sachwalter, das Subjekt, synthetisch handelnd hergestellt hat. Sie läßt als seiend nur die Ergebnisse dieser einigenden Leistung zu. Der in diesem Zusammenhang maßgebende Begriff vom Sein des Seienden schließt von vornherein die Erfahrung des Handelns ein. Die Vernunft begreift sich als Kraft, die sich nach ihrem eigenen immanenten Gesetz in einem Prozeß des Handelns systematisch und nach Prinzipien realisiert. So ist der Seinsbegriff der neuzeitlichen Metaphysik von vornherein auf den Gedanken des Handelns und der Praxis hin angelegt. Der theoretische Verstand der Neuzeit gibt sich eine Rolle, die ihn auch im Bereich der Theorie zu Handeln, Aktivität, synthetischem Einigen verpflichtet. Das handelnde Subjekt stellt sich der Theorie anheim, insofern es das im theoretischen Bewußtsein wirkende Seinsverständnis übernimmt: nichts ist danach für den Handelnden seiend und real, was nicht in dem Umkreis der theoretischen Konstruktion aufgenommen worden ist.

So greift die Metaphysik als Theorie des Seinscharakters der seienden Dinge auch auf die praktische Philosophie über: es gibt z. B. eine „Metaphysik der Sitten“ (Kant), eine Metaphysik der Geschichte (Geschichtsphilosophie). Was die Geschichtsphilosophie anlangt, so entwickelt sie den Gedanken des Werdens der Vernunftwirklichkeit und beschreibt den Entstehungsprozeß von einer als chaotisch angenommenen Welt zur Bildung von Ordnung. Metaphysik als „erste Philosophie“ vereinigt sich dabei mit der praktischen Philosophie. Das wird vor allem bei Hobbes deutlich, dessen Position in dieser Frage symptomatisch für die pragmatische Rolle der Metaphysik in der Neuzeit ist. Die Figur, in welcher sich das theoretische und praktische Denken im Zeichen dieses Seinsverständnisses vollzieht, ist folgende: unser Verstand muß, um Herr über das „Sein“ zu werden, jeden Anspruch einer fertigen, vollendeten Einheit irgendeiner Sache oder der Welt im Ganzen verneinen. Er muß die Gestalten und Gebilde, die uns umgeben und in einer langen Geschichte geworden sind, in Gedanken destruieren und so tun, als ob er am Anfang der Entwicklung von Natur und Geschichte stünde. Er behauptet den Anspruch freier und unbedingter Verwirklichung der von ihm entworfenen Gesetzgebung: daher muß er die bisherige Bildung der „Wesen" in Natur und Geschichte rückgängig machen und zum Nichts zurückkehren, um selbst alles machen zu können. Nur dasjenige gilt ihm als seiend, was er selbst in einer Handlung des Einigens hervorgebracht hat und was seine Herkunft und seinen Ursprung ihm verdankt.

Daß diese Mentalität auch in der biblischen Schöpfungsidee wurzelt, spricht etwa Nikolaus von Kues im Vorfeld neuzeitlichen Denkens aus, wenn er den Menschen als das Wesen bezeichnet, welches Maßstab für Sein und Nichtsein setzt. Die menschliche Vernunft begründet ihr eigenes Sein und dasjenige der Welt, indem sie vom absoluten „Anfang" bzw. „Prinzip" ausgeht. Der Kusaner bestimmt den Anfang als einfache Punktualität, die sich in die Mannigfaltigkeit der Weltwirklichkeit entfaltet. Dabei verfolgt das Denken die Genese der Entfaltungen jeder einzelnen Sache: so die Genese der Linie aus dem Punkt, der Fläche aus der Linie und des Körpers aus der Fläche.[1] In diesem Zusammenhang gewinnt die „genetische Definition" besonders bei Hobbes maßgebende metaphysische Bedeutung. Diese Definition gibt nicht den Gehalt eines vollendeten „Wesens" einer Sache an, sondern zeigt die Schritte auf, in denen die Sache nach und nach vom Verstande des Subjekts hergestellt wird. Die Erzeugung der Figuren hänge von unserer Willkür ab: daher sei es für die Erkenntnis einer beliebigen Eigenschaft einer Gestalt nötig, daß wir alle Folgen betrachten, die sich aus *unserer* Konstruktion ergeben. Es gebe nur deshalb eine Geometrie, weil wir selbst die Figuren erschaffen: nur deshalb gebe es von unserem Denken beherrschbare, „beweisbare" Eigenschaften.[2] In diesem Zusammenhang ergibt sich der metaphysische Stellenwert der Mathematik und mathematischen „Konstruktion". Die Wesenheiten und „unerzeugten Substanzen" des Aristotelismus haben

[1] E. Cassirer, Individuum und Kosmos in der Philosophie der Renaissance, Studien der Bibliothek Warburg, Leipzig 1927, S. 43.

[2] Th. Hobbes, De homine, Kapitel X, § 5, Opera latina, Molesworth, Vol. II, S. 93.

kein Sein für uns, sie sind auch unbegreiflich, weil sie nicht aus unserem eigenen Verstande herkommen.

Das Methodenpaar Analyse und Synthese, Resolution und Komposition gewinnt im Zeichen dieses Seinsbegriffes neue metaphysische Bedeutsamkeit. Die uns begegnenden Wesenheiten dürfen nicht als Ergebnisse eigenständigen Werdens hingenommen werden, damit der Verstand Gelegenheit findet, sie durch Zusammensetzung dieser Elemente auf seine eigene Sprache zu bringen und sie so zu rechtfertigen. Er muß einen ersten, anfänglichen Zustand vorstellen und die Methode festlegen, nach der er aus den rohen Elementen dieses Zustandes eine Zusammensetzung zu seienden Gebilden leistet. Die durch Auflösung der Ganzheiten gewonnenen Elemente werden durch ein selbsthergestelltes Band des Verstandes Schritt für Schritt verbunden, so daß der Weg des Werdens einer Sache bis zu ihrer vollendeten Wirklichkeit durch gedankliche Konstruktion beschrieben werden kann. Es ist ein Weg, der von einer fiktiv angenommenen Unwirklichkeit zur vollen Wirklichkeit, von der Abstraktion zur Konkretion, von der Unordnung zur Ordnung, von der Unvernunft zur Vernunft führt. Die Praxis dieses Verfahrens verlangt von unserem Denken, daß es den gegenwärtigen Zustand seiner ausgebildeten Vernunft verleugne, um sich in einen frühen, anfänglichen Stand der Vernunftlosigkeit zurückzuversetzen, von dem anfangend es den geschichtlichen Weg zur reifen Verfassung des gegenwärtigen Bewußtseins konstruiert. Es muß sich zunächst negieren, um schließlich diese Negation ihrerseits wiederum zu negieren und das Positivum der jetzt vollendeten reifen Wirklichkeit gedanklich zu gewinnen. Daß die „Rechtfertigung“ der Wirklichkeit die Figur der doppelten Negation zeigt, kommt auch in Wendungen Hobbes zum Ausdruck, in denen er positive Tatsachen des geschichtlichen Zustandes seiner Gegenwart durch doppelte Negation bestimmt.[3]

Dieser Konstruktionsanspruch des Subjekts findet in Theorien von der Genese des Weltalls ihren Ausdruck, die, wie Kant in der „Allgemeinen Naturgeschichte und Theorie des Himmels“ sagt, von „rohen“, „ungebildeten“ Zuständen ausgehend[4], die schrittweise Her-

[3] Darauf weist Manfred Riedel hin in: ›Zum Verhältnis von Ontologie und politischer Theorie bei Hobbes‹, Hobbes-Forschungen, Berlin, 1969, S. 114/115.

[4] I. Kant, Allgemeine Naturgeschichte und Theorie des Himmels, 2. Teil 1. Hauptstück, Akademieausgabe, Bd. I, S. 263.

ausbildung vernünftiger Ordnung darstellt. Die Kosmogonie Kants vereinigt nach großen Vorbildern naturphilosophische und zugleich geschichtsphilosophische Aspekte. In der Vorrede zu dieser Schrift heißt es: „Mich dünkt, man könne hier in gewissem Verstande ohne Vermessenheit sagen: *Gebet mir Materie, ich will eine Welt daraus bauen!* das ist, gebet mir Materie, ich will Euch zeigen, wie eine Welt daraus entstehen soll." [5]

In der Naturphilosophie wirkt sich die genetische Metaphysik des neuzeitlichen Denkens in der Weise aus, daß das Hervorgehen eines Zustandes aus dem anderen kausalgesetzlich bestimmt wird: die der Sache selbst angeblich innewohnende Zweckmäßigkeit, auf welche die teleologische Naturbetrachtung des Aristotelismus pocht, kann für einen Standpunkt nicht annehmbar sein, der die synthetischen Handlungen des Subjekts für das Sein der Naturdinge maßgebend sein läßt. Hobbes beschreibt unter diesen seinstheoretischen Voraussetzungen auch die Genese, in welcher sich der Mensch aus seinem anfänglichen Naturzustand herausarbeitet. Die „Natur" gibt das noch rohe Material ab, mit dem die Vernunft politische Aufbauarbeit zu leisten hat.[6] Die Beschreibung des Naturzustandes liefert Materialien, die auch der den Bau der bürgerlichen Gesellschaft beschreibende Philosoph braucht, um ihre Genese aus naturhaft gegebenen Elementen und Bedingungen darzustellen. Die in dieser Theorie zur Sprache kommende Vernunft wiederholt in Gedanken den eigenen Weg, den sie bei der Verwirklichung der Gesellschaft gegangen ist, oder sie nimmt künftige Verwirklichungen entwerfend vorweg.

In die Mitte zwischen Naturphilosophie und praktischer, politischer Philosophie stellt sich die Anthropologie, die eine Beschreibung der sich erfahrungsgemäß am Menschen findenden Kräfte des Wahrnehmens, Sprechens, Begreifens, des Ehrgeizes, des Selbsterhaltungstriebes usf. leistet. Sie stellt Faktoren im Menschen heraus, mit denen der Architekt, der den bürgerlichen Zustand aufbauen will, zu rechnen hat: dazu gehören Affekte wie Zorn, Rachelust, Hoffnung, Freude, Schmerz usw. Es handelt sich um eine Theorie der Naturbedingungen menschlicher Existenz. Kant stellt sich in seiner Anthropologie in pragmatischer Absicht die Aufgabe, zu erkennen, was der Mensch aus dieser Natur zu machen imstande ist.

[5] a. a. O., Vorrede, S. 229 f.

[6] Th. Hobbes, De homine, Kapitel X, § 5, Opera latina, Molesworth, Vol. II, S. 94.

Zu dem Ansatz, welcher der Physis die Selbständigkeit abspricht und die Wesenheiten nicht anerkennt, gehört auch die Ablehnung der Teleologie im aristotelischen Sinn: der Auffassung, daß in den Naturgebilden selbst ein innerer Zweck wirksam sei. Wenn schon Zwecke ins Spiel kommen, dann können sie nur vom Subjekt her der Natur als Sinngebung des Sinnlosen hinzugefügt worden sein. Bei Hobbes findet sich der Begriff derjenigen Natur, die im vorhergehenden als „gefesselte" bezeichnet wurde: sie ist von der „freien" zu unterscheiden, in der sich selbständige und zweckhafte Entwicklungen zeigen. In der „klassischen" Naturrechtslehre z. B. des Aristoteles galt die Physis auch im Sinne des selbständigen Lebens der Polis als maßgebend, in ihrer Existenz fand auch das Leben und die Praxis des Einzelnen Sinn und Ordnung. Diese Physis wird durch die neuzeitliche Mentalität des Seins sowohl in der Metaphysik der Natur wie in der Metaphysik der Geschichte und Politik entmündigt. Während Hobbes noch von einem zuletzt theologisch begründeten Naturgesetz spricht,[7] das er derjenigen Natur zubilligt, die als „gefesselte" nach dem Entmündigungs- und Auflösungsverfahren gegenüber der „Physis" übriggeblieben ist, wird Kant später radikaler werden: er wird auch das Naturgesetz noch als „apriorische" Leistung des verbindenden Denkens hervorgehen lassen.[8]

Im Naturstand, bei dem die Arbeit des die bürgerliche Gesellschaft aufbauenden Architekten einsetzt, finden sich am Menschen Charaktere, mit denen operiert und gerechnet werden muß. Hobbes spricht von „Erfahrung" der menschlichen Natur; er bedenkt nicht, daß dieser Mensch im Naturzustand niemals erfahrungsgemäß, sondern immer nur als Ergebnis einer Abstraktion und eines analytischen Verfahrens begegnet.

Betrachtet man die Natur des Menschen, so wird man nach Hobbes zu einer Widerlegung des aristotelischen Satzes genötigt, daß der Mensch ein von der Polis her zu verstehendes Lebewesen sei. Wenn sich Menschen im vorbürgerlichen Zustande vereinigen, dann geschehe das nicht aus der Notwendigkeit ihrer Natur, sondern nur zufällig. „Der Mensch" ist nicht von der Gesellschaft, vom Ganzen einer geschichtlich

[7] Th. Hobbes, De Civitate, Kapitel 26, Opera latina, Molesworth, Vol. III, S. 203, S. 207, vgl. Leviathan II, 26, English Works, Molesworth, Vol. III, S. 264, 272.

[8] I. Kant, Prolegomena zu einer jeden künftigen Metaphysik, die als Wissenschaft wird auftreten können, Akademieausgabe, Bd. IV, S. 319.

gewordenen Einheit her zu begreifen, sondern als Element, als Atom. Sein Verhältnis zur Gesellschaft ist nach dem Modell des Atomismus aufzufassen. Daher ist es wichtig, Eigenschaften, Affinitäten und Reaktionsweisen dieses Atoms zu kennen. Der Mensch sucht von Natur aus nicht die Gesellschaft um ihrer selbst willen, sondern um von ihr Ehre und Vorteil zu gewinnen.[9] Jeder sorgt für sich selbst und wird von der Hauptneigung des Menschen beherrscht: dem Trieb zur Selbsterhaltung. Zwischen den „Atomen", welche als Elemente und Bausteine für den Aufbau der bürgerlichen Gesellschaft dienen, herrschen die natürlichen Beziehungen der gegenseitigen Furcht, der Neigung, einander zu schaden, Vorteil und Ruhm zu gewinnen und den anderen zu unterdrücken. Der natürliche Zustand der Menschen ist daher der Krieg aller gegen alle. Es ist die Aufgabe der politischen Vernunft, diesen Zustand durch einen Übergang zur bürgerlichen Verfassung zu überwinden. Hier ist das „Gesetz" maßgebend.[10]

Wie die Materien in der Natur voneinander nicht, wie es dem Bilde der antiken Physis entsprechen würde, durch höhere oder geringere Würde ihres Wesens unterschieden, sondern einander homogen sind, so sieht auch die Metaphysik der Staats- und Gesellschaftsbildung die Menschen im Naturzustande als gleich an: sie sind alle gleich vor dem „Gesetz".

Hobbes begründet das Recht auf das Sein des natürlichen Menschen nicht auf ein Sollen. Der stärkste aller natürlichen Triebe, derjenige der Selbsterhaltung, ist zugleich die Herausforderung zur Herstellung von Gerechtigkeit und Sittlichkeit. Diese hat erst im bürgerlichen Zustand ihren Ort. Die Herstellung dieses Zustandes durch den Menschen ist eine Leistung des praktischen Denkens, welches sich die Aufgabe setzt, die in Natur und Naturgesetz gegebenen Fakten als Möglichkeiten anzunehmen, um sie durch die formgebende Vernunft in die Wirklichkeit gesellschaftlicher Ordnung überzuführen.

[9] Th. Hobbes, De cive, 1. Kapitel, § 2, Opera latina, Molesworth, Vol. II, S. 158 ff.

[10] a. a. O. 1. Kapitel, § 12, S. 165 f. Im 3. Kapitel, § 25, S. 193, erklärt Hobbes, daß „die natürlichen Gesetze" Ausdruck der „rechten Vernunft" (recta ratio) sind und daher nur von demjenigen eingehalten werden können, der die Fähigkeit des rechten Vernunftgebrauchs besitzt. Als den Gesetzgeber dieses „Naturgesetzes" freilich spricht Hobbes nicht die menschliche, sondern die göttliche Vernunft an.

Das im Naturzustande wenigstens angelegte Recht muß durch Gesetzgebung im bürgerlichen Zustande erst vernünftige Wirklichkeit werden. Im Hinblick auf die Rechtsgesetzgebung ist zu sagen, daß das, was jemand im reinen Naturzustande tut, „gegen niemand ein Unrecht ist ..."[11] Jeder hat das natürliche Recht, sich selbst zu schützen, von allen zu diesem Zweck nötigen Mitteln Gebrauch zu machen und schließlich auch selbst zu entscheiden, welche Mittel dazu nötig sind. Im Naturzustand hat er „das Recht, alles zu tun und alles in Besitz zu nehmen, was er selbst zu seiner Erhaltung für nötig hält. Er selbst entscheidet also, ob das, was er tut, mit Recht oder Unrecht geschieht, und deshalb geschieht es immer mit Recht",[12] d. h.: mit dem Recht der Natur. In der Rede vom Natur-recht freilich durchbricht Hobbes die Konzeption von der gefesselten Natur, insofern er jetzt eine sehr selbständige Natur mit eigenen freien Zügen zur Sprache bringt. In diesem Vorgang zeigt sich eine dialektische Notwendigkeit.

Naturordnung und Naturgesetz können aber nur als Vorstufe der durch das bürgerliche Gesetz zu schaffenden bürgerlichen Gesellschaft angesehen werden. Alles Unrecht ist zwar nach dem Naturgesetz verboten, was aber als Diebstahl, Totschlag usw. gelten soll, habe nicht das natürliche, sondern das bürgerliche Gesetz zu bestimmen.[13] Damit in der bürgerlichen Gesellschaft durch kontrollierte Maßnahmen ein Friedenszustand unter Ausschluß jedes Zufalls und jeder Willkür hergestellt werden kann, müssen die Vielen ihren Willen dem Willen eines Einzigen unterordnen. Dieser repräsentiert die eine, Zusammenhang und gesetzliche Ordnung herstellende Vernunft.

Wo von Metaphysik die Rede ist, da glaubt das Bewußtsein mit philosophischer Bildung weit weg von empiristischen Gedankengängen zu sein. Insofern mit Recht, als das in der Metaphysik maßgebende Feld apriorischer Begriffe von den empiristischen Denkern als unfruchtbarer Boden angesehen wird. Aber es wird verkannt, daß im empiristischen Ansatz ein Seinsbegriff am Werke ist, der in die Richtung einer Verbindung von Metaphysik und praktischer Philosophie deutet. Wenn z. B. Locke die Beteiligung des göttlichen Verstandes am

[11] Th. Hobbes, De cive, 1. Kapitel, § 10 (Anm.), Opera latina, Molesworth, Vol. II, S. 164.

[12] a. a. O., S. 164 f.

[13] Th. Hobbes, De cive, 6. Kapitel, § 16, Opera latina, Molesworth, Vol. II, S. 229.

Aufbau des Naturzustandes ablehnt, dann geschieht das nicht aus Mangel an einer Seinskonzeption, sondern im Vollzug eines Seinsbegriffes, der nur dasjenige zuläßt, was vom menschlichen Subjekt selbst erfahren und gemacht worden ist. Es gebe keine natürlichen Formen, keine „Wesen", die als vollendete Formen begegnen würden. Vernunft und Wissenschaft stehen zu dem „Gegebenen", welches sie in der Erfahrung aufnehmen, in demselben Verhältnis wie die durch das Geld zu ihrer höchsten Leistung angespornte menschliche Arbeit zu den Rohmaterialien. Es gebe daher keine natürlichen Prinzipien des Verstandes, keine eingeborenen Ideen. Alles Wissen sei erworben, es hänge von Arbeit ab und sei Arbeit. Das Prinzip Arbeit geht hier eine Verbindung mit demjenigen der Erfahrung ein. Derjenige, der auf Erkenntnis durch Erfahrung pocht, will sein Wissen durch eigene Arbeit gewinnen. Dadurch wird zugleich ein praktischer Seinsbegriff aktuell. Der Begriff der Arbeit wird für die praktische Philosophie zum Exponenten für den auf der spontanen Leistung des Menschen aufbauenden Seinsbegriff.[14]

Wie sich der Seinsbegriff in der Naturphilosophie im Spannungsfeld von Wesen und Gesetz einmal am Wesen, das andere Mal am Gesetz orientierte, so folgte er auch im Bereich des praktischen Denkens diesem Rhythmus. Daher konnte es nicht ausbleiben, daß in der Geschichts- und Staatsphilosophie eine nicht am Prinzip des Gesetzes, sondern am Wesen und der freien Natur orientierte politische Theorie gegen die Idee der Konstruktion und des „Gesetzes" auftrat. Es war Burke, der die Ansicht verwarf, daß Verfassungen „gemacht" werden können.

2. Theorie und „praktische Weisheit": die freie Natur in der praktischen Philosophie

Verfassungen und Institutionen seien nicht Produkt menschlicher Konstruktion und Planung, nicht vom subjektiven Verstande am Leitfaden einer Theorie entworfen und hervorgebracht, sondern Ergebnis eines „Wachstums" im Sinne von Wesensgebilden der Physis.[15] Mit

[14] J. Locke, Two Treatises of Government, Book II, §§ 34. 37. 38, Works, Vol. IV, S. 357. 359 ff.

[15] Vgl. F. von Gentz, Übersetzer der „Reflections on the Revolution in France", Staatsschriften und Briefe, München 1921, I, S. 344.

dieser Auffassung wird das Ansehen des Wesens insofern hergestellt, als das Werden der geschichtlichen Gebilde nicht den Vorstellungen und dem Entwurf des Subjekts, etwa in der Gestalt eines weisen „Gesetzgebers" anheimgestellt wird, sondern aus der Natur der geschichtlichen Entwicklung selbst hergeleitet wird.

Die beste Verfassung sei naturgemäß bzw. natürlich, kontinuierlich, langsam und fast unwahrnehmbar in sehr langer Zeit und durch mannigfachste Zufälle entstanden. Der subjektiven Reflexion falle in diesem Prozeß keine maßgebende Rolle zu. Nicht eine einheitliche, künstliche Konzeption, keine Hypothese und kein gesetzlicher Entwurf sind bei der Entstehung dieser Verfassung maßgebend, vielmehr führt die in sich selbst und durch sich selbst in Gang gekommene Bewegung der selbständigen Natur in der Geschichte zu ihr.[16]

Wenn Burke von hier aus gegen die „metaphysische" Konstruktion der Geschichte Einspruch erhebt, um die „historische" Betrachtung insbesondere in Staats- und Rechtswissenschaft zu propagieren, dann trifft er mit dieser Kritik die theoretische Metaphysik, in welcher der Seinsbegriff der gefesselten Natur und damit das Prinzip der Konstruktion und der durch das Subjekt geleisteten ungeschichtlichen Einheitsbildung maßgebend ist. Demgegenüber tritt er in Geschichts- und Staatsphilosophie für eine Natur ein, die in diesem Zusammenhang als „freie Natur" im Sinne der „Physis" zu bezeichnen ist.[17] Daher betont er den Gedanken des Reichtums individueller Entfaltung und grenzt die Bedeutung des berechnenden Verstandes gegenüber der Klugheit und der praktischen Weisheit ein, die allein fähig seien, sich dem individuellen Augenblick und den Forderungen der gegenwärtigen Situation anzupassen. Der Staat müsse „größte Vielfalt von Zwecken" verfolgen. Er dürfe so wenig wie möglich „irgendeinen von ihnen für einen anderen oder für das Ganze opfern". Sein Denken müsse auf die Individualität gerichtet sein. Es müsse Rücksicht auf die individuellen Gefühle und Interessen nehmen. Daher dürfe die Entstehung der vernünftigen Gesellschaftsordnung kein durch Reflexion,

[16] The Works of Edmund Burke, Vol. II, S. 33. 91. 305. 307 f. 439 f.; V 148. 253 f.

[17] In der Begründung des Begriffes der Geschichtlichkeit durch Dilthey wird das „Leben" als der Bereich in Anspruch genommen, der sich selbständig als „Realität" von sich aus entfaltet; es zeigt sich dem Erkennend-Verstehenden, indem es ihm die Gestalten zum Nachbilden anmutet, die es hervorbringt. So nimmt es Züge der „Physis" an.

Planung, Gesetzgebung des Verstandes geleiteter Prozeß sein. Vielmehr müsse sie dem „natürlichen, unwahrnehmbaren Vorgang“ so nahe wie möglich kommen. Das Natürliche sei individuell, das Universelle sei vom Verstande gemacht. Im Sinne des Prinzips der „freien Natur“ betont er im Gegensatz zum Vernunfttotalismus Hobbes‘, daß die freie Entwicklung der Einzelpersonen in ihrer Individualität die beste Ordnung hervorbringe, statt zum Chaos zu führen. Es sei eine Ordnung, die mit einer gewissen Unregelmäßigkeit im Ganzen nicht nur vereinbar ist, sondern sie sogar fordere.[18]

Im Zeichen der Kritik am metaphysischen Seinsbegriff des Gesetzes, des subjektiven Konstruierens und „Machens“ macht Burke die bei den Denkern der gefesselten Natur hergestellte Verbindung von Theorie und Praxis wieder rückgängig. So sei die Bildung einer politischen Gesellschaft höchste Leistung der handelnden Vernunft, obgleich sie nicht durch Reflexion kontrolliert wird: sie sei ein Prozeß von der Art eines Gebildes der freien organischen Natur. In Übereinstimmung mit aristotelischen Thesen läßt Burke die reine Theorie zum Wissen der Praxis in ein Verhältnis treten, das demjenigen des apriorischen Entwurfes, wie er etwa in der Mathematik geschieht, zum Erfahrungswissen analog ist. Im Sinne der freien Natur, die sich nicht den vom Verstande gegebenen Gesetzen fügt, läßt Burke in der Praxis Erfahrung und Zufall auftreten, dem, wie er sagt, die Theoretiker nur ungern den großen Anteil zuerkennen, auf welchen er in allen menschlichen Dingen Anspruch hat.[19] Die theoretischen Metaphysiker sind geneigt, zu verallgemeinern und zu vernotwendigen, anstatt dem Zufall, dem Besonderen und der Erfahrung Raum zu lassen. Weil man im Bereich der Politik mit Wesen zu tun hat, die freie Entscheidungen treffen, ergeben sich immer neue, nicht vorhersehbare, nicht planbare Situationen.

Eine weitere Grenze der Theorie zeigt sich darin, daß sie sich, um einfach, einheitlich und genau zu sein, von der Realität distanzieren und sich im Felde der idealen Konstruktionen ansiedeln muß. Die „praktische Weisheit“ allein, die es mit der Realität im vollen Umfange aufnehmen kann, vermag die Komplikationen des individuellen Falles zu bewältigen. Während sich die Theorie mit den einfachsten idealen

[18] a. a. O., Vol. I S. 117. 462; II 309; V 253 ff.

[19] a. a. O., Vol. I S. 277 f. 312. 365; II 372. 374 f. 383. III 15 ff. V 78. 153 f. 257.

Fällen befasse, die in der Praxis nie vorkommen, und das Gesetz zum Maßstab ihres Denkens macht, hat es die „praktische Weisheit" mit Zufällen, Ausnahmen, Modifikationen, Kompromissen zu tun. Nach Burke werden die Konstruktionen des metaphysischen Naturrechts durch die „natürlichen Gesetze" der gesellschaftlichen Wirklichkeit so von ihrer ursprünglichen Denkrichtung abgebogen, wie Lichtstrahlen, die in ein Medium eindringen, von ihrer geraden Linie abgelenkt werden. Die Aufgaben der Gesellschaft seien von größter Komplikation. Das aus einfachsten Gedankenelementen konstruierte Naturrecht müsse, um im Medium geschichtlicher Wirklichkeit anwendbar zu sein, seine lineare Richtung aufgeben. Die Naturrechtskonstruktionen seien zwar metaphysisch wahr, gerade deshalb aber im Sinne sittlicher und politischer Praxis falsch. Burke spielt den unmittelbaren Instinkt, die Empfindung für das im individuellen Fall Notwendige gegen den planenden und konstruierenden Verstand aus.[20]

Auch folgender Unterscheidungsgrund zwischen Theorie und Praxis betont das Recht der freien Natur gegenüber dem theoretischen Seinsverständnis der gefesselten Natur. Praxis setze Verbundenheit mit dem „Eigenen", dem Land, dem Volk, der religiösen Gemeinschaft, der Tradition usw. voraus, sie schließe Engagement ein. Dagegen distanziere sich der Theoretiker von der Sache; er verhalte sich unparteiisch und neutral, wenn nicht sogar „kalt und flau". Spekulierer müssen neutral sein, ein Minister kann das nicht. Es sei immer die Pflicht des Handelnden, Partei zu nehmen. Zwar könne auch der Theoretiker „Werturteile" fällen, aber im Zeichen objektiver Erkenntnis und ohne daß ein Interesse an dem „Eigenen" mitspielen würde. Es gebe für ihn nichts, was ihm am nächsten und teuersten wäre. Bei Burke geht die Konzeption der freien Natur mit dem Prinzip des Handelns, des Interesses und der Realität eine Verbindung ein: Verstand, Konstruktion, Theorie dagegen sind Kategorien, welche auf die Seite der gefesselten Natur gehören.[21]

Bei Burke zeigt sich, daß die Konzeption der freien Natur im Gegenzug gegen die der gefesselten Natur zu dem Problem: Metaphysik und Geschichtsphilosophie hinführt. Denn die Physis begründet den Begriff

[20] a. a. O., Vol. I, S. 257. 336 f. 408. 433. 500 f.; II 29 f. 333 ff. 437 f. 454 f. 515; III 16; V 158; VI 132 f.

[21] a. a. O., Vol. I, S. 185 f. 324. 501; II 29. 120. 280 f. 548; III 379 f.; VI 226; VIII 458.

der Geschichte und des Geschichtlichen, insofern sie das Werden und die Entwicklung auch der von Menschen frei hervorgebrachten Handlungen und Handlungswirklichkeit begreifen lehrt. Von hier aus wird zwar die Metaphysik, die sich auf das Seinsverständnis der exakten Naturwissenschaft gegründet hatte und der theoretischen Vernunft angehört, entmachtet: aber eine neue metaphysische Konzeption, diejenige der praktischen Vernunft, tritt auf den Plan, kraft derer Werden und Genese der Wirklichkeit nicht als metaphysisch-naturwissenschaftliche Konstruktion, sondern als Entwicklung einer freien, selbständigen Handlungswirklichkeit begriffen wird.

3. Handlung im Bereich theoretischer und praktischer Vernunft

Bei Kant wird die Verbindung von Ontologie und Handlung, Theorie des Seins und Theorie des Handelns aus der Tradition her aufgenommen und weitergebildet. Er macht den Verstand des die seienden Dinge erkennenden Subjekts zum Gesetzgeber, zum Begründer einer „Verfassung", die für das Gebiet der Gegenstände gilt, die als seiende überhaupt in Frage kommen. Es ist eine Verfassung des Bereiches „möglicher Erfahrung": sie wird durch das System der „synthetischen Grundsätze" formuliert. An diesen Grundsätzen bzw. „Grund-urteilen" ist die ontologische Struktur ablesbar, die den Gegenständen möglicher Erfahrung als seienden Dingen überhaupt eigentümlich ist. Diese Grundurteile sind Ergebnis einer „synthetischen Handlung" des Subjekts. Das Subjekt nimmt in die dem Bereich möglicher Erfahrung gegebene Verfassung z. B. die Bestimmung auf, daß nur ein solches Etwas als seiender Gegenstand der Erkenntnis und der „wirklichen" Erfahrung in Frage kommt, welches dem Gesetz von Ursache und Wirkung unterliegt. Der synthetische Grundsatz der Kausalität, welcher hier stellvertretend auch für die anderen Grundsätze zitiert wird, lautet: alle Veränderungen geschehen nach dem Gesetze der Verknüpfung von Ursache und Wirkung.[22] In diesem Grundurteil wird die Verbindung von Ursache und Wirkung von vornherein als Bestandteil der Verfassung seiender Gegenstände aufgenommen: die Verknüpfung von Ursache und Wirkung wird von Kant als eine

[22] I. Kant, Kritik der reinen Vernunft B 232, Akademieausgabe, Bd. III, S. 166.

„Handlung“ des Verstandes bezeichnet. Der Verstand verbindet verschiedene, logisch voneinander nicht ableitbare Begriffe wie Ursache und Wirkung zur Einheit eines einzigen Zusammenhanges. Die Leistung des Vereinigens nennt Kant „Funktion“ und versteht darunter „die Einheit der Handlung, verschiedene Vorstellungen unter einer gemeinschaftlichen zu ordnen.“ [23] Die Begriffe Ursache und Wirkung werden unter dem gemeinschaftlichen des Kausalzusammenhanges, dem der „Verfassung“ gemäß eine Sache unterliegen soll, handelnd vereinigt. Da die Seinsverfassung der möglichen Gegenstände der Erfahrungserkenntnis Ergebnis von Verstandeshandlungen ist, entwickelt Kant das Sein aus einer Tätigkeit des Subjekts und verbindet auf diese Weise Ontologie und Praxis.

Das aktive Verhalten des Verstandes bei der Leistung des Vereinigens und Beschreibens transzendentaler Grundfiguren für die Begründung des Seins möglicher Erfahrungsgegenstände wird von Kant gelegentlich auch als „Bewegung“ des Bewußtseins behandelt. Es handelt sich dabei um eine Bewegung im transzendentalen Sinne, die von der Art ist, daß durch sie die produktive Einbildungskraft die Grundfiguren beschreibt, nach denen sich das Sein der Gegenstände herstellt. Sie ist Bewegung, als „Handlung des Subjekts“ und zugleich als „Synthesis des Mannigfaltigen“ im Raume verstanden.[24] In diesem Zusammenhang nimmt Kant die Tradition der „genetischen Definition“ im transzendentalphilosophischen Sinne wieder auf, indem er den Begriff der Linie, des Kreises usw. als Handlungsanweisung deutet, durch welche jeweils diese Figur konstruiert wird.[25] Durch solche Konstruktionshandlung wird der Raum jeweils in einer bestimmten Weise „beschrieben“. Beschreibung in diesem Sinne bedeutet zugleich das Vormachen einer Handlung des synthetischen Zusammensetzens einer Figur. Wie die Gestalten der Natur im einzelnen beschaffen sein mögen, kann nur die Erfahrung lehren. Aber daß sie in der Weise geometrisch konstruierbarer Figuren müssen beschrieben werden können, ist ein apriorisches Postulat, welches von vornherein zu den Seinsbestimmungen jedes Naturgebildes gehört. Die Figürlichkeit der Naturgegen-

[23] a. a. O., B 93, S. 85.

[24] a. a. O., B 154, S. 121.

[25] „Ich kann mir keine Linie, so klein sie auch sei, vorstellen, ohne sie in Gedanken zu ziehen, d. i. von einem Punkte alle Theile nach und nach zu erzeugen und dadurch allererst diese Anschauung zu verzeichnen“ (B 203, S. 149).

stände überhaupt gehört mit zu der von den synthetischen Grundsätzen vorgeschriebenen Grundverfassung, durch die freilich das allein in der wirklichen Erfahrung zu Erkennende, Besondere nicht vorweggenommen werden kann. „Besondere Gesetze, weil sie empirisch bestimmte Erscheinungen betreffen, können davon (von der allgemeinen Verfassung, der Verf.) *nicht vollständig abgeleitet* werden, obwohl sie gleich alle insgesamt unter jenen stehen. Es muß (wirkliche, der Verf.) Erfahrung dazu kommen, um die letztere *überhaupt* kennenzulernen; von Erfahrung aber überhaupt und dem, was als ein Gegenstand derselben erkannt werden kann, geben allein jene Gesetze a priori die Belehrung." [26]

Die Verfassung, welche durch synthetische Handlung hergestellt wird, kann auch als der Rahmen angesprochen werden, innerhalb dessen die wirkliche Arbeit des Erfahrens geschehen kann. Durch die ontologische Verfassung wird der Umkreis für „mögliche" Erfahrung umschrieben. Damit *wirkliche* Erfahrung zustande komme, muß das Subjekt imstande sein, die allgemeine Verfassung für das Sein möglicher Gegenstände überhaupt auf das Besondere, hier Vorgefundene zu beziehen. Dabei tritt die „Urteilskraft" ins Werk, die als Fähigkeit auftritt, das Besondere dem ihm angemessenen Begriff zu subsumieren. Der Verstand gibt eine allgemeine Regel vor, der folgend die Einbildungskraft in einer Handlung des Beschreibens z. B. für den allgemeinen Begriff des Kreises ein besonderes Bild, ein Kreisbild, auf das Papier zu zeichnen vermag. Aber die Möglichkeit, die Rundung eines vor mir stehenden Tellers als einen Kreis anzusprechen und den Übergang vom Begriff zum einzelnen Bilde an der Erfahrung eines Gegenstandes zu bewähren, ist selbst nicht im Zuge einer „Regel" zu verwirklichen, sondern bedarf einer Naturanlage. Die freie, in der Tätigkeit meines Verstandes wirksame Natur muß hier ins Werk gesetzt werden, wenn es darum geht, die Charaktere der allgemeinen Verfassung, die der gefesselten Natur auferlegt wurde, im individuellen Fall zu bewähren. Diese „Naturanlage" ist Urteilskraft: sie ist durch Erfahrung zu üben und so zu kultivieren, daß sie die erscheinenden Gestalten unter den richtigen Begriff zu bringen vermag. Es ist am Ende der „Erfahrenheit" des Arztes bzw. des Juristen anheim zu stellen, daß er durch pragmatische Urteilskraft die individuelle Gegebenheit als „Fall" für einen zu ihr passenden Begriff deutet. Der

[26] a. a. O., B 165, S. 127.

Umstand, daß hier im Zeichen der Theorie des Handelns außer der vom Verstande her konstituierten Natur auch eine andere Natur ins Spiel kommt, die von dieser Gesetzgebung frei ist, weil sie auch als Schöpferin des gesetzgebenden Verstandes selbst gedacht wird, zeigt an, daß ein im bisherigen Zusammenhang noch nicht aufgetretener Bereich *des Seins* in Sicht kommt. Es ist das Sein derjenigen Gebilde, die der freien Natur angehören, welcher die Eigenschaften der Selbständigkeit, Produktivität beigelegt werden. Die freie Natur bringt auch das Subjekt und seinen Verstand hervor, der die gesetzgebende Instanz für die andere „Natur" darstellt, welche als die „gefesselte" bezeichnet werden mag. Von der freien Natur dagegen ist z. B. in der Geschichtsphilosophie die Rede, in welcher Kant von Zwecken und weisen Absichten der Natur spricht. Zu ihnen gehört auch, daß jedes der von ihr hervorgebrachten Lebewesen, insbesondere auch der Mensch, dazu bestimmt worden ist, die in ihm liegenden Anlagen zu kultivieren und bis zu ihrer vollendeten Ausbildung zu entwickeln.[27]

An diesem Punkte aber tritt eine Antinomie auf, welche Kant dazu zwingt, seinen Denkansatz zu erweitern und einen neuen Seinsbereich hinzu zu gewinnen. Wenn nämlich von der freien Natur die Rede ist, deren selbständige Wirkung anerkannt wird, dann fragt es sich, ob nicht in ihr der Freiheit des Menschen eine mächtige Konkurrenz entgegentritt. Wenn die Natur in Selbständigkeit und Freiheit auch mit dem Menschen verfährt, dann scheint es, insofern er auch ein Wesen mit Naturanlagen ist, mit seiner eigenen Freiheit aus zu sein. Dann scheint die Freiheit, die er sich selbst beilegt, in Wahrheit Freiheit der Natur zu sein: Spinoza hätte am Ende recht behalten.[28]

Soll die Freiheit des Menschen gerettet werden, so muß der Gedankengang zu einem neuen Seinsbereich hinüberführen. Damit ist das Feld der „praktischen" Vernunft angesprochen. Der Name „prak-

[27] Auch beim künstlerischen Produzieren tritt die freie Natur in uns auf den Plan, insofern der Künstler nicht am Leitfaden von Regeln und Gesetzen des Verstandes verfährt, sondern auf Grund der durch ihn wirkenden Natur der Kunst die Regeln gibt, d. h. exemplarische Produkte hervorbringt.

[28] Diese Antinomie zwischen der Freiheit der Natur und derjenigen des Menschen ist von der in der Antinomienlehre Kants behandelten Antinomie zwischen Naturnotwendigkeit und Freiheit zu unterscheiden. Dieser Unterschied wird schon dadurch sichtbar, daß der Naturmechanismus nur den Kausalzusammenhang zuläßt, während die Freiheit der Natur teleologisch gedacht werden muß.

tisch" bedeutet hier, daß die Vernunft unmittelbar und ohne einen Kompromiß mit der Natur einzugehen, im Vollzuge ihres Denkens zugleich auch eine Wirklichkeit hervorbringt. Während im Bereich der Erscheinungen die Natur als die Instanz anzusprechen ist, die erscheinende Gebilde produzierend zum Dasein bringt, ist es im Bereiche der „Praxis" die freie Vernunft, welche unmittelbar Wirklichkeit schafft. Wie ist das zu verstehen?

Die damit angesprochene „Wirklichkeit" bezieht sich nicht auf den äußeren Bereich der Erscheinungen: vielmehr ist von einer Verfassung des inneren Subjekts die Rede. Eine zuständliche Wirklichkeit des Subjekts, wie sie hier in Frage kommt, wird z. B. durch den Namen Gesinnung bzw. Gewissen angesprochen. Man sieht z. B. einer Handlung äußerlich nicht an, in welcher Gesinnung sie geschehen ist. Dieselbe Handlungsfigur, die der eine in egoistischer Absicht in Gang setzt, kann der andere selbstlos verwirklichen. Vor allem ist auch zu bedenken, daß wir keine absolute Erkenntnis und freie Verfügung über die Natur haben, so daß es durchaus an der Tagesordnung ist, daß die besten Absichten scheitern. Diese Überlegung führt Kant dazu, zwischen einer äußeren und einer inneren Wirklichkeit zu unterscheiden und den Bereich der praktischen Vernunft der letzteren zuzuordnen. Im Blick auf Achtung, Gesinnung usf. wird sichtbar, daß das praktische Denken die Wirklichkeit einer inneren Verfassung hervorrufen kann, welche ihrerseits die Basis für ein handelndes Ausgreifen in den Bereich der äußeren Natur, der Erscheinungen darstellt. Im Bereich des Inneren ist das Subjekt souverän; das praktische Gesetz, welches die Vernunft gibt, kann das Subjekt in der Form der Achtung vor diesem Gesetz ohne Einschränkung, unbedingt, d. i. in *Freiheit* verwirklichen. Mit diesem Gedanken ist der Seinsbereich der moralischen Welt in den Blick getreten, der eine innere Wirklichkeit zugeordnet wird: in der nachkantischen Philosophie wird diese Wirklichkeit als „Geist" bezeichnet werden. Wenn die menschliche Freiheit ihre Verwirklichung in einem eigentümlichen, „geistigen" Felde findet, das von dem Bereich der freien Naturwirklichkeit verschieden ist, dann führt die Konkurrenz der beiden Freiheiten, derjenigen der Natur und der des Menschen, nicht zur gegenseitigen Verdrängung. Indem das Denken diese innere Wirklichkeit in den Blick bringt, hat es die Voraussetzung für die Lösung der Antinomie der beiden Freiheiten geschaffen.

In Frage steht, wie ich mich dem Gesetz, das meine eigene Vernunft gibt, gegenüber verhalte: ob ich es als „Bestimmungsgrund" gelten lasse oder ob ich es aus Interesse befolge. Die Entscheidung darüber hängt von meiner eigenen, absoluten und von Natur unabhängigen Stellungnahme, also von meiner Freiheit ab. Daß mit dem Gedanken der Freiheit zugleich auch derjenige einer inneren *Wirklichkeit* verbunden ist, dieser Umstand hat einen der praktischen Vernunft angemessenen Begriff vom Sein zur Folge. Die Wirklichkeit, die sich im Bereich der Freiheit ergibt, ist von derjenigen der Natur und der natürlichen Freiheit zu unterscheiden. Im Bereich der inneren Wirklichkeit ist die gesetzgebende Instanz, die praktische Vernunft, mit derjenigen identisch, für welche das Gesetz gilt. Anders ausgedrückt: das Subjekt der praktischen Vernunft befindet sich in der Situation, daß es dieses Gesetz zugleich und unmittelbar z. B. als Achtung vor diesem Gesetz bzw. auch als Gesinnung verwirklicht. Die „innere" Wirklichkeit der Gesinnung existiert als Einstellung des Subjekts dem Gesetz gegenüber, dem es die alleinige Motivation seines Handelns einräumen soll. Die Freiheit ist die Möglichkeit dieser inneren Verwirklichung.

Das Subjekt verwirklicht seine Freiheit schon in dem Augenblick, in dem es sich bei seinen Handlungen einen Stand „unter der Idee der Freiheit" gibt. Die Idee der Freiheit ist nicht eine gedankliche Vorstellung neben anderen, sondern erweist sich als universaler und zugleich sich verwirklichender Gedanke, als der sich das Subjekt handelnd versteht. Freiheit ist ein Stand, den das Subjekt behauptet, ist wirkliche Verfassung des Subjekts und als solche ein ontologisches Thema. „Ich sage nun: ein jedes Wesen, das nicht anders als *unter der Idee der Freiheit* handeln kann, ist eben darum in praktischer Rücksicht wirklich frei, d. i. es gelten für dasselbe alle Gesetze, die mit der Freiheit unzertrennlich verbunden sind, eben so als ob sein Wille auch an sich selbst und in der theoretischen Philosophie gültig für frei erklärt würde." [29] Die Rede von der Wirklichkeit der Freiheit, so wird hier gesagt, kann mit einer Sicherheit ausgesprochen werden, „als ob" die theoretische Vernunft diese Wirklichkeit sichergestellt und bewiesen hätte. Das ist jedoch nicht der Fall, weil sich die theoretische Vernunft nur auf Erscheinungen der „gefesselten" und vom Verstande verfaßten Natur beziehen kann. Die hier angesprochene innere Wirklichkeit aber kann nur Gegenstand von Aussagen der „praktischen" Vernunft sein.

[29] I. Kant, Grundlegung zur Metaphysik der Sitten, Akademieausgabe, Bd. IV, S. 448.

Wirklichkeit der Freiheit ist kein Inhalt, welcher der sinnlichen Anschauung gegeben wäre und vom theoretischen Verstand bestimmt werden könnte, wie es bei den Erscheinungen der Natur geschieht. Sie ist vielmehr in dem Satze ausgesprochen, daß es in allen Vorschriften der reinen, praktischen Vernunft nur um Willensbestimmung, nicht um die Naturbedingungen des praktischen Vermögens, also der Ausführung seiner Absichten zu tun sei. Die praktischen Begriffe a priori werden in Beziehung auf das oberste Prinzip der Freiheit „zugleich Erkenntnisse", wobei hier vom Erkennen der praktischen Vernunft die Rede ist. Sie brauchen „nicht auf Anschauungen warten ..., um Bedeutung zu bekommen, und zwar aus diesem merkwürdigen Grunde, weil sie die Wirklichkeit dessen, worauf sie sich beziehen, (die Willensgesinnung) selbst hervorbringen ...".[30]

Metaphysik des Handelns steht bei Kant im Zeichen dieses Begriffs der Wirklichkeit der Freiheit. Wenn er „von Kausalität aus Freiheit" spricht, so versteht er darunter keine „Ursache", welche selbst zur Erscheinungswirklichkeit gehören würde. Daher kann Freiheit als Ursache auch nicht dingliche Substanz im Sinne der theoretischen Vernunft heißen. Aber die praktische Vernunft kann „hinter den Erscheinungen doch noch etwas anderes, was nicht Erscheinung ist ... einräumen und annehmen ...".[31] Daher ist es aber auch nur möglich, die Freiheit „in praktischer Absicht", also nicht in der Hermeneutik der theoretischen Vernunft als eine Art von wirklicher Substanz analog der Erscheinungssubstanz anzusprechen.[32] Ein vernünftiges Wesen habe „zwei Standpunkte, daraus es sich selbst betrachten und Gesetze des Gebrauchs seiner Kräfte, folglich aller seiner Handlungen erkennen kann."[33] Einerseits versetzt es sein Selbst in den Zusammenhang der Sinnenwelt und stellt sich damit unter die allgemeine Verfassung, die

[30] I. Kant, Kritik der praktischen Vernunft, Akademieausgabe, Bd. V, S. 66.

[31] I. Kant, Grundlegung zur Metaphysik der Sitten, Akademieausgabe, Bd. IV, S. 451.

[32] a. a. O., S. 448.

[33] a. a. O., S. 452. Was den Begriff des Standes, der Perspektive und seinen Zusammenhang mit dem Freiheitsbegriff betrifft, so verweise ich auf meine ›Philosophie der Beschreibung‹, Köln/Graz 1968, S. 73, 85 ff., 276, 396, 461, ebenso wie auf meine Kant-Monographie (Sammlung Göschen), Berlin 1969, S. 110 f. und 175 f.

es selbst der Natur überhaupt gegeben hat. Der andere Standpunkt gehört zur intelligiblen Welt. Von ihm aus versteht es sich als unter Gesetzen stehend, die es nur sich selbst, keiner „Natur" gegeben hat und kraft deren es in sich die Wirklichkeit der Freiheit hervorruft.

Die hier begegnende praktische Metaphysik orientiert sich am Prinzip des Gesetzes: Der Verstand gibt der Natur durch ihr allgemeines Gesetz die Verfassung eines Bereiches möglicher Erfahrung, während das Gesetz der Freiheit dem Subjekt selbst einen bestimmten Charakter verleiht, der innere Wirklichkeit ist.

Die Frage, wie im metaphysischen Begriff des Handelns die innere (intelligible) Wirklichkeit mit der äußeren (sensiblen) zusammenfließen müsse, hat Kant dadurch beantwortet, daß er zwischen zwei verschiedenen Aspekten des Handelns unterschieden hat: einer inneren und einer äußeren Handlung. Diesen Dualismus sollte Hegel überwinden, der Handlung als Übersetzung innerer Gedanken in äußere Erscheinung und demgemäß als Ausdruck interpretiert. Dadurch wurde eine neue gedankliche Basis gewonnen, welche durch die Frage nach dem Begriff des Handelns herausgefordert wird und in welcher der Dualismus zwischen innen und außen überwunden ist. Zwar ist der Begriff einer „inneren" Welt und des in ihr maßgebenden Prinzips der Freiheit nach Kant „also nur ein *Standpunkt*, den die Vernunft sich genöthigt sieht, außer den Erscheinungen zu nehmen, *um sich selbst als praktisch zu denken* . . ." [34]. Der Vollzug des Standnehmens aber ist selbst eine Wirklichkeit, die freilich nicht substantiell erfaßbar ist. Der Gedanke an die freiwirkende Ursache führt „die Idee einer anderen Ordnung und Gesetzgebung, als die des Naturmechanismus, der die Sinnenwelt trifft, herbei und macht den Begriff einer intelligiblen Welt . . . nothwendig, aber ohne die mindeste Anmaßung, hier weiter, als bloß ihrer *formalen* Bedingung nach, d. i. der Allgemeinheit der Maxime, des Willens als Gesetze, mithin der Autonomie des letzteren, die allein mit der Freiheit desselben bestehen kann, gemäß zu denken . . ." [35]

Die Wirklichkeit, welche als Kausalität durch Freiheit angesprochen wird, kann nur als Vollzug des Standnehmens und Selbst-ständigwerdens der praktischen Vernunft angesprochen werden. Sie hat nur die Form eines inneren Tuns, nicht diejenige eines theoretisch erkennbaren

[34] a. a. O., S. 458.

[35] a. a. O., S. 458.

substantiellen Gegenstandes. Daraus auch für die theoretische Vernunft eine wirkliche Substanz zu machen, war die Aufgabe, welche sich Hegel gestellt hat.

4. Herstellung des Wesensprinzips in der praktischen Philosophie

Wie Hegel in der theoretischen Philosophie das Denken des „Gesetzes" der Natur in dasjenige des Wesens aufhebt, so verfährt er auch im Bereich der praktischen Philosophie. Er nimmt zwar die Selbstgesetzgebung des praktischen Subjekts und die innere Wirklichkeit der Freiheit auf, geht aber zugleich auch über sie hinaus, um Fuß auf dem Boden einer Wirklichkeit zu fassen, welche auch das sogenannte „Äußere" einschließt, also Natur und Geschichte umspannt. Er spricht von dem Übergang von der „Moralität" zur „Sittlichkeit". Während die Moralität ihren Schwerpunkt in der subjektiven Wirklichkeit hat, geht es im Denken der Sittlichkeit darum, das „objektive Sittliche" zu begreifen. Darunter ist nicht ein abstrakter Vorstellungsinhalt etwa in der Form eines „abstrakten Guten" zu verstehen; vielmehr handelt es sich um den inhaltlichen Reichtum der sich geschichtlich ausbildenden sittlichen Substanz. Sowohl das „objektive als das subjektive Moment" sei an dieser Substanz vorhanden.[36] Das Gute sei „lebendige Substanz" bzw. konkrete Substanz. Vom „objektiven Standpunkt" aus gesehen, der Gesinnung, Gewissen und innere Motivation in den Hintergrund treten läßt, könne man sagen, daß der sittliche Mensch sich „unbewußt" sei. In diesem Sinne verkünde Antigone, daß niemand wisse, woher die Gesetze kommen. Die Gesetze seien ewig: „das heißt, sie sind die an und für sich seiende, aus der Natur der Sache fließende Bestimmung."[37] Damit ist ausgesprochen, daß die „Natur der Sache" in diesem Falle maßgebend und das Prinzip des Gesetzes überholt ist. Die sittlichen Bestimmungen machen den Begriff der Freiheit aus: deshalb sind sie die „Substanzialität oder das allgemeine Wesen der Individuen". Freiheit ist nicht nur Selbstbestimmung und subjektives Standnehmen, sondern Teilnahme und Einfügung in den Rahmen der moralischen Substanzialität. Sie ist die „objektive Sittlichkeit", die „allein das Blei-

[36] G. W. F. Hegel, Grundlinien der Philosophie des Rechts, Bd. VII, S. 227.

[37] a. a. O., S. 227.

bende und die Macht ist, durch welche das Leben der Individuen regiert wird." [38] Substanz ist die Sitte, die sich als gemeinsame Lebensform geschichtlich herausgebildet hat: als höhere Form der „Physis".

Auf dem Standpunkt der Moralität gilt das „Gesetz", welches sich das Subjekt gibt und in dessen Horizont es durch Gesinnung, Entschluß und Willensentscheidung Stellung nimmt. An der durch das Gesetz bestimmten Idee der intelligiblen Natur orientiert das individuelle Subjekt seine Maximen. Vom Stande der Sittlichkeit aus gesehen aber ist die substantielle Lebensform der Gemeinschaft maßgebend: „*Was* der Mensch tun müsse, *welches* die Pflichten sind, die er zu erfüllen hat, um tugendhaft zu sein, ist in einem sittlichen Gemeinwesen leicht zu sagen, — es ist nichts anderes von ihm zu tun, als was ihm in seinen Verhältnissen vorgezeichnet, ausgesprochen und bekannt ist. Die Rechtschaffenheit ist das Allgemeine, was an ihm theils rechtlich, theils sittlich gefordert werden kann." Für den „moralischen Standpunkt" scheine sie etwas Untergeordneteres zu sein, über das hinaus man an sich und andere mehr fordern müsse.[39]

Die im Bereich der Sittlichkeit sich entfaltende Physis ist freilich eine solche freie Natur, die sich durch das moralische Bewußtsein hindurch geläutert hat und mit Geist und Subjektivität durchdrungen ist. Daher steht sie auf geschichtlicher Stufe und hat die unmittelbare Natur überwunden. So motiviert es sich, wenn Hegel die Lehre von den Tugenden als Charakteren des Subjekts, die sich in der Geschichte der Bildung unmittelbar natürlicher Anlagen zur Moralität herausgebildet haben, als „geistige Naturgeschichte" benennt.[40] In diesem Zusammenhang ist auch von einer „zweiten Natur" (§ 151) die Rede, die als Sitte für die Angehörigen einer von ihr bestimmten Gemeinschaft zur Gewohnheit geworden ist. Sie ist Ergebnis einer Geschichte der Herausbildung des ersten natürlichen Willens durch die „durchdringende Seele". Der metaphysische Begriff des Wesens, der sich in der praktischen Sphäre ausbildet, nimmt die Gestalt der Sitte an, die eine geschichtlich-natürliche Wirklichkeit ist, und „der als eine Welt lebendige und vorhandene Geist, dessen Substanz so erst als Geist ist," existiert.[41]

[38] a. a. O., S. 227.
[39] a. a. O., S. 231.
[40] a. a. O., S. 232.
[41] a. a. O., S. 233.

Durch den Begriff der zweiten Natur hat Hegel einen metaphysischen Begriff von Handeln und Handlung gewonnen, der den Dualismus von Innen und Außen, Geschichte und Natur, Freiheit des Subjekts und Freiheit der Physis aufhebt.

Hegel hat die kantische Theorie von der inneren, subjektiven Wirklichkeit der Freiheit in einer Konzeption aufgehoben, in welcher der metaphysische Begriff des „Geistes" maßgebend ist. Für den Geist ist es wesentlich und charakteristisch, daß er sein Selbstbewußtsein auf dem Durchgang durch das ihm Andere, Äußere bildet. Er ist „nicht irgendeine Bestimmtheit oder Inhalt, dessen Äußerung oder Äußerlichkeit nur davon unterschiedene Form wäre; so daß er nicht *Etwas* offenbart, sondern seine Bestimmtheit und Inhalt ist dieses Offenbaren selbst." Seine Möglichkeit sei unmittelbare, unendliche, absolute *Wirklichkeit*.[42] Hegel vermag die Aufhebung des Dualismus zwischen Subjektivität und Objektivität, Innen und Außen, Freiheit des vernünftigen Subjekts und Freiheit der Natur im Rahmen einer metaphysischen Auffassung zu überwinden, in der die Idee des sich in der natürlichen Wirklichkeit produzierenden absoluten Geistes maßgebend ist. In Natur und Geschichte tritt dieser Geist in die gestaltete Erscheinung und spricht sich darin aus. Das „Offenbare", worin die Existenz des Geistes besteht, sei zugleich ein „Werden der Natur". Ohne daß der Geist seine Freiheit aufgibt, setzt er die Natur als „seine Welt". Er setzt sie als „selbständige Natur" voraus. Indem er die Natur als freie Instanz voraussetzt, bewährt er sich selbst in seiner eigenen Freiheit.

Die Rede vom absoluten Geist, der sich im Bestande der erscheinenden Welt ausspricht, entspricht freilich einem metaphysischen Standpunkt, der über den der Endlichkeit hinausgegangen ist. Hegel erklärt seinen Entschluß, nicht den „*Standpunkt der Endlichkeit als einen letzten*" festhalten zu wollen.[43]

Der Standpunkt der Unendlichkeit und Absolutheit aber, den er behauptet, hat sich selbst widerlegt. Denn einerseits beansprucht er einen ausgezeichneten Ort in der Geschichte des Denkens, die als Geschichte auch über ihn hinausgehen muß. Andererseits aber macht er es unmöglich, sich selbst als geschichtlich zu verstehen, weil er als absoluter Standpunkt, der zugleich derjenige des Absoluten ist, den Anspruch

[42] G. W. F. Hegel, System der Philosophie. III. Teil. Die Philosophie des Geistes, Bd. 10, S. 33.

[43] a. a. O., S. 42.

erheben *muß*, der Geschichte ein Ende zu machen und selbst ihre Vollendung und ihren Schlußpunkt darzustellen. Aber die Wirklichkeit des geschichtlichen Geistes hat diese Position widerlegt. Im Bereich der praktischen Philosophie versteht sich die philosophische Vernunft daher in der Reaktion auf den absoluten Standpunkt als das Denken eines in die Praxis hineingeworfenen, sich durch „Arbeit" mit der Natur auseinandersetzenden und vermittelnden menschlichen Subjekts. Die spezifischen Charaktere selbstverstandener menschlicher Existenz wie Erfahrung, Leiblichkeit, Arbeit, Sinnlichkeit treten in der Philosophie nach Hegel erneut ins Blickfeld. Die Weisen, in welchen die Rückkehr zum endlich-menschlichen Standpunkt erfolgte, waren verschiedenartig. Zu ihnen gehört auch z. B. die aus der Mentalität der Erfahrungswissenschaften geborene Devise: zurück zu Kant. Zunächst mag ein Blick auf Marx geworfen werden, weil durch ihn das Prinzip der Praxis im Zeichen einer Auseinandersetzung mit der philosophischen „Theorie" maßgebend wird.

5. Die „freie" Natur im Horizont von Arbeit und Geschichte: Marx

Hegel hatte dem Menschen der Natur gegenüber die Rolle des freien geistigen Subjekts angewiesen, welches sich als Freiheit mit der Natur, die als Außer-sich-sein des Geistes begriffen wird, vermittelt. Marx dagegen baut auf den Erfahrungen auf, die wir Menschen an unserer eigenen leiblichen Existenz als Naturwesen gewinnen. Wir gehören selbst der Natur an, die uns als irdische, lebendige Wesen hervorgebracht hat und zugleich die Mittel bereithält, durch die wir uns arbeitend in unserer Geschichte realisieren. Zunächst ist der Mensch „unmittelbar *Naturwesen*", begabt mit den Charakteren des allgemeinen organischen Lebens. Zugleich mit Bedürfnissen und Trieben hat ihm die Natur natürliche Kräfte zu deren Befriedigung gegeben und ihn als „*tätiges* Naturwesen" eingesetzt.[44] Indem sich der Mensch aus seinem ersten, unmittelbaren Naturzustande herausarbeitet, macht er die Gebilde der Natur zu Objekten seines Denkens und Handelns. In keinem Augenblick der Geschichte seiner Auseinandersetzung mit der

[44] K. Marx/F. Engels, Werke Erg. Bd. I, Berlin 1968, S. 578. Vgl. auch Manfred Riedel, Theorie und Praxis im Denken Hegels, Stuttgart/Berlin/Mainz 1965, S. 129.

Natur verläßt er diese Natur: vielmehr ist die tätige, denkend-handelnde Auseinandersetzung selbst Natur im Sinne spezifisch-menschlicher Natur. Der Mensch ist „von Haus aus Natur". Indem er sich diese Herkunft bewußt macht und mit diesem Haus wie mit einem Gegenstand verfährt, bleibt er weiterhin sein Bewohner.[45] Naturwirkungen auch von der Art des menschlichen Handelns können nur von einem Wesen her geschehen, welches selbst natürlichen Charakter hat. Der natürliche Mensch habe ein „gegenständliches Wesen", welches seinerseits wieder gegenständlich wirke. Es würde nicht „gegenständlich wirken, wenn nicht das Gegenständliche in seiner Wesensbestimmung läge. Es schafft, setzt nur Gegenstände, weil es durch Gegenstände gesetzt ist, weil es von Haus aus *Natur* ist." [46]

Wenn Marx die theoretische Metaphysik und ihre Seinsauffassung im Zuge eines Übergangs zum Standpunkt der menschlichen Praxis und Arbeit kritisiert, so kommt gerade in diesem Übergang selbst ein metaphysischer Zug und eine bestimmte Seinsauffassung von dem Prinzip der Praxis her zum Ausdruck. „Seiend" ist nach dieser Konzeption der Kreislauf, der sich am Leitfaden der arbeitenden Bewegung des Menschen von der unmittelbaren Natur bis zu der selbst von Natur in Gang gesetzten Vergeschichtlichung und Aneignung der Natur durch den Menschen ereignet hat. Zu Grunde liegt hier ein Begriff von freier Natur, worauf auch der Gebrauch des Terminus „Wesen" hinweist, der in der These von Marx begegnet, daß die Natur ein „Wesen" für den Menschen sei, dessen Selbständigkeit er durch überformende Arbeit zu vernichten hat. Wenn man bedenkt, daß die Arbeit, in welcher sich der Mensch mit der Natur auseinandersetzt, selbst natürlichen Charakter hat, so wird deutlich, daß der Marxsche Begriff der freien Natur zugleich auch eine Auseinandersetzung dieser Natur mit sich selbst im Bereich menschlicher Arbeit bedeutet. Einerseits bringt Natur die lebendigen Wesen hervor, andererseits zehren sie von ihr, um nicht zu verenden.

Die Spannung zwischen freier Natur und freiem menschlichen Subjekt trägt sich nach Marx innerhalb der Natur selbst aus. Freiheit kann der Mensch kraft desjenigen besonderen Zuges seiner „Natur" beanspruchen, der es ihm möglich macht, nicht wie das Tier sich nur einseitig auf die Befriedigung seiner Bedürfnisse zu richten, sondern „universal",

[45] a. a. O., S. 577.
[46] a. a. O., S. 577.

allseitig und frei vom physischen Bedürfnis zu produzieren. Das Tier produziere nur „sich selbst“, während der Mensch die „ganze Natur“ produziere. Der Mensch verhält sich zu den Gebilden der Natur nicht im Zwange der Bedürfnisbefriedigung, sondern tritt ihnen frei als Gegenständen gegenüber, denen er kraft der eigenen Freiheit ihre Selbständigkeit zubilligen kann. „Das Tier formiert nur nach dem Maß und dem Bedürfnis der species, der es angehört, während der Mensch nach dem Maß jeder species zu produzieren weiß und überall das inhärente Maß dem Gegenstand anzulegen weiß; der Mensch formiert daher auch nach den Gesetzen der Schönheit.“ [47]

Es kann nicht verwundern, daß der praktische Seinsbegriff von Marx auch in der Sprache der Ästhetik angesprochen wird, da er durch Kategorien des Bildens und Pro-duzierens beschrieben wird. Wenn die Bearbeitung der Natur als Formung durch die Hand und das Denken des menschlichen Subjekts begriffen wird, so müssen die Resultate als Gebilde betrachtet werden, in denen sich der Mensch als „in einer von ihm geschaffenen Welt anschaut“.[48] In seinen Werken porträtiert er sich selbst. Der Arbeitsprozeß ist dem Gegenstand zugewandt. Das arbeitende Subjekt begegnet sich durch diesen hindurch selbst wieder, insofern es durch formende Arbeit ein Bild von sich schafft. Der Mensch eigne sich durch seine eigene Wirksamkeit die Wirklichkeit an. Er schaut die Charaktere seiner eigenen Arbeitsbewegungen in deren Pro-dukt an. Das „Für-sich-werden“ des Menschen kann nur auf dem Umweg über die Entäußerung in dem erscheinenden Arbeitsprodukt, welches ein charakteristisches Spiegelbild des Arbeitenden ist, geschehen.

In der neuzeitlichen Metaphysik wird das Sein des Seienden im theoretischen und praktischen Handeln des Menschen begründet: Das Sein wird als vom Subjekt konstruiertes, vereinigtes, zur Sprache gebrachtes, hergestelltes Sein ausgelegt. Der auf die „Welt“ gerichtete Zug dieser Metaphysik, in welchem sich zugleich auch ein kritischer Einschlag gegen die alte theologische Tradition zeigt, findet bei Marx in einer ähnlichen Wendung wie bei Nietzsche in der Erklärung ihren Ausdruck, daß die Freiheit des Menschen nur durch die Nichtexistenz

[47] a. a. O., S. 517. Zur Marxschen Anthropologie vgl. die Untersuchung von W. Lepenies und H. Nolte, Experimentelle Anthropologie und emanzipatorische Praxis, Archiv für Rechts- und Sozialphilosophie, Vol. LVI/1 (1970), S. 61 f.

[48] a. a. O., S. 517.

Gottes verbürgt werden könne. Der Mensch mache sich selbst und setze eine Geschichte in Gang, in deren Verlauf er auch die Natur in Geschichte verwandle. Da die Geschichte noch nicht zu Ende sei, sei das menschliche Wesen noch nicht total zur Erscheinung gekommen. Die sogenannte Weltgeschichte sei nichts als die Erzeugung des Menschen durch menschliche Arbeit und das Werden der Natur für den Menschen.

In solchen Gedankengängen wird aufs neue die metaphysische Stellung der neuzeitlichen Geschichtsphilosophie deutlich, deren Ort sich im Spannungsfeld zwischen der Freiheit der Natur und der Freiheit des Subjekts findet. Marx spricht von der Geburt des Menschen durch sich selbst und zeigt damit die spekulative Absicht an, die durch die traditionelle Metaphysik der Freiheit geschehene Entfremdung zwischen Mensch und Natur zu überwinden und den freien Selbstsetzungsakt des Menschen als natürliches Geschehen auszulegen. Die „Wesenhaftigkeit" des Menschen als Natur sei ebenso wie die Natur als Dasein des Menschen praktisch und sinnlich anschaubar geworden. Dadurch sei die „Frage nach einem *fremden* Wesen, nach einem Wesen über der Natur und den Menschen ... praktisch unmöglich geworden", da dessen Annahme die Unwesentlichkeit der Natur und des Menschen einschließen würde.[49] Im Rahmen der kommunistischen Konzeption gewinne die Praxis eine versöhnende Rolle zwischen Natur und Geschichte, wodurch auch die Naturwissenschaft am Ende in Geschichtswissenschaft übergehe und umgekehrt. Am Ende stehe eine Wissenschaft vom Menschen.

Die Konzeption der freien Natur bei Marx hat zur Folge, daß er die Selbständigkeit und „Wesenhaftigkeit" der Natur und ihrer Gebilde betont. Auch der Mensch ist Naturwesen. Durch die Arbeit des Menschen hindurch ist die Natur am Werk, sich selbst zu vergeschichtlichen. Begreift man Natur nur als Substrat menschlicher Arbeit und ihres theoretischen Einschlags, als „gefesselte Natur", so übersieht man, daß der Mensch die Materie selbst nicht geschaffen habe.[50] Ziehe man die Gesamtsumme aller verschiedenen nützlichen Arbeiten ab, die in „Rock, Leinwand usw. stecken, so bleibt stets ein

[49] K. Marx, Ökonomisch-philosophische Manuskripte (1844), K. Marx/F. Engels, Werke Ergänzungsband. 1. Teil, Berlin 1968, S. 546.

[50] K. Marx/F. Engels, Die heilige Familie, Werke Bd. 2, Berlin 1962, S. 49; vgl. auch Alfred Schmidt, Der Begriff der Natur in der Lehre von Marx, Frankfurt 1962, S. 51 ff.

materielles Substrat zurück, das ohne Zutun des Menschen von Natur vorhanden ist“.[51]

Die Arbeit sei „Bildnerin von Gebrauchwerten“. Sie sei eine von allen „Gesellschaftsformen unabhängige Existenzbedingung des Menschen, ewige Naturnotwendigkeit, um den Stoffwechsel zwischen Mensch und Natur, also das menschliche Leben zu vermitteln“[52]. Der Mensch wird als in einen großen, mit den Charakteren des Lebens beschriebenen Naturorganismus eingebaut gedacht, so daß auch der Begriff des „Stoffwechsels“ für sein Leben in der Natur maßgebend wird. Die Dialektik zwischen der freien vom Subjekt geleisteten Tätigkeit und der selbständigen Bewegung des Naturwesens beschreibt Marx im ›Kapital‹ in der Weise, daß er von der formgebenden Tätigkeit sagt, sie verzehre den Gegenstand, verzehre aber gleichzeitig auch sich selbst, weil sie sich in das Produkt aufhebt, das der sich verwirklichende Mensch ist. Sie verzehre nur die gegebene Form des Gegenstandes, um ihn selbst als ein Wesen in neuer, gegenständlicher Form zu setzen. Dabei verzehre sie sich selbst nur in ihrer subjektiven Form als Tätigkeit. Pro-duktion bedeute nicht Schaffen der Natur, sondern Umformung der von der Natur gegebenen Stoffe. Durch Arbeit fügt der Mensch immer weitere Bereiche der Natur in die von ihm herangebrachten Formen ein. Durch diese Bewegung, welche Natur in Geschichte überführt, verwandelt sich der Mensch aus einem Naturwesen in ein geschichtliches, durch sich selbst gebildetes Wesen. Natürliche Organe wie Arme, Beine, Kopf und Hand setze er in Bewegung, um sich den Naturstoff in einer für sein eigenes Leben brauchbaren Form anzueignen. „Indem er durch diese Bewegung auf die Natur außer ihm wirkt und sie verändert, verändert er zugleich seine eigene Natur.“[53] Der Hunger z. B., der durch gekochtes und mit Gabel und Messer gegessenes Fleisch befriedigt werde, sei ein wesentlich anderer Hunger als derjenige, der rohes Fleisch mit Hilfe von Hand, Nagel und Zahn verschlinge.

[51] K. Marx, Das Kapital, K. Marx/F. Engels, Werke Bd. 23, Berlin 1962, S. 57.

[52] a. a. O., S. 57.

[53] a. a. O., S. 192.

6. Die Auseinandersetzung zwischen Freiheit des Menschen und Freiheit der Natur

Innerhalb der praktischen Vernunft im weitesten Sinne wird eine sich auf der Gedankenlinie der Geschichtsphilosophie zutragende Auseinandersetzung zwischen freier Natur und Freiheit des menschlichen Subjekts im nach-idealistischen Gedankenfelde sichtbar: beispielhaft hierfür ist der Versuch Nietzsches, die Freiheit des Subjekts und seine individuelle Existenz mit der in der freien Physis sich vollziehenden Notwendigkeit zu verbinden. Durch die Lehre von der ewigen Wiederkehr alles Gleichen, wie sie die antiken Wortführer der „Physis" vertreten hatten, will Nietzsche das Bewußtsein des modernen Menschen in den Stand versetzen, seine eigene Freiheit durch den Gedanken an ihre Zugehörigkeit zur freien Physis und deren Notwendigkeit, also durch ihre Aufgabe an eine Art Fatum zu bewähren. „So leben, daß Du *wünschen* mußt, wieder zu leben, ist die Aufgabe."[54]

Die Lehre von der durch die freie Physis verbürgten ewigen Wiederkehr alles Gleichen fungiert bei Nietzsche nicht als metaphysische Theorie mit dem Anspruch der Wahrheit, sondern wird auf ihre Auswirkung auf den Stand des Menschen hin gewertet. So wird deutlich, daß nicht eigentlich die freie Physis selbst, sondern nur der wirkliche Vollzug des *Gedankens* an sie bedeutsam ist. Wird er mit Ernst behauptet, so ist er Ausdruck für die Wirklichkeit des Willens, das eigene individuelle Leben zu verewigen. Indem die individuelle, subjektive Freiheit vor dem Gedanken der ewigen Wiederkehr standhält, versetzt sie sich auf das Niveau des Lebens der freien Natur. Der Gedanke der freien Physis wird Wirklichkeit der freien Physis, indem er das bloß subjektive Bewußtsein in die Bewegung des Lebens überführt. „Nur wer sein Dasein für ewig wiederholungsfähig hält, bleibt *übrig:* unter *solchen* aber ist ein Zustand *möglich,* an den noch kein Utopist gereicht hat!"[55] Nietzsche sieht es als seine eigene Mission an, die geschichtliche Wirklichkeit dieses Gedankens heraufzuführen und durch ihn den Menschen zu verwandeln. Die Wirklichkeit des neuen Menschen und seiner neuen Freiheit ist dann ein Resultat der *Orientierung* an dem *Gedanken* der ewigen Wiederkehr des Gleichen: das neue Denken der freien Natur hat zugleich zu einer neuen Wirklichkeit

[54] F. Nietzsche, Werke, Groß-Oktav-Ausgabe (Naumann), Bd. XII, S. 64.
[55] a. a. O., S. 66.

des freien Willens, zur Verewigung geführt.[56] Es kommt auf eine neue geschichtliche Verfassung des Willens an, in welcher nicht eine subjektive Zielsetzung, sondern der Charakter *des* Lebens maßgebend wird. Unter Freiheit des menschlichen Subjekts wird von Nietzsche nicht die Möglichkeit verstanden, willkürlich Zwecke zu wählen. Wollte man Freiheit in diesem Sinne verstehen, so müßte man die menschliche Existenz als „unfrei" und als dem Fatum anheimgegeben ansprechen. Vielmehr wird Freiheit als diejenige Verfassung des Willens verstanden, derzufolge er sich dem Leben überantwortet, dessen Charaktere Notwendigkeit und zugleich Spiel, dionysisches Überspringen der gegebenen Werte und ständig neues Schaffen sind. Die Notwendigkeit der freien Natur, welche den menschlichen Willen zum Schaffen und zum Hinausgehen über alle möglichen Grenzen auffordert, nimmt den Charakter des Spieles an. „Nicht Frevelmut, sondern der immer neu erwachende Spieltrieb ruft andere Welten ins Leben. Das Kind wirft einmal das Spielzeug weg: bald aber fängt es wieder an, in unschuldiger Laune. Sobald es aber baut, knüpft, fügt und formt es gesetzmäßig und nach inneren Ordnungen."[57]

Die sich an Spiel und Notwendigkeit des Lebens orientierende Seinsidee Nietzsches überholt den Gedanken des subjektiven Wollens und Sollens und behauptet den heraklitischen Logos der Welt. Die Meinungen und kleinen Zielsetzungen des Subjekts werden im Tanz des Werdens und Vergehens aufgelöst. Nietzsche spricht die Sprache seines eigenen Denkens, wenn er die heraklitische Auffassung von der Physis beschreibt: „Ein Werden und Vergehen, ein Bauen und Zerstören, ohne jede moralische Zurechnung, in ewig gleicher Unschuld, hat in dieser Welt allein das Spiel des Künstlers und des Kindes. Und so, wie das Kind und der Künstler spielt, spielt das ewig lebendige Feuer, baut auf und zerstört, in Unschuld — und dieses Spiel spielt der Aeon mit sich."[58] Hier wird deutlich, daß ästhetische Kategorien die Sprache

[56] Vgl. auch Karl Löwith, Nietzsches Philosophie der ewigen Wiederkunft des Gleichen, Stuttgart 1956, S. 91 ff.

[57] F. Nietzsche, Werke, Groß-Oktav-Ausgabe (Naumann), Bd. X, S. 41.

[58] a. a. O., S. 41. Bei Eliade, Kosmos und Geschichte, der Mythos der ewigen Wiederkehr (roro 1966), wird behauptet, daß Metaphysik in den Riten und Mythen archaischer Völker begegne, etwa diejenige von der zyklischen Wiederkehr alles Gleichen und der Orientierung alles menschlichen Handelns an solchen Vorgängen, die vor aller Geschichte schon geschehen sind. Das ist deshalb fragwürdig, weil Metaphysik im Sinn philo-

bestimmen, in der die Antwort auf die metaphysische Frage nach dem Sein des Seienden gegeben wird.

Der im Bereich der praktischen Philosophie beschriebene geschichtliche Gang des metaphysischen Denkens führt bis zu der uns in der Gegenwart aufgegebenen Problematik weiter. Sie stellt dem metaphysischen Denken eine Aufgabe, die derjenigen entspricht, welche am Schluß des vorigen Kapitels als Aufgabe der Vermittlung von Gesetzesdenken und Wesensdenken, von gefesselter und freier Natur formuliert wurde. Der gegenwärtigen Metaphysik ist im Felde der praktischen Philosophie die Aufgabe gestellt, die Freiheit des Subjekts und seiner „Innerlichkeit" mit der freien Notwendigkeit der Natur und zugleich der Institutionen zu vermitteln, die sich als geschichtlich gewordene Substanz der gesellschaftlichen Existenz des Menschen erweist.[59]

Im Bereich der Philosophie der Geschichte und Politik kommt es in diesem Zusammenhang auf die Frage an, unter welchen Bedingungen theoretische Ergebnisse der Naturwissenschaften und der Gesellschaftswissenschaften auf die Formung unserer geschichtlichen und gesellschaftlichen Wirklichkeit „anwendbar" sind. Es ist an ein früher gewonnenes Ergebnis zu erinnern: da hat sich gezeigt, daß die Theorie, in welcher „Gesetze" ausgesprochen werden, insofern auf das Denken der handelnden Vernunft angewiesen ist, als dieses dem „Wesen" und der Wirklichkeit Raum gibt, während das rein theoretische, am Prinzip des Gesetzes orientierte Denken im Bereich der bloßen Hypothesen und gedanklichen, idealen Setzungen verbleibt. Das Wissen der Realität ist dem der handelnden Vernunft immanenten Denken zugänglich. Im Bereich dieses Denkens ist auch das „Wesen" erkennbar, welches

sophischer Wissenschaft selbst erst in der Geschichte begegnet und einen Punkt in ihr voraussetzt, in welchem sie auf ihre eigene Methode reflektiert und nach den Prinzipien und Gründen der seienden Dinge fragt, von denen sie spricht. In der Metaphysik gilt nur ein Denken, welches sich durch methodisches Selbstbewußtsein vom Mythos emanzipiert hat. Daher ist gegen die gegenwärtige Tendenz, das Geschichtliche zu eliminieren, zu sagen, daß zur Metaphysik zugleich die Geschichte der Vernunft gehört, in welcher sich die Metaphysik als geschichtliche Folge immer neuer Experimente der Vernunft mit sich selbst und demgemäß als Dialog erweist.

[59] Das sei auch gegen die Tendenzen unserer Gegenwart gesagt, die das Kind der Geschichte mit dem Bad des Historismus des 19. Jahrhunderts ausschütten wollen.

sich als eine Geschichte des handelnden Umgangs mit den Sachen erwiesen hat.

Das agierende Subjekt zeigt nicht den Charakter des einsamen ego cogitans, sondern denjenigen eines transzendentalen „Wir". Ich bringe vom „Wir" der sprechenden, menschlichen Gemeinschaft her auch für meine private Person das Wesen zur Erfahrung, welches nicht sprachlose Sache ist, sondern mich in der Sprache anspricht, in deren Welthorizont die Gemeinschaft arbeitend und handelnd an der Verwirklichung der Geschichte tätig ist. Wenn das Wesen eine Geschichte ist, so wird deren Verlauf durch das tätige und sprechende Eingreifen der menschlichen Subjekte in Gang gesetzt. Der Handelnde steht in der Situation, daß er einerseits dem Leitfaden seiner wissenschaftlichen Erkenntnis der Gesetze der Natur und der Gesellschaft folgt: andererseits hat er es mit der vom Gesetz freien und selbständigen Natur zu „tun". Der Wirklichkeitsbereich der freien Natur und ihrer Wesenheiten geht nicht im Geflecht der gesetzlichen Beziehungen und Notwendigkeiten auf, sondern erweist sich ihm gegenüber als „zufällig". So vermag sich der Handelnde zwar am Leitfaden der ihm von der Theorie her gebotenen „Regel" zu orientieren, aber die Regel läßt ihn an dem Punkte im Stich, wo Theorie und Wirklichkeit des Wesens im Augenblick der „Anwendung" der Theorie einander begegnen. In diesem Augenblick kommt es darauf an, daß der Handelnde einen Stand in der Geschichte seines erfahrenen Umgangs mit den wesentlichen Naturen der Dinge gewonnen hat, der in der philosophischen Tradition als „Erfahrenheit" bezeichnet wird. Während die in der Theorie gültige Empirie den Gegenstand auf die Sprache der Gesetze bringt, entspricht die Erfahrenheit einer Verfassung des Subjekts, welche es ihm möglich macht, die Natur der Dinge aus ihrem eigenen Wesen heraus sich entfalten zu lassen, es also in die Wirklichkeit zu pro-duzieren. Der in der Geschichte des Umgangs mit dem Wesen der Dinge Erfahrene wird demgemäß zwischen dem Anspruch der Gesetzeserkenntnis und demjenigen der freien geschichtlichen Wirklichkeit zu vermitteln wissen, insofern er durch die Anwendung der Theorie die Wirklichkeit nicht „nötigt", sondern dem theoretisch geleiteten Handeln die Funktion überträgt, der freien Entfaltungsgeschichte der Sachen selbst eine Wendung zu geben, die möglichst nahe an die Zwecke und Ziele des Handelns hinführt.

Der metaphysische Aspekt dieses Problems zeigt sich daran, daß die Erfahrenheit zwischen zwei verschiedenen Weisen des Seinsbegreifens zu vermitteln hat. Während der theoretische Verstand als seiend dasjenige betrachtet, was er durch seine gesetzgebende Verfassung als seiend bestimmt hat, versteht das handelnde Denken unter „Sein" die Entfaltung der selbständigen Natur der Wesenheiten.

Unter der Voraussetzung der Spannung beider Seinsbegriffe steht auch die Metaphysik der Technik, in der es um das Problem der Anwendung der naturwissenschaftlichen Theorie auf die materielle Wirklichkeit geht. Auch hier ist zu bedenken, daß das vor der Anwendungsaufgabe stehende praktische Denken jeweils im individuellen Fall der technischen Realisierung der Theorie über eine Fertigkeit des Verfahrens zu verfügen hat, in welcher der durch die Theorie geforderte Anspruch der Verfügbarkeit der materiellen Wirklichkeit mit dem Anspruch auf die freie Selbständigkeit der Natur zu vermitteln ist. Der technische Entwurf auf dem Papier ist eine ideale Konzeption, ein Modell, bei dessen Konstruktion von vielen Bedingungen der Wirklichkeit abstrahiert worden ist. Im Falle der Verwirklichung aber muß die unendliche Vielzahl dieser Bedingungen wieder eingeholt werden: der technisch-praktische Verstand muß wirklichkeitserfahren sein, um das herzustellende Produkt als ein Ergebnis der von der freien Natur gelieferten Materie selbst hervorgehen zu lassen.

Sechstes Kapitel

METHODE UND SYSTEM IM METAPHYSISCHEN DENKEN

1. Methode im Spannungsfeld zwischen den Seinsbegriffen der Physis und der gefesselten Natur

Es kann im folgenden nicht darauf ankommen, eine vollständige Darstellung der in der Metaphysik aktuellen Methoden zu geben. Es sollen nur repräsentative Typen zur Sprache kommen, an denen zugleich sichtbar wird, wie eine Methode als Ausdruck einer spezifischen Konzeption vom Sein fungiert, von der her sie selbst ihre Rechtfertigung erfährt. Zunächst sind berühmte Methoden mit großer Tradition zu erwähnen, die ihre Herkunft in der griechischen Antike haben. Da ist die von Euklid in den „Elementen" praktizierte, von Aristoteles philosophisch gerechtfertigte und beschriebene axiomatische Methode zu nennen. Sie ist durch eine lange Wirkungsgeschichte hindurch zu verfolgen, wofür der Titel des spinozistischen Hauptwerkes: „Ethica ordine geometrico demonstrata" einen Beleg abgibt. Diese Methode schreibt folgendes Verfahren vor: zuerst werden Definitionen gegeben, dann erste Sätze (Axiome) aufgestellt, die weder eines Beweises bedürfen noch eines Beweises fähig sind, wie Pascal erklärt hat. Schließlich werden aus ihnen Lehrsätze abgeleitet, deren System die Theorie ergibt.

Die philosophische Rechtfertigung dieser Methode durch Aristoteles geht auf den Gedanken zurück, daß die Wissenschaft ihre Inhalte am Leitfaden einer Kette von Folgen und Gründen aufzureihen habe. Diese Kette sei notwendig an ersten Sätzen aufzuhängen, bei denen der nach Gründen suchende Verstand an einem Anfang angelangt ist, der selbst nicht weiter begründet wird. Es ist die aristotelische Idee von der notwendigen Bestimmtheit und Begrenztheit des Wissens sowie auch seines Gegenstandes, welche erste axiomatische Sätze fordert und rechtfertigt.[1] Wenn es, so erklärt Aristoteles, notwendig ist,

[1] Vgl. Heinrich Scholz, Die Axiomatik der Alten, wiedergedruckt in: H. Scholz, Mathesis universalis (hrsg. von H. Hermes, F. Kambartel, J. Ritter). Basel/Stuttgart ²1969, S. 27.

dasjenige zu wissen, von dem als Erstem die Beweise ausgehen, und wenn dieses Erste selbst unvermittelt ist, so kann dieses nicht beweisbar sein.[2]

Ebenso aus aristotelischen Quellen speist sich eine andere, vor allem im Mittelalter maßgebende Methode der Metaphysik. Sie zeigt ein Doppelgesicht: einerseits beansprucht sie neue Erkenntnisse, „Erfindungen" zu liefern und andererseits ist es in ihr darum zu tun, die Aussagen am Maßstab erster Prinzipien zu beurteilen und zur wissenschaftlichen Gewißheit zu bringen. Der erste Teil, welcher der inventio gewidmet ist, leitet sich auf die aristotelische Topik zurück, in der Orte im System des Sprechens und Denkens bezeichnet werden, an denen man hypothetisch annehmbare Aussagen und Argumente findet. Dem Mittelalter gilt auch die Autorität als ein derartiger Topos.[3] Das Gegenstück zur topischen Invention (via inventionis) ist die „Beurteilung" (via judicii). Sie kommt in den aristotelischen Analytiken zur Sprache; sie bedient sich erster gewisser Sätze, von denen das in Frage Stehende einem „Examen" zu unterwerfen ist.

Von Bedeutung ist auch das Methodenpaar: Analyse und Synthese. In der Analyse nimmt das Denken seinen Ausgang von den besonderen, in der Erfahrung der reichen, konkreten Wirklichkeit gegebenen Begriffen und Sätzen und steigt zu den entsprechenden allgemeinsten Begriffen und „Gattungen" auf, um sich dann, wenn es bei diesen angelangt ist, wieder umzuwenden und zur Synthese zu schreiten. Diese

[2] Analytica posteriora I 3, 72 b 5 ff. An diesen ersten unvermittelten Sätzen macht die Bewegung des Denkens halt, so daß das Denken eine Bestimmung der zu erkennenden Gegenstände zu leisten vermag. Das sich ins Endlose hin Erstreckende sei nicht bestimmbar, formlos und nicht wißbar. Die Axiome selbst sind erste, nicht mehr bewiesene und abgeleitete Wahrheiten, die ihre Gewißheit in sich selbst haben, vgl. auch Topik I 1, 100 a 30. 100 b 18.

[3] Vgl. Ludger Oeing-Hanhoff, Die Methoden der Metaphysik im Mittelalter, aus Miscellanea Mediaevalia, Veröffentlichungen des Thomas-Instituts an der Universität Köln, Bd. 2, Berlin 1963. Hier wird auch ein aufschlußreiches Beispiel für die Anwendung der topischen Invention bei Thomas von Aquino gegeben. Um Argumente für oder gegen den Satz zu finden, ob Gott einfach sei oder nicht, möge man Subjekt und Prädikat dieses Satzes von ihrer Definition her betrachten. Es ergibt sich in diesem Fall etwa folgendes Argument: „Gott ist geistiges Wesen, alle geistigen Wesen sind einfach, also..." (S. 75).

baut mit den gewonnenen Prinzipien als Bausteinen synthetisch die Wirklichkeit wieder auf. Aristoteles spricht das in der Erfahrung Gegebene als „das für uns Erste" an, welches von demjenigen unterschieden werden müsse, welches „Erstes von Natur" sei. Zu diesem natürlich Ersten, aus welchem sich die Erfahrungsinhalte herleiten, gelangt das Denken, indem es die zuletzt unübersehbar durcheinanderlaufenden Fäden der Erfahrung voneinander löst, um die Fäden einzeln bis zu ihren Anfangspunkten zu verfolgen, von denen aus dann das Gewebe der Wirklichkeit gedanklich im Medium des Begriffes nachkonstruiert und verstanden werden kann.

Neue Bedeutsamkeit gewinnt dieses Methodenpaar beim Aufbau der neuzeitlichen Naturwissenschaft und der in ihr wirkenden Metaphysik. Es ist daran zu erinnern, daß der dabei maßgebende Seinsbegriff im Zeichen einer Auseinandersetzung mit demjenigen Begriff vom Sein steht, der sich im gedanklichen Felde des „Wesens" ausgebildet hatte. Die am Gedanken des Wesens und der Physis sich orientierende Auffassung vom Seienden als Seiendem legte ein einigendes Band des Wesens zugrunde, welches die Natur in den Sachen selbst gewebt hat. Es würde der Seinsauffassung des neuzeitlichen Denkens widersprechen, dieses Angebot von seiten des Wesens und der Physis anzunehmen. Als seiend kann dieses Denken nur anerkennen, was es selbst durch eigene synthetische Arbeit verbunden und zustande gebracht hat. Es will das Band der Einheit, welches in den seienden Gegenständen gegeben ist, selbst knüpfen. Daher ist es darum zu tun, das nicht durchschaute, verworrene Bild, welches uns die Erfahrung der physischen Phänomene bietet, aufzulösen, um erste Elemente und Prinzipien zu gewinnen, aus denen nach selbstgewählten Regeln des Denkens die Wirklichkeit nachkonstruiert werden kann.

Die Genese der neuzeitlichen Metaphysik im Zeichen ihrer Polemik gegen das „Wesen" wäre falsch beurteilt, wenn man sie nur unter dem Gesichtspunkt einer Auseinandersetzung mit dem Aristotelismus und der Scholastik begreifen wollte: vielmehr kommt es für sie darauf an, das durch unser Denken und Sprechen immer vergegenwärtigte Wesen und seine selbständige Einheit in einem analytischen Verfahren aufzulösen, um erste Prinzipien des Denkens und Begreifens zu gewinnen, mit deren Hilfe durch ein vom Subjekt betriebenes synthetisches Verfahren die Zusammenhänge der Wirklichkeit künstlich dargestellt werden können. Durch das Programm der analytischen und synthetischen Methode wird nicht die aristotelische *Theorie* des Wesens, sondern das Prinzip des Wesens selbst in eine Auseinandersetzung verwickelt, in welcher das vom Denken hergestellte „Gesetz“ als Gegenspieler des Wesens zur Geltung kommen will.

Zu diesem Bilde gehört auch, daß die jetzt maßgebende Denkmethode einen skeptischen Einschlag zeigt. Wenn der Charakter des Seins durch den Anspruch des subjektiven Denkens verbürgt ist, aus Elementen die Welt zu konstruieren, dann muß das Denken die Bindung an die selbstverständlichen und durch Gewohnheit gewordenen Gewißheiten aufgeben und auf-lösen. Es muß so tun, als ob keine der bisher gewonnenen Wahrheiten Bestand und Berechtigung hätte. Es muß einen anfänglichen, unangreifbaren Satz finden, der von der Skepsis nicht zersetzt werden kann und höchstens selbst als Kriterium der Skepsis fungiert.

Mit der Bewegung des Denkens, welche sich in Analyse und Synthese vollzieht, kombiniert Descartes die doppelte Leistung, die er als Intuition und als Deduktion bezeichnet. Durch Intuition erfaßt der Verstand die ersten auf dem Wege der Analyse eingesehenen Prinzipien, die selbst von nichts abhängen, sondern Grund des Folgenden, Abgeleiteten sind. Sie sind einfach, allgemein, zeigen den Charakter des Einen, Gleichen, Ähnlichen.[4] Es begegnet die Metapher der „Kette“, durch welche das Abhängige zu einem System verbunden wird. An ihrem Anfang befindet sich das Absolute, selbst Un-bedingte. Ein abhängiges Glied ist bedingt, es existiert als Beziehung zu dem jeweils Vorhergehenden und dem Folgenden.[5] Ein relatives Glied ist durch Zwischenglieder mit dem ersten Absoluten vermittelt. Durch das Bild der Kette und ihres absoluten Anfangs ist der metaphysische Aufbau des Seienden beschrieben. Diese Beschreibung liefert zugleich auch ein Bild des Weges, den das Denken zu gehen hat, um von dem absoluten Anfang bis zu einem beliebigen Glied der Kette der seienden Dinge zu gelangen. Absolutes, Abhängigkeit, Kette der vielen Abhängigkeiten und Vermittlung von äußersten Gliedern der Kette durch Zwischenglieder sind die Kategorien, welche das System des zu erkennenden Seienden und die Methode bestimmen, durch welche die Reihe der Glieder nach einer bestimmten Ordnung zu durchlaufen ist. Damit sich daraus ein System ergebe, ist Vollständigkeit zu verlangen. Die Bewegung des

[4] z. B. Regulae ad directionem ingenii, Regel VI 3, Descartes. Werke, Adam Tannery, Tome X, S. 381.

[5] Regel III 8, a. a. O., S. 369 f.

Vermittelns darf nirgends unterbrochen werden. Es darf keinen „Sprung" geben. Die Methode des Übergangs von einem Gliede zu dem ihm unmittelbar folgenden bezeichnet Descartes als „Aufzählung".[6]

Am Leitfaden der Kategorie der Reihe (Kette) läßt sich die Funktion der analytischen bzw. synthetischen Methode erörtern. Steht z. B. das physikalische Phänomen der Lichtbrechung zur Debatte, so findet sich, daß sie als abhängige von einem übergeordneten Gliede der Kette der Naturtatsachen zu begreifen ist: es ist in der Verschiedenheit der Medien zu suchen.[7] Ihr wieder ist ein Glied übergeordnet: die Durchdringung der Medien. Schließlich muß man, um diesen Vorgang selbst wieder als abhängig von einem ihm vorgeordneten Gliede zu begreifen, auf die Natur des Lichtes kommen. Dieses seinerseits muß als Ausprägung eines noch Allgemeineren begriffen werden: es muß einer allgemeinen Naturkraft, welche in dieser ganzen Reihe als das im höchsten Grade Absolute rangiert, zugeordnet werden. Ist die Kette dieser Abhängigkeiten durchschaut, indem die Bewegung des Denkens bei einem höchsten, selbst unabhängigen Punkte angelangt ist, so ist der Augenblick gekommen, in welchem sich der Verstand, von diesem Höchsten anfangend, wieder umwendet und durch die bei der Analyse berührten Stufenfolgen hindurch zum ursprünglich beobachteten Phänomen zurückkehrt. Wird aber der schlechthin absolute Punkt angezielt, an dem die Kette alles Seienden hängt, dann wird der Verstand finden, daß er zuletzt bei sich selbst ankommt, da von ihm die Erkenntnis aller anderen Dinge abhängt.

Nach dieser Methode findet Descartes z. B. in den „Meditationen über die erste Philosophie..."[8] im ego cogitans den obersten und gewissesten Punkt, nachdem er alle Aussagen, die uns mit dem Anspruch der Gewißheit und Sicherheit von der Überlieferung oder dem eigentlichen Denken und Wahrnehmen angeboten werden, in Zweifel gezogen hat. Von dem obersten archimedischen Punkte aus stellt er die anfangs in das Licht des Zweifels gerückten Wahrheiten über die Existenz Gottes und der Gegenstände der sogenannten Außenwelt wieder her und rechtfertigt sie.

[6] Regel VII 3 f., a. a. O., S. 388.

[7] Regel VIII 4, a. a. O., S. 394, vgl. zu Descartes: Beck, L. J., The Method of Descartes. A Study of the Regulae, Oxford 1952.

[8] R. Descartes, Meditationes de prima Philosophia, Paris 1641.

Damit hat Descartes die Thematik bezeichnet, welche später in der Leibniznachfolge von Christian Wolff unter den Titel: Metaphysica specialis gestellt wurde.[9] Ihr gehören die Disziplinen: psychologia rationalis, theologia rationalis, cosmologia rationalis an. Das Adjektiv rationalis will besagen, daß es sich um erfahrungsunabhängige, rein apriorische Disziplinen handelt. Metaphysik wird als Wissenschaft aus „reinen", d. i. mit Erfahrung nicht vermischten Begriffen bestimmt. Als solches Wissen ist sie System, d. h. ein vollständiger, in sich notwendiger Begründungszusammenhang. Das System der Metaphysik im ganzen wird von Wolff durch die Disziplin der metaphysica generalis vervollständigt, welche auch durch den in der Schulphilosophie entstandenen Namen: Ontologie benannt wird. Ontologie betrifft als der Logos vom Seienden als solchem denjenigen metaphysischen Fragenbereich, den Aristoteles als: „erste Philosophie" bezeichnet hatte.

Dieses metaphysische Denken rechtfertigt seine apriorischen Erkenntnisse über Gott, die Seele und die Welt durch eine Voraussetzung, die als „theorationalistisch" zu bezeichnen ist.[10] In ihr wird angenommen, daß das menschliche Denken ein verendlichtes und getrübtes Abbild des göttlichen Verstandes sei und an den Ideen teilhabe, die Gott bei der Erschaffung der Welt investiert hat. Es sind die sogenannten „eingeborenen" Ideen, welche der metaphysischen Erkenntnis Aussagen über das Seiende ermöglichen sollen, die unabhängig von jeder Erfahrung sind und der Quelle der „reinen Begriffe" entspringen.

Der für die Metaphysik als maßgebend erklärte Systemgedanke schließt den Anspruch ein, die Grundcharaktere des Seienden in einem vollständigen Zusammenhang zu entwickeln, in welchem jedem Seienden seine ihm vom Ganzen her zukommende Stelle angewiesen wird. So erweist sich die Metaphysik als die „Grundwissenschaft" bzw. „Hauptwissenschaft", in welcher die „ersten Grundwahrheiten" der ganzen menschlichen Erkenntnis enthalten sind. Metaphysik tritt als die für das Prinzip: Vernunft repräsentative Wissenschaft auf, insofern sie in sich selbst denselben Grundzug der Systematik zeigt, den die Vernunft überhaupt durch all ihre Unternehmungen hindurch in der Wirklichkeit sucht.

Zum Denken der im Zeichen des Systems vorgehenden Metaphysik gehört eine Sprache, welche Kant als „dogmatisch" bezeichnet. Sie ist charakteristisch

[9] Chr. Wolff, Philosophia prima sive ontologia methoda scientifica pertractata qua omnis cognitionis humanae principia continentur, Frankfurt und Leipzig 1730.

[10] Vgl. Anm. S. 86.

für das Denken der „Schule" und tritt in der Rolle der belehrenden Mitteilung des als schon gesichert angenommenen systematischen Wissensbestandes auf. Für die philosophischen Kompendien der Zeit der Schulphilosophie ist der lehrbuchartige Aufbau in strenger Einteilung (Paragraphen) charakteristisch. Zu diesem dogmatischen Stil gehört die Lehrsituation an der alten, vor der Zeit Humboldts bestehenden Universität, insofern auch der philosophische Unterricht hier nur am Leitfaden dieser Lehrbücher erfolgen durfte, wobei das später von Humboldt noch unter dem Einfluß von Kant in Kraft gesetzte Prinzip des selbständigen Forschens weitgehend hinter die bloße Mitteilung des gesicherten Bestandes und allenfalls der Reflexion darüber zurücktrat. Zum Gesicht dieser Situation gehört, daß die den Vorlesungen zugrundegelegten Kompendien nicht nur den gedanklich-systematischen Anspruch der reinen Vernunft auf Konstruktion der Wirklichkeit spiegelten, sondern als Kanon fungierten, durch welchen die Machtvernunft der absolutistisch verfaßten staatlichen Obrigkeit das Denken der Bürger systematisch auszurichten versuchte. Zu Kants kritischer Unternehmung gehörte es auch, die Geister in Freiheit zu setzen und für die metaphysische Vernunft eine Systemkonzeption zu sichern, welche die Züge dieser Freiheit trägt. Er räumt der Philosophie erst in dem Augenblick die Erlaubnis zu dogmatischer Sprache ein, in welchem sie den Aufgaben der Kritik und der „Forschung" Genüge getan hat. Sein großes, ihn beunruhigendes Problem galt auch der Sprache, welche der Philosophie angemessen ist. Nicht nur die Sprache der Schule mit ihrem Charakter schwerfälliger Systematik dürfe maßgebend sein: vielmehr müsse auch die Sprache des Weltdenkens ihr Recht behalten, da in ihr und durch sie die alle Menschen als solche angehenden Angelegenheiten zu Worte kommen. Dem entspricht auch schon seine frühe Devise, daß die Jugend nicht nur ihre philosophische Bildung im dogmatischen Stil erhalten dürfe, sondern daß sie auf den Weg des Selbstdenkens gebracht werden müsse, auf den nur das „zetetische" Verfahren in suchender und prüfender Darstellung führen könne. Die akademische Jugend solle in erster Linie nicht Philosophie, sondern philosophieren lernen.[11]

2. Metaphysische Methode im Zeichen der kopernikanischen Wende: transzendentale, skeptische, kritische Methode

Den theorationalistischen Ansatz hat Kant als ein mit dem Freiheitsanspruch der neuzeitlichen Vernunft unvereinbares Dogma angesehen und behandelt. In seiner kopernikanischen Wende hat er damit auf-

[11] I. Kant, Akademieausgabe, Bd. II, S. 303 ff. Hierzu auch meine Kant-Monographie, Sammlung Göschen, Berlin 1969, S. 32 ff.

geräumt, indem er die Vernunft sowohl in theoretischer wie in praktischer Hinsicht als „gesetzgebend“ erklärte und sie gegenüber dem natürlichen Zwang angeborener Ideen in Freiheit setzte. Vernunft kenne keine „Grenzen ihrer Entwürfe“. Die sinnliche Anschauung sei nicht Symptom für den Verfall des menschlichen Geistes gegenüber dem Unendlichen, sondern eine positive, eigentümliche Möglichkeit der menschlichen Erkenntnissituation: sie ist Signum der Freiheit, die dem menschlichen Subjekt für seine Entwürfe offensteht. Aus dieser neuen, der kopernikanischen Wende gemäßen Situation ergibt sich die Eigenart und zugleich die Rechtfertigung der methodischen Konzeptionen, die bei Kant begegnen.

Da ist zunächst die seinem transzendentalphilosophischen Ansatz gemäße Methode zu erwähnen, welche später als „transzendentale Methode“ bezeichnet wurde.[12] Sie geht von der Vorstellung der produktiven, gesetzgebenden Rolle der menschlichen Vernunft aus, die den Anspruch erhebt, mit sich selbst zu „experimentieren“. Die Erfahrung der Vernunft mit sich selbst hat ergeben, daß die dogmatischen, theorationalistischen Systeme der Metaphysik einen widerspruchsvollen Ausgang genommen haben. Gemäß der transzendentalen Methode versucht die Vernunft jetzt, den metaphysischen Gegenständen gegenüber die rechte Erkenntnis-Stellung zu beziehen, welche ihr eine Verirrung im Gestrüpp der Selbstwidersprüche erspart. Die metaphysische Vernunft bedient sich der transzendentalen Methode, um in ihr und durch sie die Bezirke ihrer Möglichkeiten des theoretischen und des prak-

[12] Hierzu Paul Natorp: Kant und die Marburger Schule (Vorträge der Kant-Gesellschaft), Berlin 1912, S. 193—221. In dieser Abhandlung spricht Natorp im neuidealistischen Jargon seiner Zeit von der Methode als der bewegenden, „vorwärtstreibenden“, „schöpferischen Kraft“ der Gedankenbildungen Kants. Er feiert die eigentümliche, methodische Konzeption Kants als Symptom des Bekenntnisses zur „schöpferischen Tat der Objektgestaltung jeder Art“. So sieht er sie als maßgebend für die kulturelle Verfassung „unserer Zeit“ an. Der „schöpferische Grund“ des methodischen Handelns sei das „Gesetz“. Es sei identisch mit Logos, Ratio, Vernunft. Daran schließt sich die Forderung, die Einheit des Logos und der Ratio in aller „schaffenden Tat der Kultur aufzuzeigen und zur Reinheit herauszuarbeiten“ (S. 197). In der Gegenwart sind für die transzendentale Methode repräsentativ Autoren wie: H. Wagner, Philosophie und Reflexion, München/Basel 1959. W. Cramer, Das Absolute und das Kontingente. Untersuchungen zum Substanzbegriff, Frankfurt 1959.

tischen Erkennens und Denkens abzugrenzen und für die so umgrenzten Territorien einen Verfassungsentwurf zu liefern. Die Vernunft umschreibt selbst die Grenzen ihrer eigenen Möglichkeiten, indem sie zugleich innerhalb der umgrenzten Gebiete für die zu ihnen gehörigen seienden Gegenstände die Verfassung entwirft und bestimmt.

So wird das Territorium der möglichen Erfahrung von demjenigen der transzendentalen Ideen abgegrenzt, in welchem das reine erfahrungsunabhängige Denken seine Möglichkeiten zu entfalten vermag. Dieser Bereich wiederum ist vom Gebiet derjenigen „Theorie" zu unterscheiden, die das Denken der praktischen Vernunft auf dem Boden des Sittengesetzes entwickelt. Jeder der kritisch unterschiedenen Bereiche ist eine Sonderdomäne der einen, zusammenhängenden Vernunft. Jedem hat Kant eine eigentümliche metaphysische Möglichkeit angewiesen. Diese Möglichkeiten mögen im folgenden kurz skizziert werden.

Die Transzendentalphilosophie Kants hat es darauf abgesehen, die ursprünglichen Entwurfsleistungen des Subjekts, welche eine Erkenntnis a priori der Dinge ermöglichen, durch analytische Methode zu entdecken und beim Namen zu nennen. Sie fragt nach den „Bedingungen der Möglichkeit" apriorischen Erkennens. Dabei ist es zuletzt auf metaphysische Erkenntnis abgesehen. Auch die Frage der Ontologie nach dem Seienden als solchen wird transzendental verstanden. Das ist nur möglich, wenn das Sein der Gegenstände selbst von den Bedingungen der Möglichkeit apriorischer Erkenntnis abhängt. Diese Abhängigkeit besteht bei Kant, insofern das Subjekt durch apriorische Entwürfe die Seinsverfassung desjenigen Bereiches bestimmt, in welchem es seiende Gegenstände der Erkenntnis gibt. Kant gibt in der ›Kritik der reinen Vernunft‹ ein System der Grund-züge dieser Verfassung in der Form der „synthetischen Grundsätze", denen jeder Gegenstand unterworfen ist, der den Anspruch erhebt, vom Erkennen als seiend angesprochen zu werden. So bestimmt z. B. der Grundsatz der Substanz, daß im Wechsel der Erscheinungen ein Beharrendes, Substanz genannt, zugrunde liege. Welcher Art und wie beschaffen ein empirisch vorgefundener Gegenstand auch sein mag, als „seiender" Gegenstand muß er die allgemeine, vom gesetzgebenden Verstand geforderte Struktur der Substantialität aufweisen.

Ein zweiter metaphysischer Ansatz ergibt sich im Bereich der Ideen. Ideen, wie z. B. Freiheit, Gott, Unsterblichkeit der Seele ermöglichen es ebenso wie die Idee des Weltganzen, den vom erkennenden Verstande und seinen „Begriffen" nicht abschließbaren und nicht vollendbaren Bereich der Erscheinungen in Unbedingtheit und Totalität hineinzustellen. Das dabei am Werk befindliche Denken muß vom eigentlichen Erkennen und Beweisen unterschieden werden. Es hat nur regulative Funktion, insofern es dem im Bereich der Erscheinungserkenntnis tätigen Verstand einen Leitfaden anweist, seine gedanklichen Wege auch über die Grenze des eigentlichen Erkennens hinaus in den Bereich der Vernunft zu verlängern. Das Denken muß im Interesse seines eigenen Haushaltes diese Perspektive ins Unbedingte und zur Totalität offenhalten, ohne Aussagen über Totalität, Freiheit, Welt in „theoretischer Absicht" machen zu können und zu wollen.

Daher müssen die Aussagen der metaphysischen Vernunft, welche im „dogmatischen" Gewande auftreten, einer Skepsis unterworfen, bzw. durch *„skeptische Methode"* [13] behandelt werden. Durch diese Methode soll die dogmatisch behauptende und beweisende Vernunft in ihrer Sicherheit dadurch erschüttert und zur Kritik ihrer eigenen Möglichkeit herausgefordert werden, daß den jeweils behaupteten Thesen Gegenthesen entgegengehalten werden, die mit derselben Stringenz wie jene „bewiesen" werden. Der skeptische Einwand stellt „Satz und Gegensatz wechselseitig gegen einander als Einwürfe von gleicher Erheblichkeit ... ist also auf zwei entgegengesetzten Seiten dem Scheine nach dogmatisch, um alles Urtheil über den Gegenstand gänzlich zu vernichten".[14] Durch Erschütterung der auf schwacher Basis stehenden dogmatischen Sätze will die skeptische Methode zur „Gewißheit" vordringen, indem sie „den Punkt des Mißverständnisses zu entdecken sucht", ob nicht der ganze Gegenstand des Streites „vielleicht ein bloßes Blendwerk sei" und ob die Frage „nicht selbst auf einer grundlosen Voraussetzung beruhe".[15] Durch skeptische Methode soll die metaphysische Vernunft zu einer Konfrontierung dogmatisch vorgetragener Sätze mit Gegen-Sätzen gebracht werden, damit am Ende durch die über die Skepsis hinausgehende *kritische* Methode bestimmt werden kann, wie etwa die Idee der Freiheit oder der Welt-notwendigkeit in Wahrheit zu interpretieren ist. Durch das Zusammenspiel von skeptischer und kritischer Methode soll die durch den Dogmatis-

[13] Vgl. O. Marquard, Skeptische Methode im Blick auf Kant, Freiburg 1958.

[14] I. Kant, Kritik der reinen Vernunft, A 388. Akademieausgabe, Bd. IV, S. 243.

[15] a. a. O., B 451. 513. Bd. III, S. 291 f. 335.

mus verschuldete Uneinigkeit der Vernunft mit sich selbst aufgehoben werden. Diese Methoden setzen die Vernunft in den Stand, sich selbst dadurch mit sich zu versöhnen, daß sie ihre eigenen Ideen in ihrer Bedeutung, Tragweite und Funktion richtig verstehen lernt.

In diesem zweiten metaphysischen Ansatz sind besonders die Themen der Metaphysica specialis: psychologia, cosmologia, theologia rationalis maßgebend.[16] Die kritische Vernunft muß beachten, daß die in diesem Bereich sich vollziehenden Gedanken immer noch der theoretischen Vernunft angehören, die es dabei freilich nicht mehr mit den „Phaenomena", sondern mit „Noumena", also mit Ideen zu tun hat. Aber Aussagen über solche Gegenstände wie Gott, Freiheit und Unsterblichkeit können in diesem Bereiche nur „im negativen Verstande" gemacht werden. Anders gesagt: hier kann z. B. keine Theorie von der Wirklichkeit der Freiheit gegeben, sondern nur nachgewiesen werden, daß Freiheit mit Naturnotwendigkeit in keinem Widerspruch stehen muß, wenn man beide Seiten am Leitfaden kritischer Vernunft richtig begreift. So lautet z. B. die Thesis der dritten kosmologischen Antinomie, daß die Kausalität nach Naturgesetzen nicht die einzige sei, welche Erscheinungen in der Welt hervorbringe, da auch noch Kausalität durch Freiheit existiere. Dagegen will die Antithese, daß es keine Freiheit gebe, sondern alles in der Welt nur nach Gesetzen der Erscheinungskausalität hervorgebracht werde. Bei der These wie auch ihrer Antithese ist die Vorstellung der Reihe maßgebend, deren Glieder im Sinne von Bedingung und Bedingtem, Ursache und Wirkung aufeinander bezogen sind. Eine in dieser Reihe sich findende Bedingung selbst hängt wiederum im Rahmen möglicher Erfahrung von einer ihr vorgeordneten höheren Bedingung ab. Die These behauptet, daß es eine Kausalität durch Freiheit gibt, durch welche die Reihe von erscheinenden Bedingungen an einem ersten unbedingten Glied, einer freien Entscheidung, aufgehängt wird. Freiheit bedeutet hier „absolute Spontaneität der Ursachen". Der absolute, freie Anfang ist nur Ursache, nicht zugleich Wirkung, wie es bei allen in der Reihe vorkommenden relativen Gliedern der Fall ist; er ist un-bedingt. Kant spricht von „transzendentaler Freiheit". Die Vernunft hat ein Interesse am Gedanken dieser Freiheit, weil er Unbedingtheit, Totalität und Vollständigkeit der Reihe der Erscheinungen für das Denken ermöglicht.

[16] Vgl. meine Kant-Monographie in der Sammlung Göschen, Berlin 1969, S. 299 ff.

In der Antithese wird dagegen behauptet, daß eine Verursachung durch Freiheit nicht möglich sei, da durch sie der notwendige Zusammenhang der Reihe erscheinender Ursachen und Wirkungen unterbrochen würde.

Es ist die Leistung der skeptischen Methode, Thesis und Antithesis miteinander zu konfrontieren und jeden dieser Sätze mit einem einwandfreien Beweis zu versehen. Kritische Methode aber geht darauf aus, die in diesem Dilemma der Vernunft sichtbar gewordene Uneinigkeit zu beheben: das vollzieht sie durch eine Anweisung für das richtige Verstehen jeweils von Freiheit und Notwendigkeit. Dabei wird der transzendentale Schein, der sich aus unechten Erkenntnis- und Denkansprüchen herleitet, aufgelöst. Es gilt dabei einzusehen, daß die Idee der Freiheit mit derjenigen der Notwendigkeit in der Welt durchaus vereinbar ist, wenn man sich nur entschließt, die einander scheinbar widersprechenden Thesen jeweils auf verschiedene Ebenen und Perspektiven des Denkens zu beziehen. Beide können „in verschiedener Beziehung bei einer und derselben Begebenheit zugleich stattfinden“ [17]. Betrachte ich z. B. eine menschliche Handlung vom Stande theoretischer Erkenntnis aus als sinnlich erscheinenden Vorgang, dann *muß* ich sie als vollständig determiniertes Geschehen begreifen, zu welchem die Idee der Freiheit nicht passen kann. Betrachtet man denselben Gegenstand aber in der Perspektive des von den Erscheinungen unabhängigen Seinsbereiches der „Noumena“, stellt man sich also auf den „Stand“ der Freiheit, dann wird sichtbar, daß der Handlungsablauf als ein nach außen hin sich zeigender Erfolg einer Verursachung durch Freiheit ist. Es ergibt sich, daß die Verbindung von skeptischer und kritischer Methode den Leitfaden für das widerspruchslose Zusammendenken von Freiheit und Notwendigkeit abgibt. Eine Art von intelligibler Ursache aus Freiheit wird wenigstens als Denk-möglichkeit in den Blick kommen, wenngleich sie als Wirklichkeit im Felde theoretischer Perspektive nicht in Frage kommt. Die These von der Naturnotwendigkeit führt nur dann zu einem Widerspruch mit derjenigen der Freiheit, wenn das empirische Denken von seinem Stande aus versucht, auch die Freiheit in seine Perspektive hineinzuziehen, um den intelligiblen Charakter der Freiheit ebenso objektiv begreifen zu können wie den empirischen. Läßt man aber zwei verschiedene Weltbegriffe und

[17] I. Kant, Kritik der reinen Vernunft, B 564. Akademieausgabe, Bd. III, S. 365.

ihre Standpunkte zu, wobei die These den Stand der intelligiblen Welt, die Antithese aber denjenigen der sensiblen Welt vertritt, dann vermag man die Idee der Freiheit gegen diejenige der Notwendigkeit im rechten Maße zur Geltung zu bringen.

Ein dritter Ansatz der Metaphysik, demzufolge die noch von der theoretischen Vernunft als bloße Möglichkeit gedachten Ideen der Freiheit auch in ihrer *Wirklichkeit* „erkannt" werden können, ergibt sich auf dem Boden der praktischen Vernunft. Das Sittengesetz, welches jeweils für den mir von der Pflicht gebotenen Weg die entsprechende Maxime: „du sollst" ausspricht, expliziert sich in ein System praktischer Metaphysik und schließt „theoretische" Positionen ein, die sich „gleichwohl aller möglichen Einsicht der speculativen Vernunft" entziehen.[18] Auf dem Boden praktischer Vernunft ergibt sich die Möglichkeit, eine metaphysische Theorie über praktische Wirklichkeit zu entfalten, wobei die Aussagen nur „in praktischer Hinsicht" gültig sein können. Zur praktischen Welt gehört z. B. die wirkliche Gesinnung, in der wir mit dem Moralgesetz ernst machen. Die praktischen Theoreme, zu denen dasjenige der Wirklichkeit der Freiheit gehört, können als Erweiterungen der Aussagen theoretischer Vernunft betrachtet werden, wenn man nur die Denkhorizonte der praktischen und der theoretischen Vernunft in richtiger Weise unterscheidet und wieder vereinigt. Dabei haben die apriorischen Theoreme der praktischen Vernunft vor denen der theoretischen den „Primat", weil alles Interesse in erster Linie praktisch ist. Selbst dasjenige der spekulativen Vernunft sei nur bedingt und im praktischen Gebrauche allein vollständig. Vor allem hat diese praktische Metaphysik den Inhalt, daß Freiheit wirklich sei. Den Satz von der Unsterblichkeit der Seele und vom Dasein Gottes vertritt sie im Sinne von Postulaten der reinen praktischen Vernunft.[19]

3. Die Methode der transzendentalen Idealisierung

Bei Kant begegnet noch ein vierter metaphysischer Ansatz, den er in die Richtung einer Metaphysik der Natur einerseits und in diejenige

[18] I. Kant, Kritik der praktischen Vernunft, Akademieausgabe, Bd. V, S. 120.

[19] a. a. O., S. 122.

einer Metaphysik der Sitten andererseits verzweigt. In der Metaphysik der Natur wird eine apriorische Theorie entfaltet, in der ein Übergang von den allgemeinen transzendentalen Grundsätzen, welche den Gegenstand möglicher Erfahrung überhaupt begründen, zu besonderen Gegenstandsformen der Natur geschieht. In der Metaphysik der Sitten, die ihrerseits in eine metaphysische Rechtslehre und eine metaphysische Tugendlehre unterschieden wird, stellt sich Kant die Aufgabe, die metaphysische Theorie ohne Verlust ihrer Apriorität mit besonderen Sätzen anzureichern, durch welche ein Übergang von allgemeinen Prinzipien der praktischen Vernunft auf die besondere, durch Erfahrung erkannte Natur des Menschen möglich wird. Bemerkenswert ist hier, daß auch terminologisch von einer Metaphysik im Bereich der praktischen Philosophie gesprochen wird. Wie aus einem anderen Zusammenhang sichtbar wurde, ist dieses Übergreifen der Metaphysik auch auf praktische Gebiete durch die im neuzeitlichen Seinsbegriff von Anfang an sichtbar gewordene Verbindung von Praxis und Theorie motiviert.[20]

Methode und Programm der besonderen Metaphysik der Natur sind folgendermaßen zu beschreiben: ausgegangen wird von den transzendentalen Grundsätzen, welche Seinscharakter und Verfassung der Gegenstände der Natur bestimmen, sofern man sie als Zusammenhang der Erscheinungen unter Gesetzen begreift. Dem Bereich solcher transzendentalen Grundsätze steht auf der anderen Seite die Menge der erfahrungswissenschaftlichen Sätze etwa der Physik gegenüber. Zwischen beiden Seiten muß vermittelnd eine besondere Metaphysik der Natur eingeschaltet werden. Deren Weg muß apriorisch sein, gleichwohl aber bedürfen die apriorischen Begriffe einer gewissen Anreicherung durch filtrierte Erfahrungsbestände. Dabei kommt eine Methode ins Spiel, die man als diejenige der „transzendentalen Idealisierung“ bezeichnen kann. Resultat dieser Methode ist z. B. der Begriff des Körpers bzw. der Materie überhaupt. Der Begriff der Materie wird, je nach dem Erkenntniszweck, mit bestimmten, idealen Eigenschaften ausgestattet, etwa der Beweglichkeit überhaupt, oder als Zustandegekommensein durch Kräfte wie der Attraktion oder Expansion usw. aufgefaßt. Auch die Vorstellung des „starren Körpers“ gehört hierher. Als eines der Grundgesetze der metaphysischen „Mechanik“ begegnet z. B. der Satz, daß die Quantität der Materie im Ganzen der Welt

[20] Vgl. S. 163.

dieselbe bleibe und unvermehrbar und unverminderbar sei. In diesem Zusammenhang wird auch für das Newtonsche Gesetz: actio = reactio eine metaphysische Bedeutung gewonnen.

Auch die Methode der Metaphysik der Sitten wird durch die Aufgabe vorgezeichnet, zwischen reinen Grundsätzen der praktischen Vernunft und solchen Sätzen einen Übergang und eine Vermittlung herzustellen, die sich aus der Erfahrung der rechtlichen oder moralischen Natur des Menschen ergeben. Wie z. B. in der Metaphysik der Natur die Beweglichkeit, Ausgedehntheit und Undurchdringlichkeit der Materie in den Ansatz gebracht wurde, so muß im Bereich der Metaphysik der Sitten das menschliche Subjekt als Wesen angesetzt werden, welches als leibliche Existenz in vieler Hinsicht bedürftig und bestimmt durch natürliche Interessen ist. In der metaphysischen Methode des Übergangs vom allgemeinen praktischen Vernunftgesetz zu den Normen des rechtlichen Zusammenlebens z. B. wird eine „Konstruktion" allgemeiner Begriffe, wie z. B. desjenigen der Freiheit geleistet.[21] In der Metaphysik des Rechts wird ein allgemeines Rechtsprinzip ausgesprochen, durch welches jede Handlung als Recht bestimmt wird, „die oder nach deren Maxime Freiheit der Willkür eines jeden mit jedermanns Freiheit nach einem allgemeinen Gesetze zusammen bestehen kann".[22] In diesem Satz ist eine Konstruktion der Freiheit geleistet, insofern ihre Darstellung und Realisierung in der Form der Koexistenz von Einzelsubjekten geleistet wird, von denen jedes seine Interessen gegen das andere durchzusetzen bestrebt ist. Es ergibt sich ein Bild, analog demjenigen, welches viele in gegenseitiger physikalischer Einwirkung stehende Kräfte zeigt, wobei die freie Aktion jedes Körpers durch ein sie umfassendes und bestimmendes Bewegungsgesetz eingeschränkt wird. Einschränkung ist eine auch bei der Konstruktion der Freiheit maßgebende metaphysische Kategorie.

Am Beispiel der metaphysischen Theorie des Besitzes mag das hier maßgebende Verfahren beschrieben werden. Das allgemeine metaphysische Grundgesetz vom Recht gründet sich auf die Idee des Gebrauchs meiner Freiheit in Einschränkung durch die Freiheit der anderen. In diesen Satz müssen Begriffe aufgenommen werden, die sich in einem Verfahren der Idealisierung aus der Betrachtung der wirklichen Natur des Menschen ergeben. So kommen Prämissen zu-

[21] I. Kant, Metaphysik der Sitten, Akademieausgabe, Bd. VI, S. 214 ff.

[22] a. a. O., S. 230.

stande, aus denen Sätze einer Metaphysik ableitbar sind, in denen der Übergang zur konkreten rechtlichen Wirklichkeit geschehen kann. Es müssen z. B. Bestimmungen wie diejenige in den Ansatz eingebracht werden, daß der Mensch leiblicher Natur ist, daß körperliche Gegenstände „außer" ihm existieren und daß er sie in Besitz nehmen und „gebrauchen" kann. Ebenso muß die physische Grundtatsache beachtet werden, daß ich meinen eigenen leiblichen Existenzbereich durch den Gebrauch von Werkzeugen, deren Materialität ich durch meinen arbeitenden Willen durchdringe, erweitern kann.

Der Weg der Konstruktion der rechtlichen Freiheit geht im Bereich der Besitztheorie so weiter, daß zwischen dem sinnlichen und dem intelligiblen, dem physischen und dem „bloß rechtlichen Besitz" unterschieden wird. Im Falle des ersteren geschieht die physische Bemächtigung einer Sache, die nur empirisch beschrieben werden kann. Der empirische Besitz besteht in der leiblichen Innehabung einer Sache: so kann mich z. B. niemand gewaltsam von dem Orte verdrängen, auf dem ich stehe oder mich niedergelassen habe. Aber der intelligible Besitz wird durch gemeinsame, von einem einigen Willen angenommene Gesetze bestimmt, durch welche mir etwas als Eigentum garantiert wird, welches nicht in meiner leiblichen Gewalt zu sein braucht. Alle „Bedingungen der Anschauung, welche den empirischen Besitz begründen, müssen *weggeschafft* (von ihnen abgesehen) werden, um den Begriff des Besitzes über den empirischen hinaus zu *erweitern* und sagen zu können: ein jeder äußere Gegenstand der Willkür kann zu dem rechtlich Meinen gezählt werden, den ich . . . in meiner Gewalt habe, ohne im Besitz desselben zu sein".[23]

4. Metaphysik und Einzelwissenschaft

Die transzendentalphilosophische Bestimmung der Natur als eines Bereiches möglicher Erfahrung unterscheidet sich von der einzelwissenschaftlichen, etwa physikalischen Fragestellung dadurch, daß sie nur die allgemeinen Seinsstrukturen bestimmt, durch welche die Verfassung des Gegenstandsbereiches möglicher Wissenschaft gegeben wird. In der transzendentalen Gesetzgebung des Verstandes wird demgemäß der allgemeine Rahmen gegeben, innerhalb dessen mögliche naturwissen-

[23] a. a. O., S. 252.

schaftliche Theorien aufgestellt werden können. So kann sich die Philosophie nicht etwa in den Streit um das Für oder Wider in Hinblick auf eine einzelwissenschaftliche Theorie begeben, indem sie vielleicht in falscher Anmaßung versucht, ein Machtwort zu sprechen. Sie kann höchstens die auf einen unerkannten und falschen metaphysischen Anspruch sich gründende absolutistische Intention einer besonderen Theorie durch den Hinweis auf andere Möglichkeiten aufheben, die sich für die einzelwissenschaftliche Hypothesenbildung im Rahmen der Transzendentalverfassung eröffnen. So hat z. B. Kant gegen die zu seiner Zeit vertretene Theorie, daß die verschiedene Dichte der Materie durch Poren zu erklären sei, vom Stande der transzendentalen Methode aus eingewandt, daß diese Theorie auf einer metaphysischen Voraussetzung beruhe, die ihre Vertreter doch „so sehr zu vermeiden vorgeben".[24] Diese bestehe darin, daß das Reale im Raume überall von gleicher Qualität sei und sich „nur der Menge nach unterscheiden könne." „Dieser Voraussetzung, dazu sie keinen Grund in der Erfahrung haben konnten, und die also bloß metaphysisch ist, setze ich einen transzendentalen Beweis entgegen." Dadurch will Kant in die physikalische Theoriebildung nicht eingreifen, aber metaphysisch-dogmatische Implikationen der Einzelwissenschaft sichtbar machen und die Wissenschaft in Freiheit setzen, damit sie der Erfahrung gerecht werden und andere Hypothesen erörtern kann.

Der transzendentale Gedanke ist insofern mit dem Gedanken des Systems aus einer einzigen Wurzel erwachsen, als er von der Voraussetzung der gesetzgeberischen Rolle der Vernunft ausgeht und sie als diejenige Instanz versteht, die am Leitfaden eines in ihr selbst liegenden notwendigen Zusammenhanges die Mannigfaltigkeit des Seienden zusammenschließt, sie also systematisch behandelt. Unter dieser Voraussetzung hat z. B. Kant den Anspruch erhoben, die Kategorien systematisch, also im Zeichen der Notwendigkeit und Vollständigkeit zu entwickeln, anstatt sie nur aggregathaft bzw. „rhapsodisch" aufzuraffen, wie Aristoteles verfahren sei. Es sei Aufgabe der Philosophie, das Seiende in systematischer Weise zu begreifen: im Gang der kantischen Gedanken wird diese Aufgabe nicht in einem einzigen Duktus erreicht, sondern vollzieht sich in einer schrittweisen Selbstüberbietung der Vernunft, die in dem Falle, in welchem sie das System noch nicht

[24] I. Kant, Kritik der reinen Vernunft, B 215. Akademieausgabe, Bd. III, S. 156.

geleistet sieht, höhere Einheitsvollzüge aufbietet, um das Seiende in geschlossener Einheit als Spiegel der systematischen Verfassung der Vernunft selbst ansehen zu können.

System, Verfassung des Seienden, Realisierung der theoretischen *und* praktischen Vernunft erweisen sich als metaphysische Grundbegriffe und Bestimmungen, die zur Selbstverwirklichung der Vernunft als einer Ganzheit gehören. Kant charakterisiert das „System" im Zusammenhang des Titels ›Architektonik der reinen Vernunft‹. Die reine Vernunft soll ebenso wie das von ihr erkannte und gedachte Seiende einen von ihr selbst entworfenen und realisierten Aufbau haben, in welchem jeder Sache der ihr gemäße Platz nach bestimmten Aufbauregeln zugewiesen ist, so daß sie gemäß einer „transzendentalen Topik"[25] jederzeit aufgefunden werden kann. Die Philosophie soll systematischen Charakter haben, heißt, daß jede ihrer Aussagen ihre Bedeutung und ihre Stellung vom Ganzen her muß rechtfertigen können. In einer vollendeten, systematischen Phase bringe es die Philosophie zum „Weltbegriff", unter dessen Ägide Philosophie zur Wissenschaft „von der Beziehung aller Erkenntniß auf die wesentlichen Zwecke der menschlichen Vernunft" wird.[26] Dieser Begriff von Philosophie setze nicht den „Vernunftkünstler", sondern den Philosophen als „Gesetzgeber der menschlichen Vernunft" voraus. Der Philosoph werde zum „Lehrer im Ideal".[27] Er habe durch eine systematische Wissenschaft von dem apriorischen Vermögen der Vernunft deren Grenzen und Möglichkeiten durchmessen.

Die Struktur des „Systems" wird am Organismusmodell erläutert. System wird in Gegensatz gegen das „Aggregat" gesetzt: während letzteres seine Einheit dadurch gewinnt, daß zu einem anfänglichen Teil immer neue Teile von außen hinzugesetzt werden, bildet sich das organische Ganze des Systems immer dann um, wenn es in einer Erweiterung begriffen ist. Das Hinzukommen des Neuen wird nach dem Modell des organischen Wachstums begriffen. Hierbei bleiben die hinzugekommenen Inhalte dem bisherigen Ganzen nicht fremd, sondern werden durch die aus dem Ganzen selbst heraus sich vollziehende Systematisierungsarbeit zum Leib dieses Ganzen hinzugenommen.

Im Zeichen des Systems geschieht auch in den Fragmenten des „Opus postumum" ein Übergang von den Begriffen und Sätzen der Transzen-

[25] a. a. O., B. 324 ff., S. 219 f.

[26] a. a. O., B 867, S. 542.

[27] a. a. O., B 867, S. 542.

dentalphilosophie zu Zusammenhängen der Empirie. Eine Einigung zwischen reiner Vernunft und Erfahrung wird mit dem Ziel gesucht, daß die zunächst unübersehbare und nur aggregathaft zusammengekommene Erfahrung in ein System, ein Ganzes verwandelt wird.

Bedeutsamerweise wird der Gedanke des Systems mit der leiblichen Existenz des menschlichen Subjekts in Verbindung gebracht. Das Subjekt stelle aufgrund seiner leiblichen Existenz ein System der bewegenden Kräfte der äußeren Welt dar: die Vorgänge seiner eigenen Leiblichkeit repräsentieren ihm das Geschehen in der Natur.[28] Das philosophische System wird am Leitfaden der leiblichen Organik orientiert. Im Opus postumum will Kant eine letzte große Bewegung des Einigens durch metaphysische Vernunft zustande bringen, in welcher zum „Ganzen“, zur *einen* Erfahrung und zum System der Natur fortgeschritten wird.

Wenn man bedenkt, daß Kant in seiner transzendentalen Dialektik eine Konfrontierung der metaphysischen Vernunft mit sich selbst herbeiführt, dann wird man bereit sein, hier von einer dialektischen Methode zu sprechen. Dabei wird ein Begriff von Dialektik vorbereitet, der bei Hegel zu voller Entfaltung kommen wird. Dialektik im Sinne Kants bedeutet die Auseinandersetzung der Vernunft mit sich selbst zum Zwecke der Auflösung des von ihr verschuldeten transzendentalen Scheins und der Versöhnung mit sich selbst. Die methodischen Schritte des dialektischen Verfahrens sind von der Art, daß sich in einem ersten Schritt die Vernunft mit sich auseinandersetzt und sich skeptisch-kritisch von sich entfremdet, aber mit dem Ziele, sich selbst als neugewonnene Einheit wiederzufinden. Aber bei Hegel ergibt sich für den Begriff und die Handhabung der dialektischen Methode doch eine grundlegend neue Situation. Nach Kant ist es die subjektive Vernunft, die sich der dialektischen Methode bedient, um zu Versöhnung und Einheit in ihrem eigenen Hause zu gelangen. Nach Hegels Auffassung jedoch bezeichnet die dialektische Methode eine Geschichte, in welcher sich die subjektive Vernunft — sie ist nicht gleichbedeutend mit der individuellen Vernunft eines bestimmten Denkers — mit der *Wirklichkeit* der objektiven Vernunft auseinandersetzt, indem sie sich von dieser Wirklichkeit zunächst entfremdet und sich auf den Stand der Subjektivität zurückzieht, um sich von diesem Stande aus wieder in die objektive allgemeine Vernunft aufzuheben. Die dialektische

[28] I. Kant, Opus postumum, Akademieausgabe, Bd. XXI, S. 177.

Grundfigur, welche durch solche geschichtliche Stationen wie Entzweiung und Versöhnung bezeichnet ist, charakterisiert primär nicht eine Bewegung innerhalb des subjektiven Denkens, sondern sie verwirklicht sich im Spannungsfeld zwischen subjektiver und objektiver Vernunft, zwischen Denken und Sein, Vorstellung und Wirklichkeit, Subjekt und Substanz.

5. Die dialektische Methode Hegels

Durch dialektische Bewegung werden die „bloßen" Gedanken zu „Begriffen", d. h. zu sich real im Spannungsfeld zwischen Substanz und Subjekt entfaltenden Wesenheiten, anders gesagt: zu wirklich gedachten Gedanken. So werden sie erst dasjenige, „was sie in Wahrheit sind, Selbstbewegungen, Kreise, das was ihre Substanz ist, geistige Wesenheiten".[29] Zu den Leistungen der dialektischen Methode gehört es, daß die Grenzen, die der Verstand zwischen den Inhalten setzt, die er ordnet und verbindet, überwunden werden, damit ein sich selbst bewegendes Ganzes begreifbar werde. Dialektische Methode hat demgemäß die Aufgabe, den zunächst mit der Funktion des Feststellens und Festlegens beschäftigten Gedanken in Bewegung und in den Zustand des Fließens zu bringen, damit auf diese Weise ein „Ganzes", Totales, zustande komme. Das kann nur auf die Art geschehen, daß das verstehende, sprechende und denkende Subjekt nicht in starrem Eigensinn dem „Gegenstand" gegenüber beharrt. Es muß sich in eine wirkliche Bewegung der Vernunft einlassen, in die auch der Gegenstand selbst einbezogen ist. So bietet sich die dialektische Methode für das metaphysische Denken an, welches im Unterschied zum einzelwissenschaftlichen Verstand die Aufgabe hat, über das Endliche, starr gegeneinander Abgegrenzte, Festgestellte und Teilhafte zum Ganzen, Unendlichen, Unbedingten, Prozeßhaften hinauszugehen. Diesem Zwecke dient der Einschlag des Negativen in der dialektischen Methode. Durch Negation versteht sich das subjektive Denken als selbständiges Moment in der Entwicklung der objektiven Vernunftsubstanz; es behauptet seinen eigenen subjektiven Stand gegenüber der allgemeinen Vernunft, um sich schließlich selbst in deren Geschichte aufzuheben. Demgemäß sucht die dialektische Methode überall den

[29] G. W. F. Hegel, Phänomenologie des Geistes, Bd. II, S. 35.

Widerspruch, die Negation auf, um dadurch die den endlichen Inhalt feststellenden Grenzen, durch welche der Verstand das Eine von dem Andern in absoluter Weise zu trennen sucht, zu überwinden, die Position des subjektiven Verstandes zu erschüttern und sie in die Bewegung der objektiven Vernunft aufzuheben, in welcher das vom Verstand Getrennte vereinigt wird. Die wahrhafte Methode der philosophischen Wissenschaft sei durch die Erkenntnis des „logischen Satzes" bestimmt, „daß das Negative ebenso sehr positiv ist, oder daß das sich Widersprechende sich nicht in Null, in das abstrakte Nichts auflöst, sondern wesentlich nur in die Negation seines *besonderen* Inhalts, oder daß eine solche Negation nicht alle Negation, sondern *die Negation der bestimmten Sache,* die sich auflöst, somit bestimmte Negation ist; daß also im Resultate wesentlich das enthalten ist, woraus es resultirt." [30] Die Negation habe als „bestimmte Negation" einen Inhalt. Sie sei ein neuer Begriff, welcher höher und reicher sei als der vorhergehende. Sie sei um dessen Negation oder um dessen Entgegengesetztes reicher geworden. Sie enthalte mehr als den aufgehobenen Begriff und „ist die Einheit seiner und seines Entgegengesetzten".[31] Es ist für diese Methode charakteristisch, daß sie von ihrem Inhalt und Gegenstand nicht unterschieden werden könne, da sie die Bewegung des Inhalts selbst sei: „... denn es ist der Inhalt in sich, die *Dialektik, die er an ihm selbst hat, welche ihn fortbewegt*".[32]

Die Wahrheit der Sache besteht in einer Geschichte, in welcher sie sich zu ihrem eigenen Begriffe durch dialektische Methode herausgebildet hat. Die Geschichte ist selbst dialektischer Natur: ihr Weg ist jeweils durch die Figur bestimmt, in der sich der kreisartige Prozeß anfangend beim Unmittelbaren, Natürlichen über Negation und Entzweiung zurück zur Einheit vollzieht. Nicht dasjenige Leben, welches sich vor dem Tode scheut und von der Verwüstung rein bewahrt, sei das Leben des Geistes: vielmehr zeige es darin seine Lebendigkeit, daß es den Tod erträgt und in ihm sich erhält. Der Geist gewinne seine Wahrheit nur, indem er dialektisch „in der absoluten Zerrissenheit sich selbst findet".[33]

Daher geht es der dialektischen Methode um die Bewegung des Denkens selbst, die sich auch als Bewegung des „Gegenstandes" begreift.

[30] G. W. F. Hegel, Wissenschaft der Logik, Bd. IV, S. 51.

[31] a. a. O., S. 51.

[32] a. a. O., S. 52.

[33] G. W. F. Hegel, Phänomenologie des Geistes, Bd. II, S. 34.

Sie läßt nicht zu, daß nur das Resultat Beachtung finde, sondern verlangt, daß der ganze Prozeß als mit zur Sache gehörend verstanden werde. Hegel sieht es als Hauptunterschied zwischen mathematischem und philosophischem Denken an, daß in jenem die Bewegung des Beweisens in dem Augenblick vergessen ist und nichtig wird, in welchem das Resultat gewonnen wurde. Die Bewegung des mathematischen Beweisens gehöre nicht dem Gegenstande selbst an, sondern sei ein der Sache „äußerliches Tun". Sie sei nicht Geschichte des Inhalts selbst, sondern ergebe sich aus dem Verhältnis des Inhalts zum Subjekt. Die Natur des rechtwinkligen Dreiecks z. B. zerlege sich nicht selbst, so wie es in der Konstruktion dargestellt wird, die für den Beweis des Satzes geschieht. Beim mathematischen Erkennen bleibt die Distanz zwischen Subjekt und Objekt bestehen. Der Mathematiker kann daher die vom subjektiven Verstand ins Werk gesetzten Formen des Denkens etwa in einer mathematischen Grundlagenforschung besonders betrachten und handhaben. Das philosophische Denken aber ist zugleich die Bewegung der Sache selbst: die Substanz spiegelt ihre innere Natur in den Gedankengängen des metaphysisch denkenden Subjekts, und das Subjekt hinwiederum nimmt sich in das Wesen der Substanz, der allgemeinen objektiven Vernunft zurück.

Die Bewegung des einzelwissenschaftlichen, etwa mathematischen Denkens geht „auf der Oberfläche vor" und „berührt nicht die Sache selbst". In diesem Bereich gibt es daher auch nur „unwirkliches Wahres, d. h. fixirte, todte Sätze . . ."[34] Bei jedem Satz könne aufgehört werden und der folgende fange für sich von neuem an, ohne daß der erste sich selbst zum andern fortbewege und auf diese Weise ein notwendiger Zusammenhang durch die Natur der Sache selbst entstünde. Das ist anders im Bereich der dialektischen Methode, die nichts anderes sei als „der Bau des Ganzen in seiner reinen Wesenheit aufgestellt".[35] Die dialektische Methode unterscheidet sich prinzipiell von den dem einzelwissenschaftlichen Denken eigentümlichen Methoden dadurch, daß sie nicht nur als äußeres Reflektieren des Denkens „über" die Sache, sondern als Weg, den die Sache selbst zu ihrer Wahrheit geht, begriffen und verwirklicht werden will. Die Eigenart der Bewegung der dialektischen Methode besteht darin, daß sie nicht nur von Prämissen auf der Linie der Folgerungen zu einem beliebigen Ergebnis gelangt, sondern

[34] a. a. O., S. 42.
[35] a. a. O., S. 45.

daß sie eine Geschichte des Denkens ist. Diese Geschichte führt das Denken zu immer neuen Standpunkten und Perspektiven, von denen aus es seine eigene Entwicklung durch einen Rückblick auf die von ihm bisher behaupteten Standpunkte zu überblicken vermag.

Die Eigenart der dialektischen Bewegung als Geschichte wird z. B. in den Überlegungen zum „spekulativen Satz" deutlich. Beim natürlichen, gewöhnlichen Denken und Sprechen, welches auch der Einzelwissenschaft eigentümlich ist, spricht und denkt ein „Selbst", das sich als Subjekt versteht, dem die Gegenstände als Objekte gegenüberstehen.[36] Das Subjekt spricht Sätze „über" die von ihm vorgestellten Gegenstände aus. In dem ausgesprochenen Satz wird ein definiertes, als ruhender Inhalt festgestelltes „Subjekt" zugrunde gelegt, von dem Prädikate ausgesagt werden. Hegel spricht vom vor-stellenden Denken, dessen Natur es sei, an den Prädikaten fortzulaufen und ein Prädikat an das andere zu hängen.[37] Zum natürlichen Denken und Sprechen gehört einerseits das sich als selbständig verstehende denkende und sprechende Subjekt, andererseits das festgestellte Subjekt des Satzes und die Bewegung der Prädikation. Es fragt sich, ob diese Situation auch in dem Falle besteht, in welchem der *Inhalt* des Satzes spekulativ, d. i. metaphysisch ist. In dem Satz: „Das Wirkliche ist das Allgemeine" zeigt sich die Bewegung, in der sich das Wirkliche, welches hier die Rolle des Satzsubjektes spielt, zu seinem Prädikate: „das Allgemeine" hinüberbewegt und in ihm aufgeht, da es nur durch dieses Prädikat zur Bestimmung kommt.[38] Der Gedanke wird in diese Bewegung hineingezogen, so daß Hegel sagen kann, daß das Denken dabei seinen „festen gegenständlichen Boden, den es am Subjekte hatte", verliere. Aber im Prädikate findet es dieses Subjekt wieder, insofern das Prädikat das bestimmte und realisierte Subjekt ist. Da das Subjekt in diese in sich verlaufende Bewegung hineingezogen wird, steht es als sprechendes und denkendes am Schlusse nicht mehr dem Inhalt des Satzes in Distanz gegenüber, sondern hebt sich selbst in die Wirklichkeit der Bewegung auf, in der sprechend der Satz ausgesagt wird, daß das Wirkliche das Allgemeine sei. Das denkende Subjekt wird im Prädikate des Satzes auf das Satzsubjekt zurückgeworfen und gehe „in diesem nicht in sich, sondern in das Subjekt des Inhalts" zurück.[39]

[36] a. a. O., S. 56.
[37] a. a. O., S. 56.
[38] a. a. O., S. 58.
[39] a. a. O., S. 58.

Hier ist der Inhalt des Satzes von der Form nicht zu trennen, und das Sprechen des spekulativen Satzes ist selbst eine wirkliche Geschichte. Der Sprechende hat sich durch die dialektische Methode in die Wirklichkeit der Bewegung des Wirklichen, welches zugleich das Allgemeine *ist*, hereinziehen lassen und ist dadurch selbst Wirklichkeit geworden. Das sprechende Subjekt hat sich in die Sache verwandelt, von der die Rede ist. Da die Bewegung im Sinne der dialektischen Methode ein Hinausgehen über die Begrenzung und Abtrennung des Verstandes zur Totalität ist, gehört in den Bereich dieser Methode das Prinzip des Systems.

Mit der Hegelschen Dialektik hat die metaphysische Vernunft ihre höchste Spitze auf dem Wege sich immer wieder übersteigernder Totalitäts- und Einheitsansprüche erreicht. Sie versteht sich nicht nur als eine die Wirklichkeit konstruierende Instanz, sondern zugleich auch als die Wirklichkeit selbst: das geht nur an, wenn sich das metaphysische Denken auf den Stand der Vernunfttotalität selbst, also des Absoluten stellt. „Daß das Wahre nur als System wirklich, oder daß die Substanz wesentlich Subjekt ist, ist in der Vorstellung ausgedrückt, welche das Absolute als *Geist* ausspricht, — der erhabenste Begriff, und der der neueren Zeit und ihrer Religion angehört. Das Geistige allein ist das *Wirkliche*; es ist das Wesen oder *Ansichseyende*, — das sich *Verhaltende* und *Bestimmte*, das *Andersseyn* und *Fürsichseyn* — und in dieser Bestimmtheit oder seinem Außersichseyn in sich selbst Bleibende; oder es ist *an und für sich*.“ [40]

Die metaphysische Vernunft ist über Hegel insofern hinausgegangen, als sie die Erfahrung gemacht hat, daß das Denken des „Ganzen“ nicht durch einen Sprung der endlichen metaphysischen Vernunft über ihren eigenen Schatten hinweg erreicht werden kann, sondern immer von dem eigentümlich menschlichen Erkenntnisstande aus geschehen muß. Die Reaktion auf die Theorie der dialektischen Methode im Zeichen des Absoluten geschah auch von der Seite der Einzelwissenschaften her, welche ihre Selbständigkeit und freie Entfaltung auf das Erfahrungsprinzip gründeten. Die eigentümlich menschliche, endliche Situation des Denkens und Sprechens trat erneut in das Blickfeld.

[40] a. a. O., S. 27 f.

6. Verfall des Systemdenkens und neue Wege des Systemprinzips

Das „System“ Hegels entfaltet sich in der Figur eines Kreises von Kreisen, auf dessen Peripherie die Systemgebiete: Logik, Philosophie der Natur, Philosophie des Geistes liegen. Zieht sich das Denken aber auf die „Erfahrung“ zurück, so schneidet es den apriorischen Bezug von subjektiver Vorstellung und Wirklichkeit ab. Wenn das metaphysische Denken weiterhin systematisch verfahren will, so kann es den Begriff des Systems nur unzureichend im Sinne einer vom Subjekt hergestellten Zusammenfassung von Vielheiten verstehen. Das Prinzip der Erfahrung, im einzelwissenschaftlichen Sinn verstanden, führt zum Systemverfall. Das wird in Systemversuchen des ausgehenden vorigen Jahrhunderts deutlich. In einer der Darstellungen eines „Systems der Philosophie“ ist bezeichnenderweise von einem „Wagnis“ die Rede, welches in einer Systemunternehmung gesehen werden müsse. Hinter der Benennung System werde man nicht, so sei zu hoffen, „dieselben Ansprüche vermuten“, die „in früheren Zeiten sich durch sie anzukündigen pflegten“. Wenn man jetzt ein System leiste, so könne damit „natürlich“ nur die Absicht verbunden werden, das Ganze persönlicher Überzeugung in einer systematischen Form darzustellen. Damit solle der Zweck erreicht werden, daß die vereinzelten Gebiete unserer Erkenntnis über die noch verbleibenden großen Lücken hinweg in den Zusammenhang einer „abschließbaren Weltansicht“ verknüpft werden.[41]

Es wird deutlich, daß das Verfahren der „induktiven Metaphysik“, wie man diese Form metaphysischen Denkens mit Recht genannt hat, deshalb ein Irrweg ist, weil es das metaphysische Denken in Abhängigkeit von den empirischen Einzelwissenschaften setzt. Metaphysik ist nach dieser Konzeption eine empirische Über-wissenschaft, welche durch Ausfüllung der von den Erfahrungswissenschaften gelassenen Lücken einen „wissenschaftlichen“ Gesamtzusammenhang zu liefern hat, den man als „System“ bezeichnet.

[41] Hermann Lotze, System der Philosophie, 1. Teil, Logik, Leipzig 1874. Vorwort. Entsprechend heißt es bei W. Wundt im „System der Philosophie“, Leipzig 1889, im Vorwort, daß er hier eine Metaphysik liefern wolle, die er freilich nicht im Sinne eines aus a priori gültigen Voraussetzungen zu konstruierenden Vernunftsystems auffasse. Vielmehr bekenne er sich zum Prinzip der Erfahrung, die auch die Grundlage der Metaphysik sein müsse und dieser die ihr gemäße *Methode* bestimme. Es handle sich um die „schon

Dieser metaphysische Ansatz und sein Verfahren ist deshalb unannehmbar, weil er selbst den Charakter der Einzelwissenschaften annimmt. Die philosophische Methode muß ihrer Aufgabe angemessen sein, das „Wesen" der Sachen bzw. die ersten Gründe ihres Seinscharakters zu erkennen. Im Hinblick auf die dialektische Methode hat sich gezeigt, daß sie diesen Ansprüchen gerecht wird, indem sie die von der Einzelwissenschaft festgehaltenen und festgestellten Teilaspekte der Sache verflüssigt und zum Ganzen und zur Totalität zusammenschließt. Aber es kommt darauf an, sie auf die Sprache desjenigen Standes zu bringen, der unserer endlichen, menschlichen Erkenntnissituation entspricht. Wenn sie z. B. dazu führen soll, das Denken auf den Weg zu bringen, auf dem es die subjektiven Einzelmeinungen überwindet und zur Perspektive der gemeinsamen Vernunft gelangt, so kann ihr Weg und Ziel nicht im Horizont des absoluten Geistes gesucht, sondern muß im Bereich der uns menschlichen Subjekten gemeinsamen und von uns gesprochenen Sprache gesehen werden. Die Welt, in der wir handeln und denken, hat sprachlichen Charakter, der sich in jedem Gebilde innerhalb dieser Welt, mit dem wir es zu tun haben, zum Ausdruck bringt. Jede „Sache" begegnet uns als Inbegriff sprachlicher Bedeutungen. Sie ist, als „Wesen" betrachtet, eine Geschichte von Erfahrungen und Erwartungen. Das „Wesen" ist, formal gesehen, diejenige Gegenwart, in der sich die geschichtliche Vergangenheit und der Erwartungshorizont der Zukunft repräsentieren. Die dialektische Methode will das Denken dazu anleiten, durch die Begriffsbildungen der Einzelwissenschaft hindurch und über sie hinaus in der Sprache des handelnden Umgangs mit den Dingen das Wesen zu suchen und zu finden.

Das Wesen selbst ist ein Ganzes, welches den Charakter eines Systems von „Eigenschaften" aufweist. Diese Eigenschaften sind nicht

in den Einzelwissenschaften überall angewandte Verbindung der Tatsachen nach dem Prinzip von Grund und Folge" (S. VII). Wundt erblickt die eigentümliche Aufgabe der Metaphysik darin, diese hergestellte Verbindung nicht auf bestimmte einzelne Erfahrungsgebiete zu beschränken, sondern sie auf die „Gesamtheit aller gegebenen Erfahrungen auszudehnen" (S. VII). Die philosophische Metaphysik habe ihr Gebäude nicht völlig neu aufzurichten, sondern von den hypothetischen Elementen auszugehen, die ihr durch die Einzelwissenschaften dargeboten werden. Sie habe diese logisch zu prüfen, „in Übereinstimmung miteinander zu bringen und so zu einem widerspruchslosen Ganzen zu vereinigen" (S. VIII).

durch Synthese zur Einheit einer begrifflichen „Klasse", Wesen genannt, zusammengefaßt, sondern gehören in der Weise zusammen, daß in jedem, eine Eigenschaft zur Sprache bringenden Prädikat das wesentliche Subjekt, dem es als Ganzem zugehört, gegenwärtig ist.

Unter diesen Voraussetzungen gewinnt auch das Systemprinzip seine ihm gebührende Stellung. Einerseits soll es einen Zusammenhang vom Charakter eines Ganzen hergeben, d. h. in jedem Teil soll das Ganze gegenwärtig sein. Dieser Zusammenhang soll nicht von der Art einer Einheit sein, die vom Verstande den Dingen aufgeprägt wurde, so daß die vereinigten einzelnen Dinge ihre freie Eigenart verlieren. Das „System" im metaphysischen Sinne darf z. B. auch nicht die Wissenschaften zwangsweise zu einem begrifflich konstruierten Zusammenhang vereinigen wollen. Vielmehr müßte die freie Vernunft der Einzelwissenschaft von sich aus unter Anleitung des metaphysischen Denkens auch im Zuge ihrer Differenzierung die Richtung zur systematischen Vereinigung anzeigen. Daraus folgt, daß die Metaphysik die im einzelwissenschaftlichen Denken begangenen Wege in der Weise fruchtbar machen sollte, daß sie das in diesem Denken stets gegenwärtige Wesen der Dinge und ihres Weltzusammenhanges zum Begriff bringt. Die Metaphysik wird kraft ihrer Fragestellung und Eigenart das Systemprinzip in recht verstandener Weise immer festhalten müssen: aber es muß darauf ankommen, das System als den Welthorizont zu begreifen, innerhalb dessen immer neue Inhalte, die von den Einzelwissenschaften herangetragen werden, ihren Platz finden können. Es muß Einheit sein, die dem Verbundenen freien Raum der Entfaltung gibt.

Die metaphysische Methode ist prinzipiell vom Inhalt nicht zu trennen: der Inhalt selbst zeichnet, indem er sich zur Sprache bringt, den Weg des metaphysischen Denkens vor. Daher ist es unangemessen, in der Sprache eines Denkens, in welchem die Methode als das „Formale" begriffen wird, welches vor aller Anwendung auf einen Inhalt sichergestellt und geordnet sein müsse, Kritik am metaphysischen Denken vornehmen zu wollen. Nicht nur dem positivistischen, sondern auch dem sprachanalytischen Denken ist das Recht abzusprechen, über Sinn oder Unsinn metaphysischen Denkens etwas auszusagen, weil diese Denkrichtungen die für die Metaphysik maßgebende Integration der Methode in den sachlichen Inhalt nicht begreifen können.

Siebtes Kapitel

FIGUREN DER METAPHYSIKKRITIK

(Drei Typen der Kritik)

In der vorhergehenden Darstellung hat sich gelegentlich gezeigt, wie metaphysische Gedankengänge zur Kritik ihrer eigenen früheren Position übergegangen sind. Die Metaphysik ist eine geschichtliche Entwicklung mit dialogischer Struktur: die im Dialog mit sich selbst durchgeführte Kritik der metaphysischen Vernunft an ihren eigenen Ansätzen gehört mit zur Metaphysik selbst. Im folgenden sollen drei Typen der Metaphysikkritik unterschieden werden: ihr Gemeinsames besteht darin, daß der Wissenschaftscharakter der Metaphysik in ihren Überlegungen eine maßgebende Rolle spielt. Zunächst möge der Blick auf einen Typus von Metaphysikkritik gelenkt werden, welcher die Metaphysik im „wahren" Sinne gegenüber solchen Unternehmungen realisieren und in Reinheit herausarbeiten will, die sich bisher als metaphysisch bezeichnet, aber den Rang eigentlicher Metaphysik nicht erreicht haben. Metaphysik müsse den Stand von Wissenschaftlichkeit aufweisen, den die bisherigen metaphysischen Unternehmungen noch nicht erreicht haben. Für diese Art von Metaphysikkritik ist Kant repräsentativ. Von ihr möge ein zweiter Typus unterschieden werden, in welchem die metaphysische Fragestellung als grundsätzlich unwissenschaftlich oder gar sinnlos erklärt wird, weil sie gewissen Kriterien nicht genügen kann, welche an Wissenschaft bzw. an die Sinnhaftigkeit von Sätzen angelegt werden. Beispiele einer Kritik dieser Art finden sich im Bereich positivistischen Denkens. Zuletzt möge derjenige Typus von Kritik betrachtet werden, in welchem der Metaphysik vorgeworfen wird, sie habe wissenschaftlichen Anspruch und könne gerade deshalb Aufgaben nicht erfüllen, welche man an die Philosophie stellen muß: diese Art von Metaphysikkritik begegnet dort, wo der Philosophie die Aufgabe gestellt wird, in engagierter Weise zu denken und das Interesse des Menschen an den Möglichkeiten seines eigenen Daseins zu erfüllen. Während der erste Typus der Metaphysik vorwirft, sie sei noch nicht Wissenschaft und verlangt, daß sie Wissenschaft werden müsse, kritisiert der zweite die Metaphysik mit dem Argument, sie sei überhaupt keine Wissenschaft und könne es nicht werden, während der dritte Typus der Metaphysik gerade ihre Wissenschaftlichkeit vorwirft.

1. Der erste Typus: Kritik als Revolution und als Wegweiser zur Wissenschaftlichkeit

Das Dilemma der Metaphysik mit wissenschaftlichem Anspruch besteht darin, daß ihr Gegenstand dem direkten Zugriff wissenschaftlichen Denkens und Begreifens entzogen ist. Seine Namen sind der des Un-bedingten, des Ersten bzw. Letzten, der Welt im Ganzen, des Anhypotheton, der ersten bzw. letzten Ursache usw. Daß das metaphysische Denken diesen Weg zum Ersten und Äußersten geht, kann es selbst auf verschiedene Weise motivieren. Es kann erklären, daß das Sein selbst diesen Weg herausfordert: kann aber auch das Motiv im „Bedürfnis" bzw. „Interesse" der Vernunft sehen. Das letztere ist bei Kant der Fall, der in den ersten Sätzen der Vorrede zur Auflage A der Kritik der reinen Vernunft erklärt: „Die menschliche Vernunft hat das besondere Schicksal in einer Gattung ihrer Erkenntnisse: daß sie durch Fragen belästigt wird, die sie nicht abweisen kann, denn sie sind ihr durch die Natur der Vernunft selbst aufgegeben, die sie aber auch nicht beantworten kann, denn sie übersteigen alles Vermögen der menschlichen Vernunft." [1] In diese Verlegenheit, so heißt es weiter, gerate sie ohne ihre Schuld. Sie fange von Grundsätzen an, deren Gebrauch im Laufe der Erfahrung unvermeidlich „und zugleich durch diese hinreichend bewährt ist. Mit diesen steigt sie (wie es auch ihre Natur mit sich bringt) immer höher zu entfernteren Bedingungen. Da sie aber gewahr wird, daß auf diese Art ihr Geschäfte jederzeit unvollendet bleiben müsse, weil die Fragen niemals aufhören, so sieht sie sich genöthigt, zu Grundsätzen ihre Zuflucht zu nehmen, die allen möglichen Erfahrungsgebrauch überschreiten und gleichwohl so unverdächtig scheinen, daß auch die gemeine Menschenvernunft damit im Einverständnisse steht. Dadurch aber stürzt sie sich in Dunkelheit und Widersprüche ..." [2] Die Vernunft muß ein Richteramt ausüben gegenüber ihren eigenen früheren Unternehmungen: es ist vom

[1] I. Kant, Kritik der reinen Vernunft A VII. Akademieausgabe, Bd. IV, S. 7.

[2] a. a. O., S. 7.

„Richterstuhl" der Vernunft die Rede, vor dem die Verteidiger jeweils eines überholten metaphysischen Systems aufzutreten haben.

Der revolutionäre Charakter in der Metaphysikkritik Kants kommt in der Erklärung zum Ausdruck, daß die Welt der metaphysischen Behauptungen satt sei. Man wolle die Möglichkeit dieser Wissenschaft, die Quellen, aus denen „Gewißheit in derselben abgeleitet werden könne, und sichere Kriterien, den dialektischen Schein der reinen Vernunft von der Wahrheit zu unterscheiden".[3] Die reine Vernunft selbst ist verantwortlich dafür zu machen, daß in den metaphysischen Systemen der „dialektische Schein" begegnet, den es in der Kritik aufzulösen gilt. Der Wortführer eines metaphysischen Systems wird von vornherein nicht als Privatperson, sondern in seiner Rolle als Sprecher der allgemeinen Vernunft selbst betrachtet, die sich auch zugleich in der Funktion des Richters gegenübersteht. So ist Kritik als Dialog der Vernunft mit sich selbst zu begreifen. Sie konfrontiert sich mit denjenigen ihrer eigenen metaphysischen Aussagen, die von einem überholten und überwundenen Standort ausgesagt und ausgesprochen worden sind. Sie relativiert diese Aussagen auf ihren Stand und seine Perspektive und vermag dadurch deren unechte Ansprüche zurückzuweisen. Auch kann sie vom Standort transzendentalphilosophischer Kritik aus z. B. die These der Freiheit mit der These der Naturnotwendigkeit dadurch in Einklang bringen, daß sie jede der Thesen auf einen ihr gemäßen Stand des Denkens und Sprechens reduziert. Die Vernunft gibt sich selbst einen kritischen Leitfaden, an welchem sie ihre eigenen Ideen von Welt, Natur im Ganzen, Freiheit usw. auf solche Weise in metaphysischen Aussagen zu deuten vermag, daß sie nicht selbst mit sich in Uneinigkeit und Widerspruch gerät.

Die Kritik Kants gilt der „dogmatischen" Metaphysik, die im üblichen Stil des wissenschaftlichen Begründens über diese Ideen ausgesagt hat, obwohl sie selbst als erste Begründungen aller wissenschaftlichen Argumentation gedacht sind. Die dogmatische Metaphysik hat die Ideen der Vernunft mißverstanden. Daß aus der Metaphysik eine Wissenschaft werde, dazu ist nötig, daß dem metaphysischen Denken eine Methode für das Begreifen der Wahrheit an die Hand gegeben werde, die in solchen metaphysischen Ideen wie Freiheit usf. enthalten ist. Die Metaphysik muß als kritische Instanz sich selbst Kriterien

[3] I. Kant, Prolegomena zu einer jeden künftigen Metaphysik, die als Wissenschaft wird auftreten können. Akademieausgabe, Bd. IV, S. 377.

geben, die es ihr erlauben, zwischen bloß „leeren“ und sacherfüllten Begriffen zu unterscheiden. Weiterhin erfordert die Wissenschaftlichkeit der Metaphysik, daß sie nach einer kontrollierten, selbst entworfenen Methode vorangehe, die es auch ermöglicht, daß die metaphysische Erkenntnis planmäßig und kontinuierlich erweitert werde, wie es z. B. die Geschichte der Naturwissenschaft lehrt. Dazu gehört, daß sich die Metaphysiker nicht durch unmethodisches Verhalten in die Lage begeben, vor immer neue Widersprüche und Antinomien gestellt zu werden. Nach kantischer Voraussetzung schreibt die Vernunft der Natur die allgemeinen Gesetze vor. Aber sie gibt sich in der „Kritik“ an der Metaphysik selbst auch Gesetze und Regeln, denen zufolge sie ihre eigenen Ideen richtig zu interpretieren vermag.

In der Kritik wird die Währung angegeben, in der die Namen, welche hier die Rolle von Geldscheinen spielen, ausgezahlt werden. So darf z. B. der Name Welt als echt metaphysisches Wort nicht in der Währung beglichen werden, in der sonst wissenschaftliche Namen ausgezahlt werden: Welt kann nicht einen Bereich vorhandener Dinge bedeuten. Der Kritik gemäß darf sie nur als „Regulativ“ für den Verstand aufgefaßt werden, bei seiner Bestandsaufnahme der Weltdinge niemals an irgendeiner Grenze stehenzubleiben, sondern ins Endlose immer weiter voranzuschreiten. Vom Standpunkt der „theoretischen“ Vernunft aus dürfen die Ideen der Vernunft nur in negativer Weise ausgelegt werden. Es gehört auch zur Kritik, einen Weg aufzuweisen, auf dem eine positive Interpretation der Ideen möglich ist: das ist der Weg der praktischen Vernunft. Wenn z. B. Freiheit in theoretischer Absicht nicht in positiver Weise bestimmt werden kann, so kann sie doch in „praktischer Absicht“ als Wirklichkeit angesprochen und beschrieben werden: denn im Bereich dieses Denkens wird die Wirklichkeit, um die es hier geht, von unserer Vernunft selbst hervorgebracht: es ist die Wirklichkeit der inneren moralischen Verfassung (Gesinnung).

Das Kriterium, das dem Ansatz der kantischen Transzendentalphilosophie gemäß die Unterscheidung zwischen echten und unechten, wahren und unwahren metaphysischen Aussagen ermöglicht, wird durch die Methode gegeben, welche die Vernunft ihren eigenen Erkenntnismöglichkeiten vorzeichnet. Darin unterscheidet sich Kant von allen metaphysikkritischen Unternehmungen empiristischer und positivistischer Herkunft, welche das Kriterium für die Wissenschaftlichkeit von Aussagen in die Erfahrung verlegen.

2. Der zweite Typus: Empiristische und positivistische Metaphysikkritik

Lockes Attacke gegen einen Grundbegriff der Metaphysik, denjenigen der Substanz, gibt hierfür ein Beispiel. Wir wissen nicht, so argumentiert er, was die Substanz an sich sei. Hierfür fehle uns jede klare und bestimmte Idee. Zwar sei es ausgemacht, daß sie irgendein objektives Etwas bezeichne, aber dieses sei unerkennbar. Die „Erfahrung“ gebe keine Handhabe dafür her, daß man einzelne Eigenschaften mit Notwendigkeit zu einem substantiellen Ding verknüpft. Unser Verstand bemerke, daß eine bestimmte Menge von einfachen Ideen beständig in Gemeinschaft auftrete. Daraus entnehme er, daß sie einem einzigen Dinge angehören müssen; unsere Sprache bilde demgemäß hierfür ein Wort, durch welches die Vereinigung der Eigenschaften zu einem einzigen Gegenstand benannt wird. Auf diese Weise lasse sich das Denken durch die Sprache zu einer Erschleichung verführen, indem es für ein Bündel von Vorstellungen einen Einheitsbegriff bilde, der den Schein erweckt, als handle es sich hierbei um eine einfache Substanz. Wir gewöhnen uns auf diese Weise daran, irgend etwas Zugrundeliegendes anzusetzen, welches unseren Vorstellungen Bestand gebe und von dem sie ausgehen: deshalb bezeichnen wir dieses Etwas als Substanz.

Kant hat die vor ihm vollzogene empiristische Kritik an der Metaphysik überholt, in welcher ein Erkenntniskriterium und Wissenschaftskriterium in der Form der „Erfahrung“ behauptet wird. Dieses Kriterium ist dem metaphysischen Denken fremd, und daher kann von ihm aus die Frage der Metaphysik nicht nachvollzogen werden. Die Kritik, die z. B. Locke an metaphysischen Grundbegriffen wie denjenigen der Substanz, der Zeit, der Unendlichkeit und der Kausalität übt, kann daher nicht die metaphysische Vernunft selbst treffen; sie muß als Verfahren des Empirismus angesehen werden, die vom metaphysischen Denken gewonnene Prinzipienerkenntnis auf die Sprache der Erfahrung zu bringen. Durch seine Kritik dieser metaphysischen Begriffe weist der Empirist die Möglichkeit apriorischer Erkenntnis zurück: ohne es einzugestehen, setzt er aber in dieser Kritik sein eigenes empiristisches Seinsverständnis in Kraft, demzufolge Seiendes als solches den Charakter des vom Subjekt geleisteten Verbundenseins von Erfahrungsdaten hat. Geht die Absicht Lockes dahin, den Begriff der metaphysischen Substanz als einen durch sprachliche Irreführung zustande gekommenen Scheinbegriff zu entlarven, so gründet er seine Kritik auf die Überlegung, daß es keine Möglichkeit gibt, die Substanz zu erkennen, insofern Erkenntnis auf Wahrnehmung gegründet wird. Auf die dabei in Anspruch genommene Korrelation von wahrgenommenem Gegenstand und wahrnehmendem Subjekt verzichtet der metaphysikkritische Gedankengang des älteren logischen Positivismus.

Carnap unterscheidet drei Stufen der Sinnhaftigkeit von Sätzen: die der Sachhaltigkeit, der Fundierung, der Nachprüfbarkeit. Eine Aussage P heiße sachhaltig, wenn Erlebnisse, „durch die P oder das Gegenteil von P fundiert werden würde, wenigstens als Erlebnisse denkbar sind und ihrer Beschaffenheit nach angegeben werden können".[4] Fundiert heißt ein P durch das Erlebnis E, wenn P den Inhalt eines Erlebnisses E ausspricht oder von einer Aussage Q durch induktive Schlüsse herleitbar ist, welche E zur Sprache bringt. Nachprüfbar heiße eine Aussage, wenn die Bedingungen angebbar sind, unter denen ein Erlebnis E eintreten würde, „durch das P oder das Gegenteil von P fundiert würde". Die Aussage, daß im Nebenzimmer ein dreibeiniger Tisch stehe, sei nachprüfbar. Dagegen sei die Aussage: „es gibt eine Farbe Drommetenrot, deren Anblick Entsetzen erregt",[5] nicht nachprüfbar, aber doch sachhaltig, da ein Erlebnis gedacht oder seiner Beschaffenheit nach beschrieben werden könnte, durch welches die Aussage fundiert werden würde. Von diesen Voraussetzungen her könne z. B. weder die These des Realismus von der Realität der Außenwelt noch die des Idealismus von deren Nichtrealität als wissenschaftlich sinnvoll anerkannt werden. Keine der beiden Thesen ist nachprüfbar oder sachhaltig, was für alle metaphysischen Aussagen ebenso gilt. Metaphysik könne nicht als Wissenschaft gelten, da sie dem Sinnkriterium für wissenschaftliche Aussagen nicht genüge: ihre Aussagen können höchstens als mit falschem wissenschaftlichen Anspruch auftretende Äußerungen für „Weltanschauung" usw. gelten. Der Metaphysiker sei einem Künstler ohne Talent gleich zu achten. Bei anderen gegenwärtigen Wissenschaftstheoretikern werden die metaphysischen Aussagen zuweilen nicht schlechthin als „sinnlos" hingestellt. Sie gelten auch nicht geradezu als wertlos, insofern sie höchstens als unwissenschaftlicher Hintergrund mit etwa heuristischer Funktion für wissenschaftliche Erkenntnisse fungieren.[6]

[4] R. Carnap, Scheinprobleme der Philosophie, Frankfurt 1966, S. 50.

[5] a. a. O., S. 51.

[6] Vgl. Karl Popper, Logik der Forschung, Tübingen ^{3}1969, S. 40. Popper grenzt den Bereich der wissenschaftlichen Sätze von denen der Metaphysik durch das Kriterium der Falsifizierbarkeit ab. Universelle Es-gibt-Sätze sind nicht falsifizierbar, infolgedessen sind sie als nicht-empirisch bzw. metaphysisch zu bezeichnen.

Eine Metakritik der positivistischen Metaphysikkritik wird sich darauf berufen müssen, daß der Positivist von vornherein die Wahl eines Wissenschaftskriteriums trifft, welches ihm den Blick auf die eigentümlichen Gegenstände der Metaphysik verwehrt. Die positivistische Kritik ist eine notwendige Folge aus der wissenschaftstheoretischen Ideologie, aber kein Ergebnis einer Kritik, welche sich aus der Vernunft der Wirklichkeit selbst ergibt. Ihre „Kritik" ist nicht Unterscheidung des Wahren vom Falschen, sondern Ausschließung dessen, was nicht sein „darf".[7]

3. Der dritte Typus: Metaphysikkritik als Wissenschaftskritik

Andersartig motiviert ist ein metaphysikkritisches Unternehmen von der Art Diltheys, welches nicht wie der Positivismus von einem gewählten Wissenschaftskriterium aus den Wissenschaftsanspruch der Metaphysik verneint und ihr daher die bisher innegehabte Stellung streitig macht. Zwar spielt der wissenschaftstheoretische Einschlag bei Diltheys Metaphysikkritik eine Rolle, insofern es ihm auch darauf ankommt, für die Geisteswissenschaften, welche auf dem Prinzip „innerer Erfahrung" beruhen, die Stellung positiver Wissenschaftlichkeit zu erobern. Diese Aufgabe erwies sich deshalb als dringend, weil der Begriff des Geistes bis zu Diltheys Zeit im Zeichen einer Metaphysik des Geistes verstanden wurde. Wenn man es mit einer Verwissenschaftlichung der Aussagen über den Geist im Sinne des Erfah-

[7] Auch die Sprachanalyse geht bei ihrer Kritik an der Metaphysik von vornherein deshalb fehl, weil sie metaphysische Fragestellungen und Aussagen als durch die Sprache verschuldete Irreführungen des Denkens auslegt, in denen logische Regeln verletzt würden. So werde in der aristotelischen und nacharistotelischen Fragestellung nach den ersten Gründen des Seienden als Seienden das ens als Prädikator behandelt, wobei auch eine Erlaubnis zum Übergang des Gebrauchs eines weiteren Prädikators wie gut oder wahr gegeben wird (gemeint ist die Gleichsetzung von ens, unum verum, bonum in der mittelalterlichen Transzendentalienlehre). Auf diese Weise seien Pseudo-Prädikatorenregeln entstanden. (W. Kamlah, Aristoteles, Wissenschaft vom Seienden als Seienden und die gegenwärtige Ontologie, in: Tradition und Kritik, Festschrift für Rudolf Zocher zum 80. Geb., Stuttgart-Bad Cannstatt 1967, S. 162). Demgegenüber ist zu bedenken, daß es inhaltliche Gründe gab, weswegen das verum und unum gleichgesetzt wurden, und daß diese Gründe auch maßgebend sein könnten für entsprechende Prädikatorenregeln.

rungsprinzips ernstnehmen wollte, so schien es nötig zu sein, den metaphysischen Anspruch auf den Begriff des Geistes zurückzuweisen.

Die Geisteswissenschaften, das ist die Meinung Diltheys, gründen sich nicht auf gedankliche Konstruktionen von der Art der Metaphysik, sondern auf einen Mitvollzug, den der erkennend Verstehende gegenüber seinem Gegenstande auf dem Grunde gemeinsamer Lebendigkeit unternimmt. Indem das Lebensprinzip auf diese Weise den „Grund“ für eine Gemeinsamkeit des Daseins abgibt, die zwischen Erkennendem und Erkanntem waltet, erfüllt das Leben selbst die Funktion, welche bisher die gedankliche Konstruktion der Metaphysik geleistet hatte: einen nicht hintergehbaren Zusammenhang zwischen dem erkennenden Menschen und dem Bereich des erkannten Seienden herzustellen, aufgrund dessen apriorische Erkenntnis des Seienden als solchen geleistet werden konnte. Gibt das Leben den ontischen Untergrund für die Gemeinsamkeit ab, die das Verstehen ermöglicht, so bietet es dem Verstehenden auch ontologisch einen Seinsbegriff an, im Umkreis dessen er seine geisteswissenschaftlichen Gegenstände als „seiend“ zu begreifen und anzusprechen vermag. Das Leben selbst tritt jetzt als Realitätsgrund geisteswissenschaftlicher Erkenntnis zugleich als der Hintergrund auf, der die bisherige, angeblich nur begrifflich konstruierende Metaphysik überflüssig machen will.[8] Das Leben übernimmt in dem Modell, welches im Zuge der Erklärung der Möglichkeit metaphysischer Erkenntnis die apriorische Verbindung von Subjekt und seiendem Objekt zu verbürgen die Aufgabe hat, die Stellung und Rolle des apriorischen Bandes, welches Denken und Sein verbindet. Zugleich erweist es sich im lebendigen Vollzug des geisteswissenschaftlichen Tuns als das Unbedingte, welches die Metaphysik zum Gegenstand ihrer Theorie gemacht hatte.

Geisteswissenschaftliches Erkennen und Begreifen des in den geistigen Bewegungen implizierten Seins setzt demgemäß Teilnahme am gemeinsamen Leben voraus. Statt des Anspruchs der traditionellen Metaphysik auf Wissenschaftlichkeit setzt sich jetzt im Zeichen der Metaphysikkritik und der Etablierung der Geisteswissenschaft als positiver Wissenschaft das Engagement im Medium des Lebens durch, welches sich als ein „Erleben“ der Welt von Natur, Geschichte und Kunst begreift und sich den Namen Weltanschauung gibt.

[8] Vgl. Manfred Riedel, Wilhelm Dilthey und das Problem der Metaphysik, Philos. Jahrbuch, 76. Jg. (1968/69), Halbbd. 2, S. 332 ff.

Hegel hatte eine Philosophie des „Geistes" dadurch ermöglicht, daß er einen metaphysischen Begriff des Geistes als einer substantiellen Wirklichkeit bildete. Auch Dilthey spricht vom „Geist", den er als Prinzip einer besonderen Art von Wissenschaften, der Geisteswissenschaften, zugrunde legt. Er macht sich die Hegelsche Arbeit der Bildung des Begriffs vom Geiste zunutze, aber ohne den metaphysischen Begriff des Geistes als einer substantiellen, mit Seinscharakter versehenen Wirklichkeit mitzumachen. Die „Wirklichkeit", welche in Diltheys Ansatz der Geisteswissenschaften dem Geiste eingeräumt wird, ist nicht ontologisch fundiert, sondern hat nur den Charakter einer empirisch-positiven „Gegebenheit". Der „Geist" ist als individuelle Gestalt in „innerer Erfahrung" gegeben. Daher ist der Diltheysche Begriff vom Geiste brauchbar für die Motivierung von Einzelwissenschaft. Die ihn tragende Konzeption ist antimetaphysisch. Die Geisteswissenschaft ist auf innere Erfahrung angewiesen, wobei der „Gegenstandsbereich" die Seele ist: daher ist Wissenschaft vom Geiste zugleich deskriptive Seelenwissenschaft (Psychologie). Dieser Ansatz bietet für Dilthey keine Möglichkeit, selbst philosophische Aussagen über die Welt zu machen, vielmehr läßt er es nur zu, Aussagen etwa über die „Funktion" von Welterkenntnis im teleologischen Strukturzusammenhang der Seele zu machen. Da alle Aussagen über ein „Wesen" einen ontologischen Ansatz erfordern, muß es als Erschleichung angesehen werden, wenn Dilthey etwa vom „Wesen" der Philosophie zu reden beansprucht. Was zustandekommt, ist eine Analyse der „Funktion", welche die Philosophie im Zusammenhang der Individualseele und der Sozialseele spielt.[9] Dilthey führt zwei Gründe für die „Unmöglichkeit der Metaphysik" an: zuerst sei die Hauptaufgabe der Metaphysik nicht erfüllbar, die reiche Mannigfaltigkeit des Lebens unter einen umfassenden Begriff wie den des „Seins" zu bringen. Damit hängt der zweite Einwand zusammen: das „Unbedingte", der Hauptbegriff der Metaphysik, sei kein „erfüllbarer Begriff".[10]

Nietzsches Metaphysikkritik ist Wissenschaftskritik. Mit einer kritischen Geste gegen das „Heute" bemerkt er, daß wir „heute" genau so weit sehen, als „das Vernunft-vorurteil uns zwingt, Einheit, Identität, Dauer, Substanz, Ursache, Dinglichkeit, Sein anzusetzen, uns gewissermaßen verstrickt in den Irrthum, *nezessiert* zum Irrthum ..." Dieses Vorurteil der Vernunft geht auf das Konto der Metaphysik, sein Abbau geschieht im Zeichen der Kritik an dieser. Auffallend ist, daß Nietzsche an die kopernikanische Situation für die Erklärung dieses Irrtums erinnert: Es stehe hier nicht anders, als bei den „Be-

[9] W. Dilthey, Das Wesen der Philosophie, Gesammelte Schriften, Bd. V, S. 339—416.

[10] a. a. O., S. 405.

wegungen des großen Gestirns: bei ihnen habe der Irrtum unser Auge zum beständigen Anwalt", hier sei die *Sprache* verantwortlich zu machen.[11] Er redet wie Locke von der „Sprach-Metaphysik, auf deutsch: der *Vernunft*", welche u. a. den Begriff: „Ding" schaffe. Sie hole ihre Prinzipien aus einer der Erfahrung entlegenen Sphäre; sie verachte die Sinne. Die Philosophen, diese „Herren Begriffs-Götzendiener", die mit „Begriffs-Mumien" umgehen, werfen den Sinnen vor, daß sie das Denken betrügen, indem sie ihm das Sein vorenthalten. Der Betrüger sei „die Sinnlichkeit". „Diese Sinne, *die auch sonst so unmoralisch sind*, sie betrügen uns über die wahre Welt ... Moral: Neinsagen zu Allem, was den Sinnen Glauben schenkt, zum ganzen Rest der Menschheit: das ist Alles Volk."[12] Gewiß: es gibt Gemeinsamkeiten zwischen Nietzsche und Locke. Aber der Stand Nietzsches ist nicht der der Erfahrung und des „Arbeitens", sondern des durch Schaffen sich realisierenden Lebens. Das Leben legt die Welt je nach seiner eigenen Verfassung aus: in der Sprache der Metaphysiker verrate sich die Verfassung der Decadence, die das Wagnis des Werdens verabscheut und sich an das Fixierte, Substantielle hält. Die Kritik geschieht von einem neuen Selbstbegreifen der menschlichen Existenz aus: indem diese sich als Sinnlichkeit, als Leib, Schaffen und Umschaffen auffaßt. Nietzsche hinterfragt die Metaphysik als Wissenschaft, indem er nach der Verfassung des Lebens fragt, welches verantwortlich ist für die Herstellung der Metaphysik. Ob aber dieses „Leben" nicht eine konkrete Fassung der alten, verschmähten Vernunft ist? Und ist die Figur des Hinter-fragens nicht selbst echt metaphysisch?

Im Zeichen des Gedankens, daß dasjenige, was in der Metaphysik erfragt werde, nicht „Gegenstand" heißen könne, weil der Fragende als ein solcher in der Frage mit da sei, d. h. in die Frage gestellt sei, sucht Heidegger in früheren Jahren die Sache der Metaphysik dadurch zu retten, daß er ihre Fragestellung und ihre Antworten aus dem Territorium der Wissenschaft entführt und sie dort unterbringt, wo es um das Engagement des Menschen an seinem eigenen Dasein geht. Metaphysik wird unter der Voraussetzung ihrer Nichtwissenschaftlich-

[11] F. Nietzsche, Werke, Groß-Oktav-Ausgabe (Naumann) Bd. VIII, S. 79. Vgl. I. Heidemann, Nietzsches Kritik der Metaphysik, Kant-Studien Bd. 53, H. 4 (1961/62), S. 507 f.

[12] a. a. O., S. 76 f.

keit als ein „Geschehnis“ zu begreifen versucht, in welchem das Dasein vor ein ihm begegnendes und sich ihm offenbarendes Etwas gestellt wird.[13] Das Sein des Seienden könne nicht wissenschaftlich begriffen, sondern müsse im Angesicht der Erfahrung des Nichts in der Angst erfahren werden.

Nach dem Geschehen der „Kehre“ zur Konzeption der Seinsgeschichte arbeitet Heidegger auf eine „Überwindung der Metaphysik“ hin.[14] Es sei nicht von der Besiegung eines Gegners die Rede, der von jetzt ab ein für allemal ausgespielt habe; vielmehr wird der Metaphysik insofern Ehre angetan, als ihr bescheinigt wird, daß sie das maßgebende Prinzip für die Verfallsgeschichte des Abendlandes war und eigentlich jetzt erst „ihre unbedingte Herrschaft im Seienden selbst und als dieses in der wahrheitslosen Gestalt des Wirklichen und der Gegenstände antritt.“ [15] Von der Geschichte des Seins her sei jedoch zu sagen, daß die Metaphysik zugleich in dem Sinne vergangen sei, daß sie selbst in ihre „Verendung“ eingegangen sei. Diese dauere länger als die bisherige Geschichte der Metaphysik. Was mit der Metaphysik bisher geschehen sei und geschehen werde, ereigne sich aus dem „Seyn“ selbst her, so daß auch die Überwindung der Metaphysik aus der Geschichte des „Seyns“ zu verstehen sei.

Heidegger interpretiert Geschichte als Geschehen, welches vom „Seyn“ in Gang gesetzt wird. Er gibt der Metaphysik Schuld für die Vergessenheit des „Seyns“, die ihrerseits wieder zur Geschichte dieses Seins gehört. Das „Seyn“ ist die Instanz, welche uns als Selbst sich aussprechen, zeigen, entbergen muß und kann, statt Gegenstand eines vom Subjekt in Gang gesetzten Erkenntnisprozesses zu sein. Die Sprache ist das Haus, welches vom Sein gebaut ist. Die Metaphysik sei daran schuld, daß der gegenwärtige Mensch das arbeitende Lebewesen sei und daß die Arbeit jetzt in den metaphysischen Rang der unbedingten Vergegenständlichung alles Anwesenden gelangt sei, das „im Willen zum Willen west“.[16] Indem sich die Metaphysik vollendet und damit zu ihrem Ende kommt, vollzieht sich sogleich ein Untergang der Wahrheit des Seienden, welche eigentlich die Wahrheit der Berech-

[13] M. Heidegger, Was ist Metaphysik? Frankfurt [9]1965.

[14] M. Heidegger, Überwindung der Metaphysik, in: Vorträge und Aufsätze, Pfullingen 1954, S. 71 ff.

[15] a. a. O., S. 71.

[16] a. a. O., S. 72.

nung, der Arbeit, der Leistung des Willens zum Willen und der Verfügung über die Welt ist. Hat sich die Metaphysik und das ihr zugehörige Arbeitszeitalter bis zu einer extremen Gestalt entwickelt, dann kehre sich die Seinsgeschichte um und die Wahrheit des Seyns, nicht diejenige des Seienden, komme zur Geltung. Dazu müsse die von der Metaphysik geprägte Welt zum Einsturz gekommen und die aus der Metaphysik stammende Verwüstung der Erde durch Technik usw. wiedergutgemacht worden sein. Dem „Menschentum der Metaphysik" sei die noch verborgene Wahrheit des Seyns verweigert, die nach der von ihm selbst herbeigeführten Überwindung der Metaphysik erst hervortreten werde.[17] Das jetzige menschliche Vorstellen sei metaphysisch geprägt und finde überall nur die metaphysisch gebaute Welt. So wird der Metaphysik bescheinigt, daß sie „in allen ihren Gestalten und geschichtlichen Stufen ein einziges, aber vielleicht auch das notwendige Verhängnis des Abendlandes und die Voraussetzung seiner planetarischen Herrschaft"[18] sei. In der nachhegelschen Philosophie zeige sie ihr Gesicht, dessen Züge den „Willen zum Willen" zum Ausdruck bringen. Das durch Nietzsche vollendete Verhängnis der Metaphysik sei „seinsgeschichtlich" zu denken.

Heidegger denkt sich selbst eine maßgebende Rolle in der Überwindungsgeschichte der Metaphysik zu, insofern er die gedankliche Unterscheidung, welche die Wende bezeichnet, zum ersten Male in der Geschichte der Philosophie vollzogen zu haben glaubt: es ist die Wende von der Frage nach dem Seienden als Seienden zu der Frage nach dem Sein als Sein. Die Umkehrung des Platonismus, der gemäß sich für Nietzsche das Sinnliche zur wahren Welt und das Übersinnliche zur unwahren verwandelt, verharre noch innerhalb der Metaphysik.[19] Nietzsche habe sich endgültig in die Metaphysik verstrickt, indem er an ihr radikale Kritik geübt hat. Aber Heidegger wandelt selbst in den Bahnen Nietzsches, wenn er als Anwalt und Fürsprecher der Erde und ihrer Physis auftritt und dem Zeitalter der durch Metaphysik geprägten Technik vorwirft, daß es im Zeichen des Kopernikanismus die Erde über den „gewachsenen Kreis ihres Möglichen hinaus" in solches gezwungen habe, was „nicht mehr das Mögliche und daher das Unmögliche ist". Daß den technischen Vorhaben und Maßnahmen vieles

[17] a. a. O., S. 73 f.
[18] a. a. O., S. 77.
[19] a. a. O., S. 79.

gelingt an Erfindungen und sich jagenden Neuerungen, ergebe keineswegs den „Beweis, daß Errungenschaften der Technik sogar das Unmögliche möglich machen".[20] Die „Machenschaft", die den Zwang zu der Grenzüberschreitung über jede mögliche Physis hinaus schaffe und in der „Herrschaft" halte, entspringe dem Wesen der Technik, „das Wort hier identisch gesetzt mit dem Begriff der sich vollendenden Metaphysik".[21]

Wenn man die durch Heidegger angekündigte Überwindung der Metaphysik als Kritik an ihr begreifen will, so muß man zugleich auch gerechterweise seine Erklärung bedenken, daß er sich nicht in die Tradition derjenigen kritischen Unternehmungen einreihen will, welche sich wie die kantische als geschichtliche Stationen innerhalb der Metaphysik selbst verstehen. Erst recht kann natürlich nicht die positivistische Metaphysikkritik zur Vergleichung herangezogen werden, weil diese selbst nach Heidegger in einem hohen Maße unter das Verdikt der Seinsvergessenheit fällt. Aber wenn er von der Seinsgeschichte spricht, innerhalb deren die Metaphysik und ihre Überwindung gewisse Phasen darstellen, deren Abfolge er vom Standpunkt des Seins aus glaubt beurteilen zu können, so denkt auch er im Medium der Kategorien: Perspektive, Stand und Selbstüberwindung des metaphysischen Denkens. Damit verwandelt widerstrebend er den Sprung, den er selbst aus dem Vernunftzusammenhang der Metaphysikgeschichte zu tun glaubte, in die Kontinuität einer Geschichte, die auch noch dasjenige unvernünftige Denken in ihre Vernunft integriert, welches aus dem „vernünftigen" Sprechen austreten will, um das Sein prophetisch zu verkünden.

[20] a. a. O., S. 98.
[21] a. a. O., S. 99.

REGISTER

Namenregister

Sachregister